ADIR FERREIRA
PROFESSOR E CRIADOR DO CURSO INGLÊS AUTÊNTICO

A CHAVE DO APRENDIZADO DA Língua Inglesa

ALTA BOOKS
E D I T O R A
Rio de Janeiro, 2018

A Chave do Aprendizado da Língua Inglesa

Copyright © 2018 da Starlin Alta Editora e Consultoria Eireli. ISBN: 978-85-508-0268-8

Todos os direitos estão reservados e protegidos por Lei. Nenhuma parte deste livro, sem autorização prévia por escrito da editora, poderá ser reproduzida ou transmitida. A violação dos Direitos Autorais é crime estabelecido na Lei nº 9.610/98 e com punição de acordo com o artigo 184 do Código Penal.

A editora não se responsabiliza pelo conteúdo da obra, formulada exclusivamente pelo(s) autor(es).

Marcas Registradas: *Todos os termos mencionados e reconhecidos como Marca Registrada e/ou Comercial são de responsabilidade de seus proprietários. A editora informa não estar associada a nenhum produto e/ou fornecedor apresentado no livro.*

Impresso no Brasil — 2018 — Edição revisada conforme o Acordo Ortográfico da Língua Portuguesa de 2009.

Publique seu livro com a Alta Books. Para mais informações envie um e-mail para autoria@altabooks.com.br

Obra disponível para venda corporativa e/ou personalizada. Para mais informações, fale com projetos@altabooks.com.br

Produção Editorial Editora Alta Books **Gerência Editorial** Anderson Vieira	**Produtor Editorial** Thiê Alves **Assistente Editorial** Illysabelle Trajano	**Produtor Editorial (Design)** Aurélio Corrêa	**Marketing Editorial** Silas Amaro marketing@altabooks.com.br **Ouvidoria** ouvidoria@altabooks.com.br	**Vendas Atacado e Varejo** Daniele Fonseca Viviane Paiva comercial@altabooks.com.br
Equipe Editorial	Adriano Barros Aline Vieira Bianca Teodoro	Ian Verçosa Juliana de Oliveira Kelry Oliveira	Paulo Gomes Thales Silva Viviane Rodrigues	
Revisão Gramatical Franciane de Freitas Thamiris Leiroza	**Diagramação** Amanda Meirinho	**Capa** Bianca Teodoro	**Ilustrações** Aurélio Corrêa	

Erratas e arquivos de apoio: *No site da editora relatamos, com a devida correção, qualquer erro encontrado em nossos livros, bem como disponibilizamos arquivos de apoio se aplicáveis à obra em questão.*

Acesse o site www.altabooks.com.br e procure pelo título do livro desejado para ter acesso às erratas, aos arquivos de apoio e/ou a outros conteúdos aplicáveis à obra.

Suporte Técnico: *A obra é comercializada na forma em que está, sem direito a suporte técnico ou orientação pessoal/exclusiva ao leitor.*

A editora não se responsabiliza pela manutenção, atualização e idioma dos sites referidos pelos autores nesta obra.

Dados Internacionais de Catalogação na Publicação (CIP) de acordo com ISBD

```
F383c    Ferreira, Adir
            A chave do aprendizado da Língua Inglesa / Adir Ferreira. - Rio de
         Janeiro : Alta Books, 2018.
            320 p. : il. ; 17cm x 24cm.

            Inclui bibliografia.
            ISBN: 978-85-508-0268-8

            1. Línguas. 2. Idioma. 3. Inglês. I. Título.
                                                            CDD 425
         2018-118                                           CDU 811.111
```

Elaborado por Vagner Rodolfo da Silva - CRB-8/9410

Rua Viúva Cláudio, 291 — Bairro Industrial do Jacaré
CEP: 20970-031 — Rio de Janeiro - RJ
Tels.: (21) 3278-8069 / 3278-8419
www.altabooks.com.br — altabooks@altabooks.com.br
www.facebook.com/altabooks

Agradecimentos

Quero muito agradecer às seguintes pessoas:

Ao meu pai, o "seu" Adão, por sempre me dizer que "quando ele nasceu, a preguiça estava de férias"...

À minha mãe, a "dona" Rita, por dizer constantemente que "conhecimento não ocupa lugar"...

À Mariza Ribeiro (*in memoriam*) por ser minha primeira *teacher trainer* e uma grande amiga...

Ao Alessandro Brandão, do blog English Experts, por ter me dado a primeira oportunidade de escrever em um blog (sem nenhuma experiência) e dizer que, sim, "você consegue fazer"!

Ao Christopher O'Donnell, o querido Crizodone, por ter me dado uma das oportunidades profissionais mais impressionantes da minha vida e me dizer, em Salvador, "você é seu próprio anjo"...

Ao Tiago Tessmann, por ter disponibilizado seu tempo, seu carinho e sua confiança quando nem eu mesmo confiava em mim...

Ao Sean Daely, meu querido amigo e locutor, que trabalhou tão arduamente para trazer a melhor qualidade de áudio para esta obra...

Sobre o Autor

A história de idiomas estrangeiros de Adir Ferreira não começa nem com inglês, nem com espanhol, nem com francês. Nascido em Bebedouro (interior de São Paulo), ele foi criado no meio de uma família de espanhóis da Catalunha — portanto, seu primeiro idioma estrangeiro foi o catalão.

Desde pequeno muito curioso e comunicativo, Adir começou a estudar Inglês em escolas aos 14 anos e aos 17 anos já lecionava em uma rede de escolas de idiomas. Sempre insatisfeito com os materiais com que trabalhava, escrevia suas próprias apostilas e materiais extra de sala de aula (na sua máquina de escrever Olivetti).

Com a chegada da internet, viu uma oportunidade única e ímpar de compartilhar sua experiência de professor (e aluno de idiomas) com o maior número de pessoas possível. Em 2009 lançou seu blog "Adir Ferreira Idiomas" e desde então tem compartilhado conhecimento com estudantes de Inglês, Espanhol e Francês.

Com mais de 25 anos de experiência em quase todas as áreas de ensino de idiomas, Adir Ferreira ainda hoje mantém acesa a chama da curiosidade, adaptando e inovando seu conteúdo para as novas gerações de estudantes de idiomas.

Sumário

Agradecimentos III
Sobre o Autor V
Prefácio 1
Introdução 3
Como Utilizar Este Livro 5

Unidade 1: Tenho um Presente para Você! 9
   1. Objetivos da Unidade 9
   2. Texto-base 10
   3. Explicação do Texto 11
   4. Prática Oral: Questions and Answers 16
   5. Let's Practice 19
   6. Let's Listen! 20
   7. Cantinho da Pronúncia 22
   8. Frases Prontas 24
   9. Cantinho Cultural 25
   10. Real Life English: Cumprimentos Informais 26
   11. Revisão/Ditado 27
   12. Dicas de "Como Estudar Sozinho" 28

Unidade 2: Falando sobre o Passado 31
   1. Objetivos da Unidade 31
   2. Diálogo-base 32
   3. Explicação do Diálogo 33
         EXTRA GRAMMAR: THE PAST CONTINUOUS 39
   4. Prática Oral: Questions and Answers 39
   5. Let's Practice 42
   6. Let's Listen! 43
   7. Cantinho da Pronúncia: A Terminação –ed 45
   8. Frases Prontas 53
   9. Cantinho Cultural 55
   10. Real Life English 56
   11. Revisão/Ditado 58
   12. Dicas de "Como Estudar Sozinho" 58

Unidade 3: Falando sobre o Futuro 59
   1. Objetivos da Unidade 59
   2. Diálogo-base 60
   3. Explicação do Diálogo 61
         EXTRA GRAMMAR 67
   4. Prática Oral: Questions and Answers 69
   5. Let's Practice 71

A Chave do Aprendizado da Língua Inglesa

6. Let's Listen! 72
7. Cantinho da Pronúncia 74
8. Frases Prontas 75
9. Cantinho Cultural 79
10. Real Life English 80
11. Revisão/Ditado 83
12. Dicas de "Como Estudar Sozinho" 83

Unidade 4: O Presente Perfeito 87
1. Objetivos da Unidade 87
2. Diálogo-base 88
3. Explicação do Diálogo-base 89
4. Prática Oral: Questions and Answers 94
5. Let's Practice 97
6. Let's Listen! 99
7. Cantinho da Pronúncia 100
8. Frases Prontas 101
9. Cantinho Cultural 103
10. Real Life English 104
11. Revisão/Ditado 105
12. Dicas de "Como Estudar Sozinho" 106

Unidade 5: Seu Passado Era Perfeito? 107
1. Objetivos da Unidade 107
2. Diálogo-base 108
3. Explicação do Diálogo-base 110
4. Prática Oral: Questions and Answers 114
5. Let's Practice 117
6. Let's Listen! 118
7. Cantinho da Pronúncia 120
8. Frases Prontas 121
9. Cantinho Cultural 123
10. Real Life English 124
11. Revisão/Ditado 126
12. Dicas de "Como Estudar Sozinho" 126

Unidade 6: Não Venha se Comparar Comigo! 129
1. Objetivos da Unidade 129
2. Diálogo-base 130
3. Explicação do Diálogo 132
    EXTRA GRAMMAR 01 136
    EXTRA GRAMMAR 02 137
    EXTRA GRAMMAR 03 138
4. Prática Oral: Questions and Answers 139
5. Let's Practice 142

6. Let's Listen! 144
7. Cantinho da Pronúncia 145
8. Frases Prontas 146
9. Cantinho Cultural 149
10. Real Life English 150
11. Revisão/Ditado 150
12. Dicas de "Como Estudar Sozinho" 151

Unidade 7: Ser ou Não Sendo 153
1. Objetivos da Unidade 153
2. Diálogo-base 154
3. Explicação do Diálogo 156
    CASOS ESPECIAIS 166
    EXTRA VOCABULARY: PHRASAL VERBS E EXPRESSÕES IDIOMÁTICAS 172
4. Prática Oral. Questions and Answers 174
5. Let's Practice 177
6. Let's Listen! 178
7. Cantinho da Pronúncia 180
8. Frases Prontas 182
9. Cantinho Cultural 185
10. Real Life English 186
11. Revisão/Ditado 188
12. Dicas de "Como Estudar Sozinho" 189

Unidade 8: Só Vou Se Você For... 191
1. Objetivos da Unidade 191
2. Diálogos-base 192
3. Explicação dos Diálogos 194
4. Prática Oral: Questions and Answers 200
5. Let's Practice 204
6. Let's Listen! 205
7. Cantinho da Pronúncia 207
8. Frases Prontas 208
9. Cantinho Cultural 211
10. Real Life English 212
11. Revisão/Ditado 213
12. Dicas de "Como Estudar Sozinho" 213

Unidade 9: O Tal do Phrasal Verb 215
1. Objetivos da Unidade 215
2. Diálogo-base 216
3. Explicação do Diálogo-base 218
    EXTRA PHRASAL VERBS 221
4. Prática Oral: Questions and Answers 224
5. Let's Practice 227

A Chave do Aprendizado da Língua Inglesa

    6. Let's Listen! 228
    7. Cantinho da Pronúncia 230
    8. Frases Prontas 232
    9. Cantinho Cultural 234
    10. Real Life English 235
    11. Revisão/Ditado 237
    12. Dicas de "Como Estudar Sozinho" 237

Unidade 10: **Liberdade de Expressão** 239
    1. Objetivos da Unidade 239
    2. Diálogo-base 240
    3. Explicação Diálogo-base 242
    4. Prática Oral: Questions and Answers 245
    5. Let's Practice 248
    6. Let's Listen! 251
    7. Cantinho da Pronúncia 252
    8. Frases Prontas 256
    9. Cantinho Cultural 258
    10. Real Life English 259
    11. Revisão/Ditado 261
    12. Dicas de "Como Estudar Sozinho" 261

Vocabulary Galore! 263
    Irregular Verbs Galore! 264
    Phrasal Verbs Galore! 269
    Idioms Galore! 279
    Collocations Galore! 287

Respostas 290
Roteiro dos Exercícios de Listening 303
Referências 309

Prefácio

Quando o Adir me pediu para escrever o prefácio de seu primeiro livro, fiquei verdadeiramente honrado. Trata-se, afinal, não apenas de uma das minhas pessoas favoritas no ELT (English Language Teaching) do Brasil, mas também de um dos profissionais mais incríveis e generosos em nosso meio.

Se você segue o Adir nas redes sociais (Facebook, Twitter, Instagram) ou visita seu site, não há como não ficar impressionado com a quantidade imensa de conteúdo excelente e gratuito que vai achar. Dicas para falar Inglês sozinho, sugestões de páginas interessantes para aprender Inglês na internet, ajuda com pontos gramaticais complicados, explicações de vocabulário etc. Isso demanda, é claro, tempo e dedicação, além de conhecimento e — como disse acima — generosidade. Adir é um fantástico profissional e, talvez mais importante, uma pessoa fantástica.

E é esse background de professor extraordinário de Inglês, com mais de duas décadas de experiência, que Adir traz para este livro essencial. Além de aprender gramática, vocabulário, pronúncia e tudo o mais que importa, você vai encontrar diálogos para estudar e repetir (todos eles gravados no material de áudio); frases prontinhas para usar; dicas de como aprender Inglês sozinho com música; aspectos culturais do idioma (de onde vem a expressão rain check?, por exemplo), e muito mais. É um livro completíssimo que rapidamente vai se tornar seu manual de Inglês daqui para frente.

Uma das coisas mais bacanas do livro, entre tantas, é o tom de conversa, de bate-papo mesmo, que o Adir tem com você enquanto lhe guia. Você vai se sentir na sala de aula com ele em uma conversa animada e divertida sobre o idioma. Nunca chato, nunca sisudo, sempre interessante.

Em meus 20 anos de ensino, poucas vezes encontrei material como este que você tem em suas mãos: completo, gostoso de ler, voltado ao aluno brasileiro... E bilíngue! Embora tenha exemplos e gravações em Inglês, você vai encontrar explicações em português para tudo, de modo que não vai ter dificuldade para entender o material e tirar suas dúvidas.

Portanto, se você está buscando um material que vai fazer a verdadeira diferença na sua vida como aluno de Inglês, não tenha dúvida de que você acaba de encontrá-lo.

Bons estudos e boa leitura!

Higor Cavalcante
English teacher and teacher educator

Introdução

A *Chave do Aprendizado da Língua Inglesa* nasceu de um desejo forte de apresentar um material para o aluno pré-intermediário que já estudou um pouco de Inglês, quer voltar a estudar, mas não quer começar do zero novamente.

É um material que tem o foco na aquisição de habilidades receptivas (aqui com a audição) e na produção oral com exercícios de perguntas e respostas. Todo capítulo tem como base um diálogo ou um pequeno texto que traz o ponto gramatical a ser estudado na unidade. A escolha dos pontos gramaticais foi realizada com base nas dificuldades mais comuns do aluno brasileiro de nível pré-intermediário. O livro expõe tais pontos de forma simples e com a menor quantidade de terminologia específica possível, sempre fazendo correlação com a língua portuguesa.

A aquisição/revisão de vocabulário é feita contextualmente por meio do estudo dos textos e diálogos, que foram escritos especialmente para abordar esse nível de aprendizado. Apresentamos as palavras e expressões mais comuns e úteis para a utilização em conversas do dia a dia.

A produção oral é feita com exercícios de perguntas e respostas, exercícios específicos de pronúncia e o exercício de reconstrução do diálogo (ou texto). São exercícios específicos que possibilitam ao aluno praticar no seu próprio ritmo, sem julgamento ou pressão. Além da produção oral e compreensão auditiva, *A Chave do Aprendizado da Língua Inglesa* também contempla a produção escrita, com exercícios de tradução e versão, exercícios de fixação e ditados. Tais exercícios revisam todo o conteúdo do capítulo e reforçam as estruturas linguísticas apresentadas.

No **Vocabulary Galore!** são apresentados os verbos irregulares mais comuns em Inglês, agrupados por similaridades, e, assim, facilitando seu aprendizado. As *collocations* (combinações de palavras) e os *phrasal verbs* (verbos com partículas) também têm lugar especial nesta parte, com tradução e exemplos também traduzidos.

Estude com *A Chave do Aprendizado da Língua Inglesa* no seu tempo, sem pressa e sem cobranças. O material é riquíssimo em conteúdo e servirá de referência para estudos por um bom tempo.

Como Utilizar Este Livro

Este livro foi concebido como um manual autodidata para o aluno pré-intermediário de Inglês. Cada capítulo contém as seguintes seções:

1. Objetivos da Unidade

Nesta seção apresenta-se uma lista dos principais conteúdos do capítulo, tais como o ponto gramatical a ser apresentado, o que se encontrará na parte de prática da pronúncia, que aspectos culturais serão abordados, entre outras coisas. Esta seção serve somente de referência e prévia, portanto não se faz necessária nenhuma técnica de estudo.

2. Texto ou Diálogo-base

O texto-base (ou diálogo-base) dá o tom para todo o estudo estrutural e de vocabulário da unidade. O texto/diálogo é traduzido para o português e também gravado por locutores profissionais para que o leitor tenha contato com o Inglês da vida real.

Como estudar: leia o texto/diálogo e compare as formas em português e Inglês. Escute o áudio e acompanhe com o texto sempre que puder. Acostumar-se a escutar o Inglês em velocidade normal é de suma importância para criar novas conexões linguísticas e automatizar sua produção oral. Depois que estiver acostumado com o texto/diálogo, desafie-se e transcreva-o no seu caderno ou editor de texto. Para desafiar-se mais, cubra a parte com a tradução e tente verter tal texto/diálogo para o Inglês. Você verá que esse exercício é exigente e isso vai trilhar novos caminhos para a sua fluência.

3. Explicação do Texto/Diálogo

Nesta parte seu trabalho é ler atentamente as explicações, pois são incluídos os conceitos gramaticais de cada capítulo (por exemplo, o tempo *Simple Present* é apresentado no Capítulo 01) e também se trabalha extensivamente a parte léxica (vocabulário) de maneira clara, útil e direta. Recomenda-se que o leitor estude cada ponto abordado com calma e paciência para melhor absorver os conceitos apresentados.

4. Prática Oral: Questions and Answers

Nesta seção (também com áudio) se apresentam no mínimo 20 perguntas e respostas traduzidas relacionadas ao texto/diálogo. Elas foram formuladas para fornecer uma opção de revisão auditiva e prática oral com as informações já apresentadas.

Como estudar: escute as perguntas e respostas no mínimo 10 vezes para começar a se acostumar com a estrutura da frase interrogativa e para conhecer como as respostas são dadas. Depois, coloque as perguntas, pause, leia sua resposta, confira com o áudio e continue. Faça isso também no mínimo 10 vezes. Para desafiar-se, toque o áudio com a pergunta, pause e tente lembrar a resposta. Se errou, volte e faça novamente até dominar todas as respostas. A repetição consciente tem um papel importantíssimo na fluência, e o leitor verá benefícios na sua expressão oral em um período curto de tempo.

5. Let's Practice

Aqui o leitor encontra exercícios formulados para revisar vocabulário e gramática de forma contextualizada. São exercícios de *fill in the blanks* (preencher lacunas), de tradução (Inglês para português) e versão (português para Inglês). Tais exercícios requerem que o aluno registre suas respostas em um caderno ou editor de texto para depois conferi-las na parte de respostas.

Como estudar: antes de fazer os exercícios, releia o texto/diálogo e a explicação. Isso também serve como outra seção de estudos (revisão) e se mostra útil e benéfico ao aprendizado do idioma. Para sedimentar sua prática, recomenda-se que você refaça tais exercícios a cada duas unidades, pois o volume de conteúdo do livro é grande, e a revisão se faz extremamente necessária.

6. Let's Listen

Um dos grandes pilares desta obra é a parte auditiva, pois dominar esta habilidade receptiva (a audição) é fundamental para a produção oral. Os diálogos apresentados foram escritos com base no tópico gramatical abordado no capítulo. Todos os diálogos foram gravados em velocidade normal e não em estilo de livro didático, com o intuito de oferecer uma experiência de aprendizado agradável ao leitor. Quando necessário, foram acrescentados glossários com palavras e expressões relevantes à compreensão dos diálogos.

Como estudar: no primeiro exercício, antes de tocar o áudio, leia as alternativas e forme uma ideia de como o diálogo vai ser. Depois toque o áudio no mínimo três vezes para dar suas respostas. Em seguida, confira suas respostas na parte de Respostas no final do livro. Nos exercícios de *fill in the blanks* (preencher lacunas), tente preenchê-las sem o auxílio do áudio nem do roteiro (também no final do livro). Se tiver dificuldade, feche o livro, escute o áudio, abra o livro e tente novamente. Faça isso no mínimo três vezes e só depois confira a resposta. Como desafio, escute o diálogo e transcreva-o no seu caderno ou editor de texto.

7. Cantinho da Pronúncia

Esta seção traz vários pontos que apresentam problemas de pronúncia para o estudante brasileiro.

Como estudar: recomenda-se seguir as orientações propostas nesta seção e fazer a repetição das palavras e frases no mínimo 10 vezes. Novamente, tal repetição programada e consciente facilitará a produção oral. Para reforçar o conteúdo, transcreva as palavras e frases no seu caderno e editor de texto.

8. Frases Prontas

Com o intuito de não "reinventar a roda", a seção Frases Prontas traz inúmeras frases usadas em situações sociais, como cumprimentar as pessoas, reclamar, fazer pedidos em restaurantes, entre outras situações. Todas as frases vêm com tradução e áudio e servem de referência para o estudo autodidata.

Como estudar: dado que são frases de referência, o leitor pode: a) escutar o áudio e transcrever as frases no seu caderno ou editor de texto; b) ler sua tradução, cobrir a parte em Inglês e tentar reconstruir tais frases; ou c) escrever a tradução das frases em português no seu caderno ou editor de texto, fechar o livro e verter tais frases para o Inglês.

9. Cantinho Cultural

Nesta seção apresentam-se textos em português sobre aspectos culturais em países de língua inglesa (com ênfase nos Estados Unidos). Por se tratar de uma parte de referência, o leitor pode ler os textos e revisitá-los sempre que quiser.

10. Real Life English

Aqui o leitor encontra algumas formas bem comuns do Inglês do dia a dia, seja com contrações de palavras, expressões informais e *connected speech* (ligação de palavras em Inglês). Por se tratar também de uma seção de referência, recomenda-se que o leitor estude o conteúdo e que tenha muito cuidado ao usá-lo. Essa seção não traz linguagem vulgar, palavras racistas ou termos pejorativos relacionados à religião ou nacionalidade.

11. Revisão/Ditado

Aqui o leitor faz uma revisão de todo o conteúdo do capítulo ao transcrever 10 frases especialmente escritas para sedimentar as estruturas mais importantes.

Como estudar: escute as frases no mínimo três vezes antes de transcrevê-las. Depois toque o áudio e transcreva-as com calma e paciência. Se tiver dificuldade,

A Chave do Aprendizado da Língua Inglesa

pare, descanse e volte novamente. Pode-se conferir as respostas na parte de Respostas no final do livro. Desafie-se: traduza as frases para o português, feche seu livro e traduza-as de volta para o Inglês. Esse exercício revisa e reforça as estruturas e os vocabulários apresentados na unidade.

12. Dicas de "Como Estudar Sozinho"

Esta seção traz pequenos e médios textos com sugestões e boas práticas para o leitor aplicar no seu aprendizado autodidata. Tais sugestões foram compiladas durante 25 anos de magistério em vários idiomas. Como é uma seção de referência, lembre-se de ler os textos e aplicar as técnicas sugeridas.

As sugestões acima são somente uma referência. Cada pessoa pode desenvolver seu próprio método de estudo, então encontre a sua própria "chave" e bons estudos!

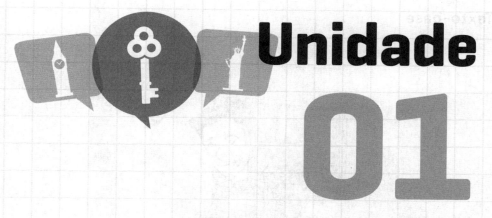

Unidade 01
Tenho um Presente para Você!

1. Objetivos da Unidade

Nesta unidade você vai:

- ✓ Aprender a usar o tempo presente em Inglês.
- ✓ Aprender a falar sobre sua rotina.
- ✓ Praticar o diálogo-base oralmente com perguntas e respostas.
- ✓ Revisar preposições e verbos.
- ✓ Treinar sua audição.
- ✓ Saber a diferença e praticar os sons /i:/e/I/.
- ✓ Aprender frases prontas para falar sobre si mesmo.
- ✓ Aprender a cumprimentar e responder em Inglês informal.
- ✓ Aprender o que são *collocations* e como usá-las.

2. Texto-base

🎧 **FAIXA 01**

Let's read about a typical day in our friend Jim's life.
Vamos ler sobre um dia típico na vida do nosso amigo Jim.

Jim is an engineer. He works very hard. He gets up very early and goes to bed very late. He usually has a very busy day, but he has time to post updates on his blog. Here's his latest post:
Jim é engenheiro. Ele trabalha muito. Ele se levanta muito cedo e vai se deitar muito tarde. Ele geralmente tem um dia muito ocupado, mas tem tempo de publicar atualizações no seu blog. Aqui está sua última postagem:

I'm so tired today. My daily routine is so intense! I get up at 6 o'clock every morning. I take a shower, then I go to the kitchen to prepare breakfast. I usually have some milk, eat some cereal and drink a large cup of coffee. I check to see if someone texted me and then I start getting dressed. I usually wear a shirt and jeans to work.
Estou tão cansado hoje. Minha rotina diária é tão intensa! Eu me levanto às seis horas todas as manhãs. Eu tomo um banho, então vou para a cozinha para preparar o café da manhã. Eu geralmente tomo um pouco de leite, como um pouco de cereal e bebo uma xícara grande de café. Verifico se alguém me mandou alguma mensagem e então começo a me vestir. Geralmente uso camisa e calça jeans para trabalhar.

Tenho um Presente para Você! 11

I leave home for work at 7:00. I drive for thirty minutes and I get to work around 7:30. During the drive I can listen to the news or listen to some music. Sometimes I have a short talk with my boss when I get to work.
Saio de casa para o trabalho às 7:00. Dirijo por trinta minutos e chego ao trabalho aproximadamente às 7:30. Durante a ida eu posso escutar as notícias ou escutar um pouco de música. Às vezes eu tenho uma pequena conversa com meu chefe quando chego ao trabalho.

I have lunch at noon every day. I usually eat at the company's cafeteria or at a small restaurant around the corner. I like to eat meat, vegetables and I like to drink some orange juice. I don't eat dessert because I'm on a diet.
Almoço ao meio-dia todos os dias. Eu geralmente como no refeitório da empresa ou em um pequeno restaurante virando a esquina. Eu gosto de comer carne, verduras e gosto de beber um suco de laranja. Eu não como sobremesa, pois estou de regime.

I get back to work at 12:45 and work until 3 o'clock. That's our coffee break time. I have 15 minutes to get something to eat or drink a cup of coffee. Then I start working again. I get off work at 5 every day. I go to the gym three times a week: Mondays, Wednesdays and Fridays. I work out until 7 pm, then I go home.
Eu volto ao trabalho às 12:45 e trabalho até às 3 da tarde. Essa é a hora do nosso intervalo para o café. Tenho 15 minutos para comer algo ou tomar uma xícara de café. Então começo a trabalhar de novo. Saio do trabalho às 5 da tarde todos os dias. Vou à academia três vezes por semana: segundas, quartas e sextas. Eu faço exercício até às 7 da noite, então vou para casa.

I get home around 7.30 and I usually have a sandwich or some soup for dinner. I watch TV for a while, then I go to my bedroom. I read a little, then I turn off the lights and go to bed. Yes, it's a very long and busy day!
Chego em casa aproximadamente às 7:30 da noite e geralmente como um sanduíche ou um pouco de sopa no jantar. Assisto à TV por um tempo, então vou para o meu quarto. Leio um pouco, então apago as luzes e vou para a cama. Sim, é um dia muito longo e ocupado!

3. Explicação do Texto

1. No texto há muitos verbos no tempo presente. Para você não ficar aprendendo um monte de regras, por agora lembre-se que quando nos referimos a ele (*he*), ela (*she*) ou ao pronome neutro (*it*), colocamos um "s" no verbo.

    Alguns exemplos: *work — works; get up — gets up; go — goes.* Temos uma exceção: *have — has.*

    Você vai praticar bastante essa forma nos exercícios de *questions and answers* a seguir.

2. Usa-se o artigo *a* com palavras começadas por sons de consoante: *a car* (um carro), *a book* (um livro), *a pen* (uma caneta). Quando o som é de vogal usa-se *an*: *an apple* (uma maçã), *an egg* (um ovo), *an orange* (uma laranja). Quando o

A Chave do Aprendizado da Língua Inglesa

h não for aspirado usa-se *an* também: *an hour* (uma hora), *an honest man* (um homem honesto).

3. Coloque sempre um artigo, *a* ou *an*, quando for falar sobre a profissão de alguém em Inglês. Lembre-se de que em português não usamos o artigo.

> What do you do?
> *O que você faz?*
>
> What do you do for a living?
> *O que você faz da vida?*
>
> I'm a doctor.
> *Sou médico.*
>
> I'm a dentist.
> *Sou dentista.*
>
> I'm an engineer.
> *Sou engenheiro.*

4. *Very* significa "muito" e é usado antes de adjetivos: *very early* (muito cedo), *very late* (muito tarde), *very good* (muito bom), *very bad* (muito ruim), *very cold* (muito frio), *very hot* (muito quente). Usamos *many* (muitos/as), *much* (muito/a) e *a lot of* (muito/a/s) para substantivos. Alguns exemplos:

> It's very hot today!
> *Está muito quente hoje!*
>
> This exercise is very easy to do.
> *Este exercício é muito fácil de fazer.*
>
> There are many/a lot of books on your shelf.
> *Tem muitos livros na sua prateleira.*
>
> There isn't much/a lot of time to do this.
> *Não tem muito tempo para fazer isso.*

5. Geralmente usamos advérbios de frequência quando falamos do presente em Inglês. Os mais comuns são *always* (sempre), *usually* (geralmente), *often* (com frequência), *sometimes* (às vezes), *rarely/seldom* (raramente), *never* (nunca) e *ever* (alguma vez na vida). Alguns exemplos:

> Do you usually have lunch at work?
> *Você geralmente almoça no trabalho?*
>
> I always have lunch at home.
> *Eu sempre almoço em casa.*
>
> Does she ever come here on the weekend?
> *Ela algum vez vem aqui no fim de semana?*
>
> She never comes here on the weekend.
> *Ela nunca vem aqui no fim de semana.*

6. Usa-se a preposição *at* para as horas: *at six o'clock* (às seis horas); *at seven-thirty* (às sete e meia); *at a quarter to eight* (às quinze para as oito), *at noon* (ao meio-dia), *at midnight* (à meia-noite). Para especificar o período do dia, use *a.m.*, entre meia-noite e 11h59 da manhã, e *p.m.*, entre meio-dia e 11h59 da noite.

Tenho um Presente para Você! **13**

7. O verbo *have* significa "ter", mas também é muito usado com o sentido de *eat* (comer) ou *drink* (beber). Alguns exemplos:

> What do you usually have/eat for breakfast?
> *O que você geralmente come no café da manhã?*
>
> I always have/drink a glass of milk in the morning.
> *Eu sempre tomo um copo de leite de manhã.*
>
> Do you want to have/eat a piece of pie?
> *Quer comer um pedaço de torta?*

8. O termo *text message* (mensagem de texto, SMS) virou um verbo em Inglês, *text*. Veja alguns exemplos:

> Text me when you get home.
> *Me manda mensagem quando você chegar em casa.*
>
> I need to remember to text my mom tonight.
> *Preciso me lembrar de mandar uma mensagem*
> *para a minha mãe hoje à noite.*

9. Quando o verbo *start* (começar) é usado com outro verbo (começar a fazer algo), tal verbo tem que vir acompanhado da terminação *–ing*. Alguns exemplos:

> When did you start learning English?
> *Quando você começou a aprender Inglês?*
>
> I started learning English when I was 11.
> *Comecei a aprender Inglês quando tinha 11 anos.*
>
> You should start working on your project soon.
> *Você deveria começar a trabalhar no seu projeto em breve.*

10. O verbo *get* é usado em muitas combinações em Inglês. Alguns exemplos:

> **get up** (levantar-se)
>
> What time do you usually get up in the morning?
> *Que horas você geralmente se levanta de manhã?*
>
> I always get up at six.
> *Eu sempre me levanto às seis.*
>
> **get dressed** (vestir-se)
>
> How long does it take you to get dressed?
> *Quanto tempo você leva para se vestir?*
>
> It usually takes me 20 minutes to get dressed.
> *Geralmente levo 20 minutos para me vestir.*
>
> **get to work** (chegar ao trabalho)
>
> Do you ever get to work late?
> *Você alguma vez chega atrasado ao trabalho?*
>
> No, I never get to work late.
> *Não, eu nunca chego ao trabalho atrasado.*

get back to work (voltar para o trabalho)

What time do we need to get back to work?
Que horas devemos voltar ao trabalho?

We need to get back to work by 3.
Precisamos voltar ao trabalho até às 3.

get something to eat (pegar algo para comer)

I'm going to get something to eat. Do you want to come with?
Vou pegar algo para comer. Quer vir junto?

I can't right now. I will get something to eat after I finish my report.
*Não posso agora. Vou pegar algo para comer
assim que terminar meu relatório.*

get off work (sair do trabalho)

What time do you get off work?
Que horas você sai do trabalho?

I get off work at 5 every day.
Saio do trabalho às 5 todos os dias.

get home (chegar em casa)

What time did you get home last night?
Que horas você chegou em casa ontem?

I got home around 11 last night.
Cheguei em casa lá pelas 11, ontem à noite.

11. O verbo *listen* é sempre acompanhado de *to* quando escutamos algo. Alguns exemplos:

Do you like listening to classical music?
Você gosta de escutar música clássica?

I always listen to the radio on my way to work.
Eu sempre escuto rádio no caminho do trabalho.

Listen to me! You need to stop this right now!
Escute-me! Você precisa parar com isso imediatamente!

You should always listen to your mother's advice.
Você deve sempre escutar os conselhos da sua mãe.

12. Usa-se *every* para indicar a ideia de "todos" e indica que o substantivo que o acompanha já está no plural e não precisa de "s". Alguns exemplos:

What do you do every Monday?
O que você faz todas as segundas-feiras?

I go swimming every Monday.
Eu vou nadar todas as segundas-feiras.

He studies English every night.
Ele estuda Inglês todas as noites.

She visits her grandmother every weekend.
Ela visita sua avó todos os fins de semana.

Tenho um Presente para Você! 15

13. Em Inglês não existem muitas regras para o uso das preposições e um exemplo disso é o verbo *go* (ir). Às vezes usa-se *to*, às vezes *to the* e às vezes não se usa nada!

Com *to the*	Com *to*	Sem nada
go to the movies *ir ao cinema*	go to work *ir para o trabalho*	go home *ir para casa*
go to the store *ir à loja*	go to school *ir para a escola*	go downtown *ir para o centro da cidade*
go to the bank *ir ao banco*	go to jail *ir para a prisão*	
go to the gym *ir à academia*	go to church *ir para a igreja*	
	go to bed *ir para a cama*	

Alguns exemplos:

I like to go to the movies on the weekend.
Gosto de ir ao cinema no fim de semana.

He goes to the gym every day.
Ele vai à academia todos os dias.

What time do you go to school?
Que horas você vai para a escola?

They go to church on Sunday morning.
Eles vão à igreja no domingo de manhã.

I have to go home now.
Tenho que ir para casa agora.

I'm going downtown. Do you need anything?
Estou indo para o centro da cidade. Precisa de alguma coisa?

14. Em Inglês se usa *once* (uma vez), *twice* (duas vezes) e de três vezes em diante usa-se a palavra *times* (vezes): *three times* (três vezes), *four times* (quatro vezes), *five times* (cinco vezes) etc. Para dizer "por hora", "por dia", "por semana", "por mês" e "por ano" use o artigo *a* + *day, week, month* e *year*. Alguns exemplos:

He works out once a day.
Ele se exercita uma vez por dia.

She takes a French class twice a week.
Ela faz aula de francês duas vezes por semana.

My parents go dancing three times a month.
Meus pais saem para dançar três vezes por mês.

We have staff meetings four times a year.
Temos reunião de funcionários quatro vezes por ano.

16 A Chave do Aprendizado da Língua Inglesa

15. Com as refeições use a preposição *for*: *for breakfast* (no café da manhã), *for lunch* (no almoço) e *for dinner* (no jantar).

> I had milk and cereal for breakfast this morning.
> *Tomei leite e comi cereal no café hoje de manhã.*
>
> What are you doing to have for lunch?
> *O que você vai comer de almoço?*
>
> I rarely have dinner during the week.
> *Eu raramente janto durante a semana.*

4. Prática Oral: Questions and Answers

Este exercício é muito importante para o seu aprendizado, pois você vai praticar perguntas e respostas como na vida real. Primeiro, escute e leia silenciosamente, quantas vezes forem necessárias, para entender as perguntas e respostas. Depois escute o áudio, pause e repita em voz alta, bem devagar (não precisa ter pressa!). Faça este exercício sem se preocupar com as regras gramaticais, pois as coisas vão se encaixando com o tempo. *Are you ready? Let's do it!*

🎧 **FAIXA 02**

1. What does Jim do?
   O que o Jim faz?

   He's an engineer.
   Ele é engenheiro.

2. Does he work very hard?
   Ele trabalha muito?

   Yes, he does!
   Sim, trabalha!

3. Does he have a calm day?
   Ele tem um dia calmo?

   No, he has a very busy day.
   Não, ele tem um dia muito ocupado.

4. What does he have time for?
   Para quê ele tem tempo?

   He has time to post updates on his blog.
   Ele tem tempo para publicar atualizações no seu blog.

5. What time does he get up every morning?
   Que horas ele se levanta todas as manhãs?

   He gets up at 6 o'clock every morning.
   Ele se levanta às 6 horas todas as manhãs.

6. What does he do then?
   O que ele faz então?

   He takes a shower then goes to kitchen to prepare breakfast.
   Ele toma um banho, então vai para a cozinha preparar o café da manhã.

Tenho um Presente para Você! 17

7. What does he usually have?
   O que ele geralmente come/bebe?

   He usually has some milk, have some cereal and have a large cup of coffee.
   Ele geralmente bebe um pouco de leite, come um pouco de cereal e toma uma xícara grande de café.

8. What does he do then?
   O que ele faz então?

   He checks to see if someone texted him then he starts getting dressed.
   Ele verifica se alguém lhe mandou alguma mensagem e então começa a se vestir.

9. What does he usually wear to work?
   O que ele geralmente veste para trabalhar?

   He usually wears a shirt and jeans to work.
   Ele geralmente veste camisa e calça jeans para trabalhar.

10. What time does he leave home for work?
    Que horas ele sai de casa para o trabalho?

    He leaves home for work at 7:00.
    Ele sai de casa para o trabalho às 7:00.

11. What time does he get to work?
    Que horas ele chega ao trabalho?

    He gets to work around 7:30.
    Ele chega ao trabalho lá pelas 7:30.

12. How long does it take him to get to work?
    Quanto tempo ele leva para chegar ao trabalho?

    It takes him around thirty minutes to get to work.
    Ele leva aproximadamente trinta minutos para chegar ao trabalho.

13. What can he do during the drive?
    O que ele pode fazer durante o percurso?

    He can listen to the news or listen to some music.
    Ele pode escutar as notícias ou escutar uma música.

14. What does he do sometimes when he gets to work?
    O que ele faz às vezes quando ele chega ao trabalho?

    Sometimes he has a short talk with his boss when he gets to work.
    Às vezes ele tem uma pequena conversa com seu chefe quando chega ao trabalho.

15. What time does he have lunch every day?
    Que horas ele almoça todos os dias?

    He has lunch at noon every day.
    Ele almoça ao meio-dia todos os dias.

A Chave do Aprendizado da Língua Inglesa

16. Where does he usually eat?
    Onde ele geralmente come?

    He usually eats at the company's cafeteria or at a small restaurant around the corner.
    Ele geralmente come no refeitório da empresa ou em um pequeno restaurante virando a esquina.

17. What does he like to eat and drink?
    O que ele gosta de comer e beber?

    He likes to eat meat, vegetables and he likes to drink some orange juice.
    Ele gosta de comer carne, verduras e gosta de beber um suco de laranja.

18. Why doesn't he eat dessert?
    Por que ele não come a sobremesa?

    He doesn't eat dessert because he's on a diet.
    Ele não come a sobremesa porque está de regime.

19. What time does he get back to work?
    Que horas ele volta para o trabalho?

    He gets back to work at 12:45.
    Ele volta para o trabalho às 12:45.

20. What time is the coffee break?
    Que horas é o intervalo para o café?

    The coffee break is at 3 o'clock.
    O intervalo para o café é às 3 horas.

21. How long is the coffee break?
    Quanto tempo é o intervalo para o café?

    The coffee break is 15 minutes.
    O intervalo para o café é de 15 minutos.

22. What time does he get off work every day?
    Que horas ele sai do trabalho todos os dias?

    He gets off work at 5 o'clock.
    Ele sai do trabalho às 5 horas.

23. How often does he go to the gym?
    Com que frequência ele vai à academia?

    He goes to the gym three times a week.
    Ele vai à academia três vezes por semana.

24. Until what time does he work out?
    Até que horas ele se exercita?

    He works out until 7 pm.
    Ele se exercita até às 7 da noite.

25. What time does he get home?
    Que horas ele chega em casa?

    He gets home at 7.30.
    Ele chega em casa às 7:30.

26. What does he usually have for dinner?
    O que ele geralmente come no jantar?
    He usually has a sandwich or some soup.
    Ele geralmente come um sanduíche ou toma uma sopa.

27. What does he do then?
    O que ele faz então?
    Then he goes to his bedroom.
    Então ele vai para o seu quarto.

28. What happens then?
    O que acontece então?
    Then he reads a little, he turns off the lights and he goes to bed.
    Então ele lê um pouco, apaga as luzes e vai para a cama.

5. Let's Practice

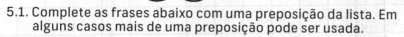

5.1. Complete as frases abaixo com uma preposição da lista. Em alguns casos mais de uma preposição pode ser usada.

for — of — off — on — out — to (2x) — up

1. Jim gets _____ very early, but he doesn't go _____ bed very late.
2. Does he usually post updates _____ his blog?
3. I love having a large cup _____ coffee in the morning.
4. What time do you leave home _____ work?
5. I don't like to listen _____ the news. It's so depressing!
6. I usually get _____ work at 7.30.
7. Jim doesn't eat dessert because he's _____ a diet.
8. I'm hungry! Do you want to get something _____ eat?
9. Jim gets _____ work at 5 p.m. every day.
10. Jim goes to the gym and works _____ three times a week.

5.2. Complete as seguintes frases com um verbo da lista.

gets — go — goes — have — take — texted — turn — watch — wear — working

1. What time do you usually _____ to bed at night?
2. Jim starts _____ at 3:15.

20   A Chave do Aprendizado da Língua Inglesa

3. I always _____ a shower in the morning.

4. "What do you usually _____ to work?" "Me? Jeans and a shirt."

5. Jim _____ to work around 7:30.

6. Wait a minute. I need to check if someone _____ me.

7. I like to _____ TV in the evening after a stressful day at work.

8. _____ off the lights and let's go to bed.

9. She _____ to the gym three times a week.

10. What time do you _____ lunch every day?

5.3. Traduza as seguintes frases para o Inglês.

1. Você se levanta muito cedo?

2. Que horas você almoça?

3. Você chega ao trabalho cedo?

4. Ele chega em casa muito tarde.

5. Eu saio do trabalho às...

6. "Você quer sobremesa?" "Não, estou de dieta."

7. Que horas você começa a trabalhar novamente?

8. Ele sai de casa para o trabalho às...

9. Você gosta de escutar o noticiário?

10. O que o Jim veste para o trabalho?

6. Let's Listen!

6.1. Escute como é a rotina diária de Laura e escolha a opção correta.

🎧 **FAIXA 03**

1. A Laura geralmente:
   a) Se levanta, se veste e vai direto para o trabalho.
   b) Se levanta, toma banho e vai trabalhar.
   c) Se levanta, se arruma, toma café e vai trabalhar.

Tenho um Presente para Você! · 21

2. O trabalho de Laura:
   a) Fica perto de sua casa, então ela tem tempo de ler o jornal antes de ir trabalhar.
   b) Fica longe de sua casa e leva mais de uma hora para chegar lá.
   c) Fica longe de sua casa, então ela tem que pegar ônibus e táxi para chegar lá.

3. Hoje ela chegou à sua mesa, se sentou, abriu os e-mails e:
   a) Viu que tinha mais de 30 e-mails e os respondeu imediatamente.
   b) Deixou para responder aos e-mails mais tarde, pois tinha que terminar um relatório.
   c) Decidiu respondê-los mais tarde porque tinha que conversar com seu chefe antes.

4. Laura geralmente sai do trabalho às 5, mas hoje:
   a) Ela tem que ficar um pouco mais para terminar o relatório.
   b) Ela tem que ficar um pouco mais para falar com o supervisor.
   c) Ela tem que ficar um pouco mais para terminar de responder aos e-mails.

5. Tem pouca comida em casa, então ela precisa:
   a) Comprar frango, presunto, queijo, pão e alface.
   b) Comprar frango, presunto, pão e tomate.
   c) Comprar frango, presunto, pão, queijo e tomate.

6.2. Agora escute novamente e complete as lacunas.

🎧 FAIXA 03

On a weekday, I usually ____
(1) up at 6:30 a.m. I ____
(2) the bathroom, ____
(3) a shower and brush my teeth. I ____
(4) on some make-up, ____
(5) my hair and ____
(6) dressed. I usually ____
(7) a skirt and a blouse to work.

Sometimes I ____
(8) and sometimes I ____
(9) breakfast at a café around the corner. I like to have scrambled eggs, coffee and toasts.

I have to ____
(10) home for work really early because it ____
(11) over an hour to get there. I have to ____
(12) the subway and a bus. But I'm not the only one. Lots of people have to do it every day.

I get to the office and ____
(13) down at my desk. I ____

A Chave do Aprendizado da Língua Inglesa

(14) on my computer and check if there are any e-mails in my inbox. There are 30 of them! But first I need to _____
(15) on a report that I have to finish. I _____
(16) on the report all morning and before I know it, it's lunchtime.

I usually _____
(17) a lunch: a sandwich, some salad and some juice. I get very sleepy if I eat a lot during lunch. I have to start _____
(18) again at 1 p.m., so I don't have a lot of time.

My afternoons are pretty busy and times _____
(19) by! I get off work at 5, but today I have to stay a little longer because my supervisor wants to talk to me. After our conversation I _____
(20) that I need to _____
(21) by a supermarket and buy some food. I need bread, ham, cheese, chicken and some lettuce.

I usually _____
(22) home around 6:15 p.m., but today I got home at 7:00 p.m. I'm so tired. I _____
(23) a sandwich with ham, cheese and tomato and I have a glass of milk. After that I go straight to my bedroom to relax and _____
(24) for a while. I love reading! I usually go to bed at 10:30, but today I'm so tired. I think I'm _____
(25) to bed a little earlier!

7. Cantinho da Pronúncia

Começamos nosso cantinho da pronúncia com a diferença dos sons/i:/e/I/. Você vai escutar pares de palavras com sons semelhantes. O primeiro é um som de "i" mais curto e o outro é um som de "i" mais comprido. Antes de repetir as palavras, escute-as com atenção o máximo de vezes que você puder. Depois volte o áudio e repita em voz alta. Não se preocupe se você achar que não está pronunciando corretamente, pois esses sons são bem parecidos e precisamos de muita prática. Vamos lá!

🎧 FAIXA 04

bit (*pouco*)
beat (*bater*)

chip (*lasca*)
cheap (*barato*)

fill (*encher*)
feel (*sentir-se*)

fist (*punho*)
feast (*festa*)

grin (*sorriso*)
green (*verde*)

hill (*colina*)
he'll (*he will*)

hip (*quadril*)
heap (*pilha*)

his (*dele*)
he's (*ele é, está*)

hit (*bater*) heat (*calor*)	rich (*rico*) reach (*alcançar*)
is (*é, está*) ease (*facilidade*)	sick (*doente*) seek (*procurar*)
it (*ele*) eat (*comer*)	sin (*pecado*) seen (*visto*)
lick (*lamber*) leak (*vazar*)	sit (*sentar-se*) seat (*assento*)
lip (*lábio*) leap (*pular*)	slip (*escorregar*) sleep (*dormir*)
pick (*escolher*) peak (*pico*)	still (*ainda*) steal (*roubar*)
pill (*pílula*) peel (*descascar*)	will (*testamento*) wheel (*roda*)

Vamos praticar com algumas frases*!*

🎧 FAIXA 05

1. He's a very rich man and he's still looking for the perfect woman!
   Ele é um homem muito rico e ainda está procurando a mulher perfeita!

2. She wanted me to sit down so she said: "Please, have a seat!"
   Ela queria que eu me sentasse então ela disse: "Por favor, sente-se!"

3. Let's drink! If you fill your glass you'll feel better.
   Vamos beber! Se você encher seu copo você vai se sentir melhor.

4. Why did you pick that peak to climb?
   Por que você escolheu este pico para escalar?

5. Have you seen him eat it?
   Você já o viu comendo aquilo?

6. I'm sick. Something's wrong with my hip.
   Estou doente. Algo está errado com meu quadril.

7. Have you seen my pills? My fist hurts.
   Você viu minhas pílulas? Meu punho está doendo.

8. They did a good deed.
   Eles fizeram uma boa ação.

9. Do you think potato chips are cheap?
   Você acha que batatas fritas são baratas?

10. Did he change the wheel or change the will?
    Ele trocou a roda ou mudou o testamento?

8. Frases Prontas

Nesta lição vimos como nosso amigo Jim passa o dia, algumas das suas atividades diárias e um pouco da sua rotina. Agora vamos ver algumas frases e expressões bem comuns quando falamos sobre nosso trabalho e nossa formação em Inglês.

🎧 **FAIXA 06**

I'm a/an...
Sou... [profissão]

I work as...
Trabalho como...

I work in...
Trabalho com... [área]

I'm in charge of...
Sou responsável por...

I have a full-time job.
Tenho emprego de tempo integral.

I have a part-time job.
Tenho emprego de meio período.

I'm unemployed.
Estou desempregado.

I'm not working at the moment.
Não estou trabalhando no momento.

I'm looking for a job.
Estou procurando emprego.

I'm retired.
Sou aposentado.

I'm self-employed.
Sou autônomo.

I have my own business.
Tenho meu próprio negócio.

I've just started at...
Acabei de começar [a trabalhar] no/na...

Where did you study?
Onde você estudou?

I studied at...
Estudei na... [faculdade, universidade]

What did you major in?
Em que você se formou?

I majored in...
Eu me formei em...

Did you take any courses?
Você fez algum curso?

I took courses in...
Fiz cursos de...

What did you work with?
Com o que você trabalhou?

I worked with...
Trabalhei com...

What else did you do?
O que mais você fez?

I did an internship at...
Fiz estágio no/na...

I did some volunteer work at...
Fiz trabalho voluntário no/na...

I did a thesis on...
Defendi tese sobre/em...

Have you ever lived abroad?
Você já morou fora [do país]?

I lived abroad for a year.
Morei fora do país por um ano.

9. Cantinho Cultural

Cumprimentando as Pessoas em Inglês

Cumprimentar as pessoas em quase todos os lugares do mundo tem o mesmo propósito: estabelecer uma conexão. Nos Estados Unidos as pessoas geralmente se encontram na rua e se cumprimentam com *Good morning!* ou somente o bom e velho *Morning!*. Uma forma segura de cumprimentar alguém em Inglês pode ser observada no seguinte diálogo.

>**A:** Hello./Hi. How are you?
>*Olá./Oi. Como vai?*
>
>**B:** Fine, thanks, and you?
>*Bem, obrigado, e você?*
>
>**A:** Fine. Thanks.
>*Bem. Obrigado.*

Geralmente pessoas que se conhecem pela primeira vez dão um aperto de mão e pessoas que não se veem há algum tempo podem se abraçar e se beijar no rosto. Para não errar, prefira o aperto de mão. Alguns cumprimentos comuns em Inglês.

>Hi.
>*Oi.*
>
>Hello.
>*Olá.*
>
>Good morning.
>*Bom dia.*

Good afternoon.
Boa tarde.

Good evening.
Boa noite. [quando você chega]

Good night.
Boa noite. [quando você vai embora]

How are you?
Como vai?

I'm fine, thanks.
Estou bem, obrigado.

Good-bye.
Adeus.

Bye.
Tchau.

10. Real Life English: Cumprimentos Informais

A vida real não é um livro de Inglês onde tudo é escrito e narrado certinho nem uma novela da TV em que os personagens vão para o exterior e todo mundo fala português. Nesta seção você vai aprender como os americanos realmente falam. Lembre-se de que as expressões aqui são bem informais e você vai encontrá-las sempre em filmes e séries.

Você vai ver que muitas expressões têm a mesma tradução em português, pois muitas vezes não temos um correspondente exato para cada expressão.

FAIXA 07

Hey!
Ei!

How's it going?
Como estão as coisas?

Hey man!
E aí, cara?

How's everything?
Como estão as coisas?

What's up?
E aí?

How's life?
Como vai a vida?

Sup?
E aí?

What's happening?
O que está "rolando"?

How are you doing?
Como estão as coisas?

What have you been doing?
O que você tem feito?

How you doing?
Como estão as coisas?

What have you been up to?
O que você tem aprontado?

How've you been?
Como tem estado?

Nice/Good to see you!
Que bom te ver!

Tenho um Presente para Você!

Long time no see!
Há quanto tempo!

You havent' changed at all!
Você não mudou nada!

It's been a while!
Faz tempo!

Small world, isn't it?
Que mundo pequeno, não?

It's been ages!
Faz muito tempo!

E você pode responder com:

Not bad.
Bem.

Couldnt' be better.
Não poderia estar melhor.

Just fine. And you?
Bem, e você?

Not too bad.
Mais ou menos.

Doing great.
Estou ótimo.

Can't complain.
Não posso reclamar.

Pretty good.
Muito bem.

I've had better days.
Já tive dias melhores.

11. Revisão/Ditado

O exercício de ditado traz dez frases com um apanhado das principais estruturas e do vocabulário da unidade. As frases são lidas de forma natural para que você se acostume com o Inglês falado. *Are you ready? Let's do this!*

🎧 FAIXA 08

1. _____

2. _____

3. _____

4. _____

5. _____

6. _____

7. _____

8. _____

9. _____

10. _____

12. Dicas de "Como Estudar Sozinho"

O que são as *collocations*

Collocations! Esta é uma palavra que você vai ler muito por aqui. As *collocations* são combinações prontas de palavras que vão ajudar e muito seu aprendizado. Sempre que você for ler um texto ou diálogo, preste atenção em como as palavras são usadas. Veja algumas bem comuns no texto desta unidade.

around the corner	*virando a esquina*
daily routine	*rotina diária*
for a while	*por um certo tempo*
get dressed	*vestir-se*
go to bed	*ir dormir, ir se deitar*
have a talk with	*ter uma conversa com*
have lunch	*almoçar*
leave home for work	*sair de casa para trabalhar*
listen to the news	*escutar o noticiário*
on a diet	*de regime, de dieta*
take a shower	*tomar banho*
work hard	*trabalhar muito*

Alguns exemplos:

∩ FAIXA 09

"Where's the hospital?" "It's around the corner from the supermarket."
"Onde fica o hospital?" "Fica virando a esquina do supermercado."

What's your daily routine like?
Como é sua rotina diária?

I studied French for a while.
Estudei francês por um certo tempo.

He gets dressed really quickly in the morning.
Ele se veste muito rápido de manhã.

What time do you usually go to bed?
Que horas você geralmente vai se deitar?

I need to have a really serious talk with you.
Preciso ter uma conversa muito séria com você.

Do you want to have lunch sometime this week?
Quer almoçar algum dia desta semana?

What time does he leave home for work?
Que horas ele sai de casa para trabalhar?

I like to listen to the news every morning.
Gosto de escutar o noticiário todas as manhãs.

I'm a little overweight and I need to go on a diet.
Estou um pouco acima do peso e preciso fazer regime.

It's so hot today. I'm going to take a shower.
Está tão quente hoje. Vou tomar um banho.

I work really hard during the week.
Trabalho muitíssimo durante a semana.

Dica: De agora em diante, comece a prestar mais atenção nas *collocations*, anotá-las e revisá-las.

Veja uma lista com mais de 300 *collocations* com os verbos mais comuns em Inglês no **Vocabulary Galore!**

Unidade 02
Falando sobre o Passado

1. Objetivos da Unidade

Nesta unidade você vai aprender:

- ✓ A falar sobre acontecimentos no passado.
- ✓ O que são os verbos regulares e irregulares.
- ✓ Ver um exemplo do *Present Perfect*.
- ✓ Outras *collocations* comuns.
- ✓ Aprender a forma interrogativa com *did*.
- ✓ Aprender a forma negativa com *didn't*.
- ✓ Conhecer alguns exemplos do *Past Perfect*.
- ✓ Praticar oralmente as estruturas do diálogo.
- ✓ Aprender a pronúncia da terminação *–ed* em inglês.

2. Diálogo-base

🎧 **FAIXA 10**

Jim and Phil are co-workers at a law firm. Jim arrives at work one day and he doesn't look very happy.
Jim e Phil são colegas de trabalho em um escritório de advocacia. Jim chega ao trabalho um dia e não parece muito feliz.

Phil: Dude, what happened? You look awful!
Cara, o que aconteceu? Você está péssimo!

Jim: Well, I look awful because I've had an awful morning so far. You don't even want to know!
Bom, estou péssimo porque tive uma manhã horrível até agora. Nem queira saber!

Phil: OK, tell me about it. I'm all ears!
Ok, me conta. Sou todo ouvidos!

Jim: I couldn't sleep a wink last night. I stayed up finishing my quarterly report because I needed to hand it in today. So I went to bed at around 2 a.m. I set the alarm clock to go off at six-thirty, like I always do. As it turns out, it didn't go off and I overslept. What a nightmare!
Não consegui pregar o olho na noite passada. Fiquei acordado terminando meu relatório trimestral, pois precisava entregá-lo hoje. Então fui me deitar às 2 da manhã. Programei o despertador para as seis e meia, como eu sempre faço. E o que aconteceu foi que ele não despertou, e eu perdi a hora. Que pesadelo!

Phil: Damn, that was a rough start!
Droga, começou o dia mal!

Falando sobre o Passado `33`

Jim: Tell me about it! And to make matters worse, I couldn't even have a cup of coffee, so I got dressed real quick and went straight to the train station. When I got there I realized I had left the report at home.
Nem me diga! E para piorar as coisas, eu nem consegui tomar uma xícara de café, então me vesti rapidamente e fui direto para a estação de trem. Quando cheguei lá percebi que tinha deixado o relatório em casa.

Phil: Gee, what did you do then?
Nossa, e o que você fez então?

Jim: I had to run back home, literally. I got the report and decided to take a cab, because I thought it was going to be faster. Little did I know that there had been an accident. You can imagine how long the traffic jam was. I felt so helpless because we were in the middle of the bridge and there was nowhere to go.
Tive que ir correndo para casa, literalmente. Peguei o relatório e decidi pegar um táxi, pois achei que ia ser mais rápido. Mal sabia eu que tinha acontecido um acidente. Você imagina o tamanho do congestionamento. Eu me senti tão incapaz, pois estávamos no meio da ponte e não tinha para onde ir.

Phil: Man, what a bumpy ride!
Cara, que viagem turbulenta!

Jim: When I got to the office my supervisor was really angry at me and told me off in front of everybody. What was I supposed to say? There's only one thing I can do: throw out the alarm clock!
Quando cheguei ao escritório meu supervisor estava muito bravo e me deu uma bronca na frente de todo mundo. O que eu ia dizer? Só tem uma coisa que eu posso fazer: jogar fora o despertador!

Phil: Well, that happens, don't worry. Let me buy you lunch so we can talk about other stuff.
Bem, isso acontece, não se preocupe. Deixe-me pagar seu almoço para que a gente possa falar de outras coisas.

Jim: Thanks, man. That'll really help.
Obrigado, cara. Isso vai ajudar mesmo.

3. Explicação do Diálogo

No diálogo você viu que o dia de Jim não foi nada agradável. Agora vamos estudar e aprender alguns pontos de vocabulário e de gramática que apareceram aqui.

1. *dude, man.* Quer dizer "cara", referindo-se a um homem. São palavras bastante informais. Alguns exemplos:

    He's a very cool dude.
    Ele é um cara muito legal.

    Dude, what are you doing?
    Cara, o que você está fazendo?

Man, am I tired!
Cara, estou supercansado.

Man, how many times do I have to tell you?
Cara, quantas vezes tenho que te dizer?

2. Em inglês temos dois tipos de verbos no passado: regulares e irregulares. Os regulares têm a terminação–*ed* e são muito comuns. No diálogo temos *happen. happened* (acontecer); *stay. stayed* (ficar); *need. needed* (precisar); *decide. decided* (decidir); *realize. realized* (perceber, dar-se conta). Alguns exemplos:

I don't know what happened. Do you?
Eu não sei o que aconteceu. Você sabe?

He stayed in a hotel instead of staying with us.
Ele ficou em um hotel em vez de ficar com a gente.

They decided not to travel after all.
Afinal eles decidiram não viajar.

When realized what he had done, he turned back.
Quando ele se deu conta do que tinha feito, ele voltou atrás.

3. Os verbos irregulares (que não acabam com –*ed*) são também bastante comuns e temos vários exemplos deles no diálogo: *have. had* (ter); *can. could* (poder, conseguir); *go. went* (ir); *set. set* (configurar, marcar); *sleep. slept* (dormir); *get. got* (conseguir, obter, chegar); *leave. left* (deixar); *think. thought* (pensar); *be. was, were* (ser, estar); *feel. felt* (sentir-se); *tell. told* (dizer, contar). Alguns exemplos:

I had a splitting headache last night.
Tive uma dor de cabeça muito forte ontem à noite.

I could do that if I wanted to.
Eu poderia fazer isso se eu quisesse.

You went to Ireland last year, didn't you?
Você foi à Irlanda ano passado, não foi?

What time did you set the alarm clock to?
Para que horas você programou o despertador?

He slept on the sofa.
Ele dormiu no sofá.

What time did you get here?
Que horas você chegou aqui?

She left her keys at home.
Ela deixou suas chaves em casa.

I thought about moving to another city.
Pensei em me mudar para outra cidade.

He was here yesterday, wasn't he?
Ele estava aqui ontem, não estava?

I felt a sharp pain in my arm.
Senti uma dor aguda no meu braço.

Veja uma lista completa dos verbos irregulares no Vocabulary Galore!

4. *Look* quer dizer olhar, mas nesse diálogo quer dizer "aparentar", "estar com a aparência". O Phil diz que o Jim *looks awful*, está com a aparência horrível. Você pode também usar outros adjetivos como *beautiful* (bonito), *tired* (cansado), *sad* (triste), *happy* (feliz) etc. Alguns exemplos:

   You look beautiful in that dress.
   Você está linda com este vestido.

   He looks tired. Has he been working a lot?
   Ele parece cansado. Ele tem trabalhado muito?

   You look sad. What's the matter?
   Você parece triste. Qual é o problema?

5. *I've had.* Eu tive, eu tenho tido. Indica que a manhã ainda não acabou e pode ser que aconteçam coisas ruins (ou boas!) ainda. Mais alguns exemplos:

   I've had to work a lot this week.
   Tive que trabalhar muito esta semana. [a semana ainda não acabou]

   I've had a headache since yesterday.
   Estou com dor de cabeça desde ontem.

   She's had a baby recently.
   Ela teve um bebê recentemente. [tempo indefinido]

   How long have you had that car?
   Há quanto tempo você tem este carro? [o carro ainda é meu]

   I've had this car for seven years.
   Tenho este carro há sete anos.

   Agora compare:

   I had to work a lot this week.
   Tive que trabalhar muito esta semana. [a semana está acabando e não tenho mais que trabalhar]

   I had a headache a couple of hours ago.
   Tive uma dor de cabeça umas horas atrás. [não estou mais com dor de cabeça]

   She had a baby last month.
   Ela teve um bebê mês passado. [tempo definido]

   How long did you have that car?
   Quanto tempo você teve esse carro? [o carro não é mais meu]

   I had that car for seven years, but I sold it.
   Tive esse carro por sete anos, mas vendi.

A Chave do Aprendizado da Língua Inglesa

6. Temos várias expressões fixas (as *collocations*) nesse diálogo que são bem comuns no inglês falado. *Check them out!*

so far	até agora
I'm all ears	Sou todo ouvidos
I couldn't sleep a wink	Não consegui pregar os olhos
stay up	ficar acordado
hand in	entregar (relatório/tarefa de casa)
go to bed	ir dormir
set the alarm clock	programar o despertador
go off	tocar (despertador)
as it turns out	e o que aconteceu foi
Damn!	Droga!
a rough start	um começo difícil
Tell me about it!	Nem me diga!
and to make matters worse	e para piorar as coisas
I couldn't even	Eu nem consegui
Gee!	Nossa! Puxa!
take a cab	pegar um táxi
Little did I know that	Mal sabia eu que
tell off	dar uma bronca
What was I supposed to say?	O que eu ia dizer?

I had left, there had been. Aqui temos alguns exemplos do *Past Perfect*, algo que "tinha acontecido". Então *I had left* significa "eu tinha deixado" e *there had been* significa "tinha havido, tinha tido". Alguns exemplos:

She had stayed up all night.
Ela tinha ficado acordada a noite toda.

He hadn't handed in the report yet.
Ele não tinha entregado o relatório ainda.

Had you already done that?
Você já tinha feito isso?

They had been stuck in traffic.
Eles tinham ficado presos no trânsito.

The boss had told me off in front of everybody.
O chefe tinha me dado uma bronca na frente de todo mundo.

Temos também a forma negativa *hadn't* para todas as pessoas:

I hadn't done my homework by then.
Eu não tinha feito a tarefa naquela hora.

You hadn't been here before, had you?
Você não tinha estado aqui antes, tinha?

Falando sobre o Passado   37

He hadn't written the report yet.
Ele não tinha escrito o relatório ainda.

They hadn't arrived at the hotel yet.
Eles não tinham chegado no hotel ainda.

E a forma positiva *Had...?*

Had you already been here before?
Você já tinha estado aqui antes?

Had he met her before?
Ele já a tinha conhecido antes?

Had they already gone home?
Eles já tinham ido para casa?

Geralmente usamos o *Past Perfect* com *before* (antes), *by the time* (quando, na hora que) e *already* (já):

The woman sitting next to me on the plane was very nervous. She had never flown before.
A mulher sentada ao meu lado no avião estava muito nervosa. Ela nunca tinha voado antes.

By the time we got to the theater, the play had already started.
Na hora que chegamos ao teatro, a peça já tinha começado.

When they got the party, their friends had already left.
Quando eles chegaram na festa, seus amigos já tinham ido embora.

7. *real quick*. No inglês coloquial às vezes usamos *real* em vez de *really* para enfatizar um adjetivo. Podemos dizer que algo é *real good* (em vez de *really good*) e que alguém é *real nice* (e não *really nice*). Novamente, usar *real* em vez de *really* antes de adjetivos é uma característica do inglês informal, da forma oral.

8. *Did you...?* Para fazer a pergunta no passado usamos *did + sujeito + verbo no presente*. Compare alguns exemplos:

You stayed.
Você ficou.

Did you stay?
Você ficou?

He went to bed.
Ele foi dormir.

Did he go to bed?
Ele foi dormir?

The alarm went off.
O despertador tocou.

Did the alarm go off?
O despertador tocou?

They overslept.
Eles perderam a hora.

Did they oversleep?
Eles perderam a hora?

She got dressed.
Ela se vestiu.

Did she get dressed?
Ela se vestiu?

Perceba que quando usamos *did* para fazer a interrogação, o verbo principal fica no presente, e não no passado.

9. **He didn't...** Para fazermos frases negativas usamos *sujeito + didn't + verbo no presente*. Compare alguns exemplos:

The boss told me off.	I felt so helpless.
O chefe me deu uma bronca.	*Eu me senti incapaz.*
The boss didn't tell me off.	I didn't feel helpless.
O chefe não me deu uma bronca.	*Eu não me senti incapaz.*
He went straight to the train station.	He got to the office late.
Ele foi direto para a estação de trem.	*Ele chegou ao escritório atrasado.*
He didn't go straight to the train station.	He didn't get to the office late.
Ele não foi direto para a estação de trem.	*Ele não chegou ao escritório atrasado.*

 Atenção: Quando usamos *didn't* para fazer a forma negativa no passado, o verbo principal fica no presente!

10. Podemos também usar *question words* (adjetivos interrogativos) para fazer perguntas em inglês. Veja alguns exemplos:

What did you do?	How much did it cost?
O que você fez?	*Quando custou?*
Where did you go?	Why did she cry?
Aonde você foi?	*Por que ela chorou?*
Who did you see?	Whose book did they steal?
Quem você viu?	*Eles roubaram o livro de quem?*
When did she arrive?	
Quando ela chegou?	

11. **I had to, I needed to.** Essas formas verbais significam "eu tive que" e "eu precisei" fazer algo. Usamos *have to* e *need to* + verbo. Alguns exemplos no presente e no passado:

I have to go now.	He needs to study more.
Tenho que ir agora.	*Ele precisa estudar mais.*
I had to go to school yesterday.	He needed to study for the test.
Tive que ir à escola ontem.	*Ele precisou estudar para o teste.*
Do you have to study for the English test?	Does he need to study more?
Você tem que estudar para a prova de inglês?	*Ele precisa estudar mais?*
Did you have to work on the weekend?	Did he need to study more for the test?
Você teve que estudar no fim de semana?	*Ele precisou estudar mais para a prova?*

12. Expressões do passado. Usamos várias expressões quando vamos falar do passado em Inglês. Algumas bem comuns são:

last night	*ontem à noite*
last week	*semana passada*
last month	*mês passado*
last year	*ano passado*
last Monday	*segunda-feira passada*
yesterday	*ontem*
yesterday morning	*ontem de manhã*
yesterday afternoon	*ontem à tarde*
yesterday evening	*ontem à noite*
ago	*atrás*
three days ago	*três dias atrás*
four years ago	*quatro anos atrás*
ten years ago	*dez anos atrás*

EXTRA GRAMMAR: THE PAST CONTINUOUS

O *Past Continuous* não apareceu no diálogo, mas é um tempo do passado bem comum em Inglês e para a nossa sorte ele tem um correspondente em português. O *Past Continuous* é formado pelo verbo to be no passado (*was, were*) + *verbo principal no –ing*. Veja as formas em negrito nos exemplos abaixo:

I **was talking** to him when his boss arrived.
Eu estava conversando com ele quando seu chefe chegou.

This time last year you **were living** in England.
Nesta época no ano passado você estava morando na Inglaterra.

She **was waiting** for me when I arrived.
Ela estava esperando por mim quando eu cheguei.

Was it **raining** while you were studying?
Estava chovendo enquanto você estava estudando?

We **were working** in the garden when he called.
Estávamos trabalhando no jardim quando ele ligou.

They **weren't paying** attention to the teacher.
Eles não estavam prestando atenção no professor.

4. Prática Oral: Questions and Answers

Este exercício é muito importante para o seu aprendizado, pois você vai praticar perguntas e respostas como na vida real. Primeiro, escute e leia silenciosamente, quantas vezes forem necessárias, para entender as perguntas e respostas. Depois escute o áudio, pause e repita em voz alta, bem devagar (não precisa ter pressa!).

40 A Chave do Aprendizado da Língua Inglesa

Faça este exercício sem se preocupar com as regras gramaticais, pois as coisas vão se encaixando com o tempo. *Are you ready? Let's do it!*

🎧 **FAIXA 11**

1. Where do Jim and Phil work?
   Onde Jim e Phil trabalham?

   They work in a law firm.
   Eles trabalham em um escritório de advocacia.

2. Why does Jim look awful?
   Por que Jim tem a aparência horrível?

   He looks awful because he's had an awful morning so far.
   Ele tem a aparência horrível, pois teve uma manhã terrível até agora.

3. Did he have a good night's sleep?
   Ele dormiu bem?

   No, he couldn't sleep a wink last night.
   Não, ele não conseguiu pregar o olho na noite passada.

4. Why did he stay up?
   Por que ele ficou acordado?

   Because he had to finish his quarterly report.
   Porque ele teve que terminar seu relatório trimestral.

5. When did he need to hand it in?
   Quando ele precisava entregá-lo?

   He needed to hand it in today.
   Ele precisava entregá-lo hoje.

6. What time did he go to bed?
   Que horas ele foi dormir?

   He went to bed at around 2 a.m.
   Ele foi dormir aproximadamente às duas da manhã.

7. What time did he set the alarm clock to go off at?
   Para que horas ele programou o relógio para despertar?

   He set the alarm clock to go off at six-thirty.
   Ele programou o relógio para despertar às seis e meia.

8. Did it go off? What happened?
   Despertou? O que aconteceu?

   It didn't go off and he overslept.
   Não despertou e ele perdeu a hora.

9. Could he have a cup of coffee?
   Ele conseguiu tomar uma xícara de café?

   No, he couldn't even have a cup of coffee.
   Não, ele nem conseguiu tomar uma xícara de café.

Falando sobre o Passado **41**

10. Where did he go after getting dressed?
    Aonde ele foi depois de se vestir?

    He went straight to the train station.
    Ele foi direto para a estação de trem.

11. What did he realize when he got there?
    O que ele percebeu quando chegou lá?

    He realized that he had left the report at home.
    Ele percebeu que tinha deixado o relatório em casa.

12. What did he do after he went back home and got the report?
    O que ele fez depois que voltou para casa e pegou o relatório?

    He decided to take a cab.
    Ele decidiu pegar um táxi.

13. Why did he decide to take a cab?
    Por que ele decidiu pegar um táxi?

    He decided to take a cab because he thought it was going to be faster.
    Ele decidiu pegar um táxi porque achou que ia ser mais rápido.

14. Why was there a traffic jam?
    Por que havia um congestionamento?

    There was a traffic jam because there had been an accident.
    Havia um congestionamento, pois tinha acontecido um acidente.

15. Why did he feel helpless?
    Por que ele se sentiu incapaz?

    He felt helpless because he was in the middle of the bridge and there was
    nowhere to go.
    *Ele se sentiu incapaz porque estava no meio da ponte e não tinha nenhum lugar
    para ir.*

16. What did his supervisor do when he got to the office?
    O que seu supervisor fez quando ele chegou ao escritório?

    His supervisor told him off in front of everybody.
    Seu supervisor lhe deu uma bronca na frente de todos.

17. What's the only thing he's going to do?
    Qual é a única coisa que ele vai fazer?

    He's going to throw out the alarm clock.
    Ele vai jogar fora o despertador.

18. What does Phil offer to do?
    O que Phil se oferece para fazer?

    He offers to buy Jim lunch so they can talk about other stuff.
    *Ele se oferece para pagar o almoço para Jim para que eles possam falar de outras
    coisas.*

42 A Chave do Aprendizado da Língua Inglesa

5. Let's Practice

5.1. Complete as frases abaixo com a preposição correta (algumas preposições vão ser usadas mais de uma vez).

> about — at — of — off — out — to

1. What time is the alarm clock set to go _____?
2. He was going to come in the morning, but as it turns _____, he missed the bus.
3. He missed the bus and, _____ make matters worse, he left his wallet at home.
4. I couldn't come earlier because I had _____ help my mom clean up the house.
5. When did you decide _____ stop smoking?
6. We were stuck in a traffic jam in the middle _____ the bridge.
7. I need to throw _____ all those old books.
8. The teacher told us _____ because we were talking in class.
9. Why are you so angry _____ me? I didn't do anything!
10. OK, tell me _____ it. I'm all ears!

5.2. Complete as seguintes frases com uma palavra da lista.

> buy — did — dressed — hand — nowhere — report — set — straight — take — wink

1. I was so worried that I couldn't sleep a _____ last night.
2. I have to stay up and finish my quarterly _____ tonight.
3. Did you _____ in your English paper yet?
4. I forgot to _____ the alarm and I overslept.
5. Jim had to get _____ real quick because he had overslept.
6. Are you going to walk or are you going to _____ a cab?
7. After school go _____ home. Don't stop anywhere!
8. I wanted to throw Sam a little surprise party. Little _____ I know that he had already planned a party for himself.
9. I'm out of money. Can you _____ me lunch today?
10. Can I sleep over tonight? I have _____ to go.

Falando sobre o Passado 43

5.3. Traduza as seguintes frases para o inglês.

1. Vamos falar sobre outras coisas agora.

2. Você precisar jogar fora suas revistas velhas.

3. Preciso pegar um táxi para ir embora.

4. Mal sabia eu que ela já tinha chegado.

5. Eu me vesti rapidamente hoje de manhã.

6. Tenho que entregar um trabalho de Inglês amanhã de manhã.

7. Perdi a hora hoje de manhã e, para piorar as coisas, perdi o ônibus também.

8. Não consegui tomar café da manhã e fui direto para o aeroporto.

9. Eu percebi que tinha deixado as chaves do carro no restaurante.

10. Minha mãe me deu uma bronca na frente dos meus amigos.

6. Let's Listen!

6.1. Na segunda-feira de manhã, pessoas estão no trabalho e conversam sobre o que fizeram no fim de semana. Escute os minidiálogos e escolha a resposta correta.

∩ FAIXA 12

1. Pete:
   a) Foi ao cinema com sua namorada.
   b) Ficou em casa e viu um filme.
   c) Pediu uma pizza e foi deitar cedo.

2. Ele:
   a) Conheceu uma moça e hoje à noite vão ao cinema.
   b) Não conseguiu sair de casa porque o carro não pegou.
   c) Passou o fim de semana com sua família nas montanhas.

3. Ela:
   a) Saiu com as amigas e foram a uma festa.
   b) Ficou em casa o fim de semana todo.
   c) Ficou de cama o fim de semana inteiro.

4. O fim de semana dele foi:
   a) Divertido, pois seu irmão veio visitá-lo.
   b) Horrível, pois ele teve que levar sua sogra a vários lugares.
   c) Tranquilo, pois ele conseguiu descansar bastante.

5. O fim de semana dela:
   a) Foi mais ou menos. Viu um filme com amigos.
   b) Foi muito divertido. Foi a um parque aquático com sua família.
   c) Foi horrível. Nevou muito, e ela não conseguiu sair de casa.

A Chave do Aprendizado da Língua Inglesa

6. No fim de semana ele:
   a) Ficou em casa porque precisava estudar.
   b) Foi para a montanha porque estava um dia lindo.
   c) Foi para a praia, mas estava chovendo e frio.

6.2. Agora escute novamente e complete as lacunas com as formas verbais corretas.

🎧 **FAIXA 12**

1.
A: So how _____ your weekend, Pete?
B: Well, I _____ to go to the movies with my girlfriend, but she _____ too tired to go out.
A: So what _____ you _____?
B: We just _____ a pizza and _____ to bed early.

2.
A: I _____ a great weekend. You're not going to believe what happened.
B: Now I'm curious. Tell me about it!
A: I _____ a terrific girl at a party and I _____ her out. We're going to the movies tonight.
B: I'm happy for you, man.

3.
A: What _____ you _____ last weekend?
B: I _____ most of the time at home. I have a very difficult test tomorrow and I _____ to study a lot for it.

4.
A: So what _____ your weekend like?
B: Not so good. My mother-in-law _____ to visit. I _____ to spend all weekend driving her everywhere.
A: What a bummer!

5.
A: _____ you _____ a nice weekend?
B: It _____ OK.
A: So what _____ you _____?
B: I _____ some friends on Saturday and we _____ home and _____ a movie.
A: _____ you _____ anything on Sunday?
B: No, I _____ too tired. I _____ all afternoon.

6.
A: How _____ your weekend?
B: Terrible.
A: Oh, what _____?
B: I _____ to the beach, but it _____ cold and rainy all day.

Falando sobre o Passado   45

7. Cantinho da Pronúncia: A Terminação –ed

A terminação –ed nem sempre é fácil para o estudante brasileiro dominar e tem três regrinhas básicas.

Ouça e repita as frases várias vezes para dominar a pronúncia.

Regra 1: *Verbos terminados em som de l, n, m, r, b, v, g, w, y, z e terminados em ditongos têm o som de ED com a pronúncia de /d/*

🎧 **FAIXA 13**

1. **Allow** — allowed (*permitir*)
   He was not allowed to go to the party.
   Não lhe foi permitido ir à festa.
   Her mother allowed her to go out.
   Sua mãe lhe permitiu sair.

2. **Arrive** — arrived (*chegar*)
   I don't know what time he arrived.
   Não sei que horas ele chegou.
   She arrived in the morning.
   Ela chegou de manhã.

3. **Burn** — burned (*queimar*)
   I think I burned my cake.
   Acho que queimei meu bolo.
   The house burned down in the fire.
   A casa queimou no incêndio.

4. **Call** — called (*ligar*)
   Who called me?
   Quem me ligou?
   I don't know who called you.
   Não sei quem ligou para você.

5. **Change** — changed (*mudar, trocar*)
   I changed some things in the project.
   Mudei algumas coisas no projeto.
   She changed her mind.
   Ela mudou de ideia.

6. **Clean** — cleaned (*limpar*)
   She cleaned the house in the morning.
   Ela limpou a casa de manhã.
   I cleaned my office today.
   Eu limpei meu escritório hoje.

A Chave do Aprendizado da Língua Inglesa

7. **Cry** — cried (*chorar*)

She cried all night.
Ela chorou a noite toda.

The baby cried because he was hungry.
O bebê chorou porque estava com fome.

8. **Die** — died (*morrer*)

Did you know they died?
Você sabia que eles morreram?

She died a couple of years ago.
Ela morreu alguns anos atrás.

9. **Enjoy** — enjoyed (*aproveitar, curtir*)

I enjoyed my vacation very much.
Eu curti muito minhas férias.

My kids enjoyed going to Disney.
Meus filhos gostaram de ir à Disney.

10. **Learn** — learned (*aprender*)

I learned French in six months.
Aprendi francês em seis meses.

He learned how to swim when he was six.
Ele aprendeu a nadar quando tinha seis anos.

11. **Listen** — listened (*escutar*)

I listened to the radio every morning.
Escutei o rádio todas as manhãs.

She listened to what I had to say.
Ela escutou o que eu tinha a dizer.

12. **Live** — lived (*morar, viver*)

I lived here when I was a kid.
Morei aqui quando era criança.

We lived in a very small house.
Morávamos em uma casa muito pequena.

13. **Love** — loved (*amar, adorar*)

She loved her kids.
Ela amava seus filhos.

I loved going for walks.
Eu adorava fazer caminhadas.

14. **Open** — opened (*abrir*)

Who opened the door?
Quem abriu a porta?

They opened a new Italian restaurant.
Eles abriram um novo restaurante italiano.

Falando sobre o Passado 47

15. **Play** — played (*tocar, jogar, brincar*)

She played the guitar in her free time.
Ela tocava violão no seu tempo livre.

I played soccer when I was a kid.
Eu joguei futebol quando era criança.

16. **Remember** — remembered (*lembrar-se*)

I remembered bringing your things.
Eu me lembro de ter trazido suas coisas.

She remembered you, didn't she?
Ela se lembrou de você, não lembrou?

17. **Smile** — smiled (*sorrir*)

She smiled at me.
Ela sorriu para mim.

I smiled at the old lady.
Eu sorri para a velha senhora.

18. **Stay** — stayed (*ficar*)

I stayed in a very good hotel.
Fiquei em um hotel muito bom.

They stayed at home on the weekend.
Eles ficaram em casa no fim de semana.

19. **Try** — tried (*tentar*)

I tried to do that, but I couldn't.
Tentei fazer isso, mas não consegui.

She tried not to laugh.
Ela tentou não rir.

Regra 2: *Verbos terminados em p, k, s, ch, sh, f, x têm o som ED com a pronúncia de /t/*

🎧 **FAIXA 14**

1. **Ask** — asked (*pedir, perguntar*)

He asked me where I lived.
Ele me perguntou onde eu morava.

I asked you not to do that.
Eu te pedi para não fazer isso.

2. **Dance** — danced (*dançar*)

They danced the night away.
Eles dançaram a noite toda.

I danced till dawn.
Eu dancei até o amanhecer.

3. Develop — developed (*desenvolver*)

When was this developed?
Quando isso foi desenvolvido?

They developed a new appliance.
Eles desenvolveram um novo eletrodoméstico.

4. Discuss — discussed (*discutir*)

We discussed the problem thoroughly.
Nós discutimos o problema extensivamente.

I discussed the payment issues with the boss.
Discuti os problemas de pagamento com o chefe.

5. Dress — dressed (*vestir*)

The kids dressed up as witches for Halloween.
As crianças se vestiram de bruxas para o Dia das Bruxas.

I got dressed really fast because I was late.
Eu me vesti muito rápido, pois estava atrasado.

6. Finish — finished (*terminar*)

I finished my work on time.
Terminei meu trabalho na hora certa.

They finished reading that book.
Eles terminaram de escrever esse livro.

7. Fix — fixed (*consertar*)

My brother fixed my TV.
Meu irmão consertou minha TV.

They fixed the broken pipe.
Eles consertaram o cano quebrado.

8. Help — helped (*ajudar*)

He helped me understand the problem.
Ele me ajudou a entender o problema.

I helped him get his car started.
Eu o ajudei a fazer o carro funcionar.

9. Laugh — laughed (*rir*)

We laughed our heads off watching that movie.
Rimos muito assistindo aquele filme.

They laughed at their friend.
Eles riram de seu amigo.

10. Like — liked (*gostar*)

I liked going out last night.
Gostei de sair ontem à noite.

They liked the movie.
Eles gostaram do filme.

Falando sobre o Passado 49

11. **Look** — looked (*olhar, parecer*)

  She looked at me and smiled.
  Ela olhou para mim e sorriu.

  It looked like rain, but it didn't rain.
  Parecia que ia chover, mas não choveu.

12. **Pass** — passed (*passar*)

  He passed up a great opportunity.
  Ele deixou passar uma ótima oportunidade.

  I passed him on the street today.
  Eu passei por ele na rua hoje.

13. **Pick** — picked (*pegar, escolher*)

  I was picked to represent the group.
  Fui escolhido para representar o grupo.

  Have you picked your team for the game yet?
  Você já escolheu seu time para o jogo?

14. **Practice** — practiced (*praticar, treinar, ensaiar*)

  I practiced hard for the piano recital.
  Ensaiei muito para o recital de piano.

  He practiced his French a lot when he was in Paris.
  Ele praticou muito seu francês quando estava em Paris.

15. **Push** — pushed (*empurrar*)

  She pushed me and I fell.
  Ela me empurrou e eu caí.

  I pushed open the door with my foot.
  Abri a porta empurrando com meu pé.

16. **Reach** — reached (*alcançar*)

  The situation reached a point where...
  A situação chegou a um ponto que...

  They finally reached an agreement last night.
  Eles finalmente chegaram a um acordo ontem à noite.

17. **Stop** — stopped (*parar*)

  He stopped smoking. That's great news!
  Ele parou de fumar. Ótima notícia!

  I stopped the car because I wasn't feeling very well.
  Parei o carro, pois não estava me sentindo muito bem.

18. **Talk** — talked (*conversar*)

  I talked to him a lot last night.
  Falei muito com ele ontem à noite.

  She talked on and on about her kids.
  Ela ficou falando o tempo todo sobre seus filhos.

A Chave do Aprendizado da Língua Inglesa

19. **Touch** — touched (*tocar*)

   He said he hadn't touched her.
   Ele disse que não tinha tocado nela.

   She touched a button and the machine started working.
   Ela tocou um botão e a máquina começou a funcionar.

20. **Walk** — walked (*andar, caminhar*)

   I walked to the station.
   Eu caminhei até a estação.

   He walked a mile to get there.
   Ele andou uma milha para chegar aqui.

21. **Wash** — washed (*lavar*)

   Who washed your clothes?
   Quem lavou suas roupas?

   I washed the floor because it was way too dirty.
   Eu lavei o chão, pois estava sujo demais.

22. **Watch** — watched (*assistir, observar*)

   I watched the game last night.
   Assisti ao jogo ontem à noite.

   He watched the kids play.
   Ele observou as crianças brincarem.

23. **Wish** — wished (*desejar*)

   I wished them a Merry Christmas.
   Eu lhes desejei um Feliz Natal.

   She wished she hadn't seen him.
   Ela gostaria de nunca tê-lo visto.

24. **Work** — worked (*trabalhar*)

   I worked late last night.
   Trabalhei até tarde ontem à noite.

   She worked at a drugstore.
   Ela trabalhava em uma farmácia.

Regra 03: *Verbos terminados em T e D têm o som* **/id/**

🎧 **FAIXA 15**

1. **Accept** — accepted (*aceitar*)

   I accepted his offer.
   Aceitei sua oferta.

   We accepted their invitation.
   Aceitamos seu convite.

Falando sobre o Passado 51

2. **Create** — created (*criar*)

The TV show was created by two teenagers.
O programa de TV foi criado por dois adolescentes.

Who created this program?
Quem criou este programa?

3. **Decide** — decided (*decidir*)

I decided not to go to the party.
Decidi não ir à festa.

They decided to start studying English.
Eles decidiram começar a estudar inglês.

4. **Demand** — demanded (*exigir*)

The teacher demanded to see our homework.
O professor exigiu ver a nossa tarefa.

I demanded to see the manager.
Eu exigi ver o gerente.

5. **Depend** — depended (*depender*)

It depended only on him.
Só dependia dele.

Their future depended on how they did in the exam.
Seu futuro dependia de como eles se sairiam na prova.

6. **End** — ended (*terminar*)

Their marriage ended after only 11 months.
Seu casamento acabou depois de somente 11 meses.

A back injury ended his career seven years ago.
Uma lesão nas costas acabou com sua carreira sete anos atrás.

7. **Expect** — expected (*esperar*)

I expected him to come.
Eu esperava que ele viesse.

We expected good weather on the weekend, but it rained.
Esperávamos tempo bom no fim de semana, mas choveu.

8. **Explode** — exploded (*explodir*)

The bomb exploded and they got hurt.
A bomba explodiu e eles se feriram.

Thunders exploded over the meadow.
Trovões explodiam sobre o prado.

9. **Insist** — insisted (*insistir, fazer questão*)

He insisted that I come.
Ele insistiu que eu viesse.

She insisted that we stay at her house instead of a hotel.
Ela insistiu que ficássemos na sua casa em vez de um hotel.

A Chave do Aprendizado da Língua Inglesa

10. **Invite** — invited (*convidar*)

They invited me to their wedding.
Eles me convidaram para seu casamento.

We have invited all our neighbors to a barbecue.
Convidamos todos os nossos vizinhos para um churrasco.

11. **Last** — lasted (*durar*)

The meeting lasted two hours.
A reunião durou duas horas.

The supplies lasted for only a few days.
Os suprimentos duraram somente alguns dias.

12. **Paint** — painted (*pintar*)

We painted our walls green.
Pintamos nossas paredes de verde.

We washed the walls before we painted them.
Lavamos as paredes antes de pintá-las.

13. **Participate** — participated (*participar*)

They participated in our project.
Eles participaram do nosso projeto.

The rebels participated in the peace talks.
Os rebeldes participaram nas negociações de paz.

14. **Provide** — provided (*fornecer, oferecer*)

The hotel provided a playroom for children.
O hotel oferecia uma sala de recreação para as crianças.

She has always provided for her children.
Ela sempre sustentou seus filhos.

15. **Remind** — reminded (*lembrar, fazer lembrar*)

She reminded me of my sister.
Ela me lembrou minha irmã.

I reminded him of his appointments.
Eu o lembrei de seus compromissos.

16. **Rent** — rented (*alugar*)

Who rented this house?
Quem alugou esta casa?

They rented a house for the summer.
Eles alugaram uma casa para o verão.

17. **Repeat** — repeated (*repetir*)

I repeated what the teacher asked me to.
Repeti o que o professor pediu para repetir.

She repeated everything he said.
Ela repetiu tudo que ele disse.

Falando sobre o Passado **53**

18. **Start** — started (*começar*)
    I started studying English when I was nine.
    Comecei a estudar inglês quando tinha nove anos.

    She started doing yoga last year.
    Ela começou a fazer ioga ano passado.

19. **Visit** — visited (*visitar*)
    I visited my grandmother on the weekend.
    Visitei minha avó no fim de semana.

    They visited their family in Australia.
    Eles visitaram sua família na Austrália.

20. **Wait** — waited (*esperar*)
    I waited for you for a long time.
    Eu te esperei por muito tempo.
    She waited for the boss to arrive.
    Ela esperou o chefe chegar.

21. **Want** — wanted (*querer*)
    I wanted to travel, but I didn't have money.
    Eu queria viajar, mas não tinha dinheiro.

    She wanted a new boyfriend.
    Ela queria um namorado novo.

8. Frases Prontas

Falando sobre o Fim de Semana

Um assunto muito comum no trabalho na segunda-feira é o que as pessoas fizeram no fim de semana. Aqui temos algumas frases e *collocations* bem comuns para você soltar a língua e não precisar ficar pensando muito para falar. Vamos lá!

🎧 **FAIXA 16**

How was your weekend?
Como foi seu fim de semana?

How was your weekend? Get up to much?
Como foi seu fim de semana? Aprontou muito?

What was your weekend like?
Como foi seu fim de semana?

What did you do on the weekend?
O que você fez no fim de semana?

What did you get up to this weekend?
O que você aprontou este fim de semana?

Did you have a good weekend?
Você teve um bom fim de semana?

Did you do anything interesting on the weekend?
Você fez algo de interessante no fim de semana?

Did you do anything fun over the weekend?
Você fez algo de divertido no fim de semana?

What did you do on Saturday?
O que você fez no sábado?

A Chave do Aprendizado da Língua Inglesa

E você pode responder:

It was awesome!
Foi demais!

It was OK.
Foi mais ou menos.

It was pretty laid-back.
Foi bem calmo.

I had a pretty uneventful weekend.
Foi um fim de semana sem muitos acontecimentos.

It was awful.
Foi horrível.

I (*eu*)

... binge-watched a sitcom.
Assisti a todos os episódios de uma comédia.

... saw a movie.
Assisti a um filme.

... slept in.
Dormi até mais tarde.

... caught up on sleep.
Coloquei o sono em dia.

... spent time with my family.
Passei um tempo com a minha família.

... caught up on work.
Coloquei o trabalho em dia.

... chilled out at home.
Fiquei descansando em casa.

... took a road trip.
Fiz uma viagem de carro.

... did some housework.
Dei uma arrumada na casa.

... went away for the weekend.
Viajei no fim de semana.

... did some yard work.
Fiz umas coisas no quintal.

... went out to a bar.
Fui a um bar.

... got together with friends.
Reuni-me com alguns amigos.

... went out to eat.
Saí para comer.

... had a dinner party.
Fiz um jantar.

... went shopping.
Fui fazer compras.

... had friends over for dinner.
Recebi alguns amigos para jantar.

... went to church.
Fui à igreja.

... lay in bed all weekend.
Fiquei na cama o fim de semana todo.

... ran into an old school friend.
Encontrei um velho amigo de escola por acaso.

9. Cantinho Cultural

Como Dar Gorjeta nos Estados Unidos

Um grande erro do turista (não somente o brasileiro) é o fato de não respeitar os costumes locais em um país estrangeiro. Dar a gorjeta nos Estados Unidos pode virar um problema se você não souber como fazer. Então vamos aprender agora.

No restaurante: Se você gostou do serviço, a gorjeta varia entre 15% e 20% (sem choradeira, viu, porque os garçons ganham muito mal e a gorjeta ajuda no salário). Uma dica: Se você estiver em um grupo grande de pessoas (turistas) o restaurante já pode colocar a gorjeta automaticamente na conta e isso vem discriminado como *Tip included*. Outra palavra para a gorjeta é *gratuity*.

No táxi hoje em dia você pode escolher entre 15% até 50%. Se você for passar cartão no banco de trás, dá para fazer isso sozinho. Se for por aplicativo, é mais fácil ainda!

No hotel a gente geralmente dá gorjeta para o carregador de malas, geralmente entre 5 e 10 dólares (e eles esperam por isso!)Então quando for viajar para os Estados Unidos, já reserve o dinheiro da gorjeta.

10. Real Life English

As Contrações em Inglês — Parte 01

Como você deve imaginar, as pessoas não falam igualzinho no diálogo dos livros e usam muitas contrações nas conversas do dia a dia. Nesta unidade começamos com as mais básicas e na próxima vamos para as mais avançadas.

🎧 **FAIXA 17**

Verb to be — Affirmative

I am. I'm
I'm OK.
Estou bem.

I'm from the United States.
Sou dos Estados Unidos.

You are. You're
You're very tall!
Você é muito alto!

You're doing a very good job!
Você está fazendo um trabalho muito bom!

He is. He's
He's from Canada.
Ele é do Canadá.

He's my best friend.
Ele é meu melhor amigo.

She is/She's
She's a French teacher.
Ela é professora de francês.

She's coming to the party.
Ela está vindo para a festa.

It is/It's
It's an easy question.
É uma pergunta fácil.

It's just a matter of time.
É somente uma questão de tempo.

We are/We're
We're going to the movies.
Vamos ao cinema.

We're in the same class.
Estamos na mesma classe.

They are/They're

They're doctors.
Eles são médicos.

They're very smart kids.
São crianças muito espertas.

Verb to be — Negative

Is not/Isn't
It isn't *what you're thinking.*
Não é o que você está pensando.

She isn't coming to the party, is she?
Ela não virá à festa, virá?

Are not/Aren't
They aren't my parents.
Eles não são meus pais.

They aren't ready to take this test.
Eles não estão preparados para fazer esta prova.

Was not/Wasn't
I wasn't invited *to the party.*
Eu não fui convidado para a festa.

She wasn't expecting him to come.
Ela não estava esperando que ele viesse.

Were not/Weren't
They weren't *here.*
Eles não estavam aqui.

The banks weren't closed.
Os bancos não estavam fechados.

Falando sobre o Passado

There + be

There is/There's
There's something for you on the desk.
Há algo para você na escrivaninha.

There's someone on the phone for you.
Há alguém no telefone para você.

Will

I will/I'll
I'll be right back.
Já volto.

I'll take you home later on.
Eu te levarei para casa mais tarde.

You will/You'll
You'll be amazed!
Você vai ficar espantado!

You'll change your mind eventually.
Você vai mudar de ideia no fim das contas.

He will/He'll
He'll help you tomorrow.
Ele te ajudará amanhã.

He'll stop drinking.
Ele vai parar de beber.

She will/She'll
She'll be a successful singer.
Ela será uma cantora de sucesso.

She'll be late for the meeting.
Ela se atrasará para a reunião.

It will/It'll
It'll be alright.
Tudo vai ficar bem.

It'll all work out in the end.
Tudo vai dar certo no final.

We will. We'll
We'll be here waiting for you.
Estaremos aqui esperando por você.

We'll come back later.
Voltaremos mais tarde.

They will/They'll
They'll pass their test if they study hard.
Eles vão passar na prova se estudarem muito.

They'll get here soon.
Eles vão chegar aqui em breve.

Will + not

Will not/Won't
Won't you please do that for me?
Você poderia, por favor, fazer isso por mim?

I won't do that!
Não farei isso! It won't be so easy!
Não será tão fácil!

There + will

There will/There'll
There'll be trouble if you stay.
Haverá problemas se você ficar.

There'll always be a way out.
Sempre haverá uma saída.

11. Revisão/Ditado

Escute as seguintes frases e transcreva-as.

⌒ FAIXA 18

1. _____
2. _____
3. _____
4. _____
5. _____
6. _____
7. _____
8. _____
9. _____
10. _____

12. Dicas de "Como Estudar Sozinho"

Usando música para aprender

A música tem um poder impressionante no aprendizado de vários assuntos e com os idiomas isso também se aplica.

Como aprender com música? Você pode focar na pronúncia, no vocabulário, na tradução e também na fluência ao escutar e cantar junto com uma canção.

Escolhi aqui 15 canções que você vai adorar escutar e aprender com elas. Você pode encontrar os vídeos e as letras das canções na internet. *Enjoy!*

1. ABC
   Jackson Five
2. Always on my Mind
   Elvis Presley
3. And I Love Her
   The Beatles
4. Beautiful Day
   U2
5. Every Breath You Take
   The Police
6. California Dreamin'
   The Mamas and the Papas
7. I Heard it Through the Grapevine
   Marvin Gaye
8. Friday I'm in Love
   The Cure
9. Black or White
   Michael Jackson
10. How Deep is Your Love
    Bee Gees
11. Express Yourself
    Madonna
12. Wild World
    Cat Stevens
13. Dust in the Wind
    Kansas
14. The Lazy Song
    Bruno Mars
15. Counting Stars
    One Republic

Unidade 03

Falando sobre o Futuro

1. Objetivos da Unidade

Nesta unidade você vai:

- ✓ Aprender as várias formas de falar sobre o futuro em Inglês.
- ✓ Aprender a usar os substantivos incontáveis.
- ✓ Aprender a usar o gerúndio depois de preposições.
- ✓ Fazer a prática oral do diálogo.
- ✓ Praticar as novas estruturas com exercícios de fixação.
- ✓ Aprender o que é o flap T.
- ✓ Aprender a fazer, receber ou recusar um convite.
- ✓ Ver a segunda parte das contrações em Inglês.
- ✓ Aprender dicas excelentes para aliar a leitura com seu aprendizado.

2. Diálogo-base

Neste diálogo temos dois amigos, Pete e Jason. Pete está contando a Jason sobre o que ele vai fazer nas suas férias. Leia o diálogo e acompanhe com o áudio.

🎧 **FAIXA 19**

Pete: Jason, you're not going to believe this! After two years of hard work, I have two weeks off, finally!
Jason, você não vai acreditar nisso! Depois de dois anos de trabalho duro, tenho duas semanas de folgas, finalmente!

Jason: Wow, that's great news! Do you have anything planned?
Nossa, que notícia boa! Você tem algo planejado?

Pete: Well, I'm a little short of money right now so I guess I'll just stay home and work around the house. I'll probably catch up on my reading too. What about you? I heard you're also going to take some time off. Have you made any vacation plans?
Bem, estou com pouco dinheiro agora então acho que vou só ficar em casa e consertar umas coisas lá. Provavelmente vou colocar a leitura em dia também. E você? Ouvi dizer que também vai tirar férias. Você fez algum plano?

Jason: I'll definitely stay lots of time outside. I'm thinking of camping, rock climbing, swimming and playing soccer. I love nature!
Com certeza vou ficar muito tempo ao ar livre. Estou pensando em acampar, fazer escaladas, nadar e jogar futebol. Adoro a natureza!

Falando sobre o Futuro 61

Pete: Are you going with anyone?
E você vai com alguém?

Jason: Yeah, my cousin Jared also has some time off and we're going to travel together. He's a great guy. By the way, what are you going to do now?
Sim, meu primo Jared também tem um tempo de folga e vamos viajar juntos. Ele é um cara ótimo. A propósito, o que você vai fazer agora?

Pete: Me? Well, I was just going home. Why do you ask?
Eu? Bem, eu estava indo para casa. Por que você pergunta?

Jason: Want to grab a beer? Maybe we can talk about traveling together, you and I. What do you say?
Quer tomar uma cerveja? Talvez possamos conversar sobre viajar juntos, você e eu. O que me diz?

Pete: Are you buying? Because I'm broke!
Você vai pagar? Porque estou duro!

Jason: Sure, it's on me. Come on!
Claro, é por minha conta. Vamos lá!

3. Explicação do Diálogo

No diálogo-base da Unidade 3 apresentamos várias formas do futuro em Inglês e vamos agora estudá-las um pouco mais.

1. Começamos com dois amigos conversando, Pete e Jason. Pete está superanimado porque depois de dois anos ele vai conseguir tirar férias. Ele diz: *You're not going to believe this!* (Você não vai acreditar nisso!) Aqui temos a forma do futuro com *be (am, is, are) + going to + verbo principal*. Usamos essa forma quando temos certeza de que algo vai (ou não vai) acontecer. Veja alguns exemplos:

> I'm going to study for the test.
> *Vou estudar para a prova.*

> You're going to be here next week.
> *Você vai estar aqui na próxima semana.*

> He's going to become a father.
> *Ele vai se tornar pai.*

> She's going to major in Psychology.
> *Ela vai se formar em Psicologia.*

> It's going to rain later on.
> *Vai chover mais tarde.*

> We're going to travel next month.
> *Nós vamos viajar mês que vem.*

> They're going to be our teachers.
> *Eles vão ser nossos professores.*

A Chave do Aprendizado da Língua Inglesa

Para fazer a forma negativa, somente acrescentamos *not* depois do verbo *to be*:

I'm not going to study for the test.
Não vou estudar para a prova.

You're not going to be here next week.
Você não vai estar aqui na próxima semana.

He's not going to become a father.
Ele não vai se tornar pai.

She's not going to major in Psychology.
Ela não vai se formar em Psicologia.

It's not going to rain later on.
Não vai chover mais tarde.

We're not going to travel next month.
Nós não vamos viajar mês que vem.

They're not going to be our teachers.
Eles não vão ser nossos professores.

A forma interrogativa é feita trocando o sujeito e o verbo *to be* de lugar:

Am I going to study for the test?
Vou estudar para a prova?

Are you going to be here next week?
Você vai estar aqui na semana que vem?

Is he going to become a father?
Ele vai se tornar pai?

Is she going to major in Psychology?
Ela vai se formar em Psicologia?

Is it going to rain later on?
Vai chover mais tarde?

Are we going to travel next month?
Vamos viajar mês que vem?

Are they going to be our teachers?
Eles vão ser nossos professores?

2. Jason diz que isso são *great news*, ótimas notícias. *News* é um substantivo que, embora acabe com "s", não é usado com verbos no plural. Também não podemos dizer *a news* (uma notícia). Neste caso temos que dizer *a piece of news* (literalmente, um pedaço de notícia). Existem outros substantivos que também não podem ter os artigos *a* ou *an*. Alguns deles são:

music	*música*
art	*arte*
love	*amor*
happiness	*felicidade*
advice	*conselho*
information	*informação*
furniture	*móvel*
luggage	*bagagem*
rice	*arroz*
sugar	*açúcar*
butter	*manteiga*
water	*água*
electricity	*eletricidade*
gas	*gás*
money	*dinheiro*

Alguns exemplos:

Would you like to listen to some music?
Gostaria de ouvir uma música?

Can I talk to you for a second? I need some advice.
Posso falar com você um segundo? Preciso de um conselho.

I'm selling some furniture. Are you interested?
Estou vendendo uns móveis. Você está interessado?

We need some rice in order to make the paella.
Precisamos de arroz para fazer a paella.

Bring some money in case you need to buy something.
Traz um dinheiro caso você precise comprar algo.

There's no electricity in the office today.
Não tem eletricidade no escritório hoje.

Do you have some time to talk to me next week?
Você tem um tempo para falar comigo na semana que vem?

3. Jason pergunta se Pete tem algo planejado e ele diz que está sem dinheiro (*short of money*) e que acha que vai ficar em casa. Aqui usamos o verbo *guess* (achar, supor) com o verbo auxiliar de futuro *will*. Usamos *will* quando não temos muita certeza de que algo vai acontecer. Aqui Pete acha que vai ficar em casa, mas não tem certeza. Mais alguns exemplos:

I guess I'll go to the movies tonight.
Acho que vou ao cinema hoje à noite. [Não tenho certeza. Pode ser que eu vá e pode ser que eu não vá.]

I guess I'll study a little bit later on.
Acho que vou estudar um pouquinho mais tarde. [Pode ser que eu estude, pode ser que não.]

Também podemos usar o verbo *think* (pensar) com o mesmo sentido:

> I think I'll just stay home tonight.
> *Acho que vou só ficar em casa hoje à noite.*
>
> I think I'll be alright.
> *Acho que vou ficar bem.*

4. Ele diz também que provavelmente vai colocar a leitura em dia. Colocar alguma atividade em dia é traduzido por *catch up on something*. Alguns exemplos:

> I've been working so hard. I'm going home to catch up on my sleep.
> *Tenho trabalhado muito. Vou para casa colocar meu sono em dia.*
>
> You need to catch up on your studying if you want to pass that test.
> *Você precisa colocar seus estudos em dia se você quiser passar nessa prova.*
>
> My co-worker needs to catch up on his paperwork.
> *Meu colega de trabalho precisa colocar sua papelada em dia.*

Catch up também pode ser usado quando você não conversa há algum tempo com alguém e vai colocar a conversa em dia.

> Why don't you come over tomorrow so we can catch up?
> *Por que você não vem aqui em casa amanhã para colocarmos a conversa em dia?*
>
> I'm in such a hurry now. I'll catch up with you another time, Fred.
> *Estou com muita pressa agora. Vamos colocar a conversa em dia outra hora, Fred.*
>
> Let's meet tomorrow. That will give us a chance to talk and catch up with all our news.
> *Vamos nos encontrar amanhã. Aí vamos ter a chance de conversar e colocar todas as novidades em dia.*

5. Como o futuro usando *will* indica uma incerteza, também o usamos com a palavra *probably* (provavelmente). Alguns exemplos:

> I'll probably go home and watch a movie.
> *Provavelmente vou para casa assistir a um filme.*
>
> You'll probably end up doing that.
> *Você vai provavelmente acabar fazendo isso.*
>
> I probably won't* take a vacation this year.
> *Provavelmente não vou tirar férias este ano.*

 * *Won't* é a contração de *will not*.

6. *I heard* quer dizer literalmente "eu ouvi", mas aqui neste contexto é usado como "eu ouvi dizer", "alguém me disse". Nesse caso podemos usar a forma no passado simples *I heard* (*that*) e a forma no presente perfeito *I've heard* (*that*). Exemplos:

> I heard you're going to move.
> *Ouvi dizer que você vai se mudar.*

Falando sobre o Futuro **65**

I've heard she's going away for the weekend.
Ouvi dizer que ela vai viajar no fim de semana.

Você também pode perguntar se alguém ficou sabendo de algo:

Did you hear about her accident?
Você ficou sabendo do acidente dela?

Have you heard something about this?
Você ficou sabendo algo a respeito disso?

7. *Have you made...?* é uma forma do *Present Perfect* (que vamos estudar na próxima unidade) e indica algo que aconteceu no passado e que ainda tem alguma consequência no presente. Mais alguns exemplos:

Have you seen my glasses?
Você viu meus óculos?

Has she come to a decision?
Ela chegou a uma decisão?

Has he thought about it?
Ele [já] pensou sobre isso?

Has it stopped raining?
[Já] parou de chover?

Have we been here before?
Estivemos aqui antes?

Have they handed in their report?
Eles [já] entregaram seu relatório?

8. O futuro com *will*, que indica uma indecisão, também é usado com expressões que indicam que você acha que algo realmente vai acontecer, como *definitely* e *be sure*. Alguns exemplos:

I'll definitely check that out.
Com certeza vou verificar isso.

That'll definitely happen if she keeps on doing that.
Isso com certeza vai acontecer se ela continuar fazendo isso.

Don't worry about him. I'm sure he'll be here on time.
*Não se preocupe com ele. Tenho certeza de que
ele vai estar aqui na hora certa.*

I'm thinking of camping. Aqui temos dois aspectos interessantes da língua inglesa. O primeiro é o uso da preposição *of* com o verbo *think*. Quando usamos *think of* estamos pensando em algo, considerando algo como possibilidade ou quando algo passa pela sua cabeça. Alguns exemplos:

Can you think of something that can help us?
Você consegue pensar em algo que possa nos ajudar? [agora, neste momento, de cabeça]

Think of something that really makes you happy.
Pense em algo que realmente lhe deixa feliz.

A Chave do Aprendizado da Língua Inglesa

He couldn't think of my last name.
Ele não conseguia pensar/lembrar do meu sobrenome.

Agora, usamos *think about* quando passamos um bom tempo considerando algo para tomar uma decisão depois.

I'm thinking about moving abroad.
Estou pensando em me mudar para o exterior.

Have you thought about where you want to go on your next vacation?
Você pensou aonde você quer ir nas suas próximas férias?

Fancy meeting you here! I was just thinking about you!
Imagina encontrar você aqui! Estava pensando em você!

O segundo aspecto da frase é o uso do gerúndio (a terminação *–ing*) depois de preposições. É regra: depois de preposições temos sempre que usar os verbos com a terminação *–ing*. Exemplos:

I'm thinking of going to the movies.
Estou pensando em ir ao cinema.

I'm tired of walking. Let's stop.
Estou cansado de andar. Vamos parar.

Did you remember locking the door before leaving?
Você se lembrou de trancar a porta antes de sair?

After doing your homework, you can play.
Depois de fazer sua tarefa, você pode brincar.

Are you interested in working for me?
Você está interessado em trabalhar para mim?

I'm not very good at cooking.
Não sou muito bom em cozinhar.

What are the advantages of learning Russian?
Quais são as vantagens de aprender russo?

I bought a new car instead of traveling abroad.
Comprei um carro novo em vez de viajar para o exterior.

He ran 8 miles without stopping.
Ele correu 8 milhas sem parar.

E a frase completa do diálogo-base:

I'm thinking of camping, rock climbing, swimming and playing soccer.
Estou pensando em acampar, fazer escaladas, nadar e jogar futebol.

9. Are you going with anyone? Quando usamos o verbo *go* com a forma de futuro *going to* temos duas opções: repetir o verbo ou não. Ambas as formas estão corretas. Mais alguns exemplos:

Where are you going?
Aonde você está indo? [indica atividade no presente]ou *Aonde você vai?* [indica atividade no futuro]

Falando sobre o Futuro   67

Where are you going to go?
Aonde você vai? [indica exclusivamente uma
atividade que está no futuro]

I'm going to the movies.
Vou ao cinema. [indica que pode estar no
presente contínuo ou no futuro]

I'm going to go to the movies.
Vou ao cinema. [indica exclusivamente uma
atividade que está no futuro]

10. *Are you buying?* Às vezes usamos o *Present Continuous (be + ing)* para indicar
o futuro. Nesse caso já temos um plano realizado e também quando isso vai
acontecer. Nesses casos você pode ter o *Present Continuous* ou a forma com
going to com o mesmo significado. Alguns exemplos:

I'm meeting my father for dinner tomorrow evening.
Vou me encontrar com meu pai para jantar amanhã à noite.

I'm going to meet my father for dinner tomorrow evening.
Vou me encontrar com meu pai para jantar amanhã à noite.

Tomorrow I'm working in the morning and on Friday I'm working in
the afternoon.
Amanhã vou trabalhar de manhã e na sexta-feira vou trabalhar à tarde.

Tomorrow I'm going to work in the morning and on Friday I'm going
to work in the afternoon.
Amanhã vou trabalhar de manhã e na sexta-feira vou trabalhar à tarde.

Lembre-se de que esses planos já foram feitos. Mais alguns exemplos:

I'm meeting my brother at the airport.
Vou encontrar meu irmão no aeroporto. [Ele e eu já combinamos isso.]

I am leaving tomorrow.
Vou embora amanhã. [Já comprei minha passagem e tudo.]

We're having a staff meeting tomorrow at nine. Please be on time.
*Vamos ter uma reunião de equipe amanhã às nove. Por favor, sejam
pontuais.* [Todos vocês já receberam um e-mail com os detalhes]

He's staying with friends in New York.
Ele vai ficar com alguns amigos em Nova Iorque.
[Os amigos e ele já combinaram isso.]

EXTRA GRAMMAR

O verbo auxiliar *will* também é usado em alguns casos que não indicam direta-
mente uma ideia futura.

1. Tomar decisões na hora ou se propor a fazer algo. Imagine-se em um avião;
chega o comissário de bordo e te oferece: *Meat or chicken?* Em vez de dar uma
resposta só com o tipo de carne que você quer, você pode dizer:

I'll have the chicken, please.
Vou querer o frango, por favor.

Outros exemplos:

It's cold. I think I'll put my jacket on.
Está frio. Acho que vou colocar meu casaco.

Look, that's my bus! I have to go now. I'll catch up with you later.
Olha, é meu ônibus! Tenho que ir agora. Nós nos falamos mais tarde.

"Someone's knocking on the door." "Don't worry, I'll get it."
"Alguém está batendo na porta." "Não se preocupe. Eu atendo."

"We should have a party." "You're right. We'll invite all our friends."
"Deveríamos fazer uma festa." "Está certo. Vamos convidar todos os nossos amigos."

"Your mom called while you were out." "OK. I'll call her back right now."
"Sua mãe ligou enquanto você estava fora." "OK. Vou ligar de volta para ela agora mesmo."

"Oh, I must have left my walled at home." "Don't worry, I'll lend you some money."
"Nossa, devo ter esquecido a carteira em casa." "Não se preocupe, eu te empresto um dinheiro."

2. Para fazer uma promessa. No meio de uma conversa você pode prometer algo a alguém e neste caso também usamos *will*.

I'll call you when I get home.
Eu te ligo quando chegar em casa.

If I'm elected mayor of this city, I will make sure to...
Se eu for eleito prefeito desta cidade, eu me certificarei de...

I promise I won't tell anyone about this.
Prometo que não vou contar a ninguém sobre isso.

Thanks for lending me the money. I'll pay you back on Monday.
Obrigado por ter me emprestado o dinheiro. Eu lhe pago de volta na segunda.

I won't tell anyone your secret.
Não vou contar para ninguém seu segredo.

3. Usado na forma negativa, *won't*, indica que alguém ou algo se recusa a fazer algo ou a fazer alguma coisa acontecer.

My baby won't stop crying. I don't know what else to do.
Meu bebê não para de chorar. Não sei mais o que fazer.

He won't listen to anything I say.
Ele se recusa a escutar qualquer coisa que eu disser.

My car won't start and I'm really late.
Meu carro não quer pegar e eu estou muito atrasado.

She told him to clean his room, but he won't do it.
Ela disse para ele limpar seu quarto, mas ele se recusa.

Falando sobre o Futuro **69**

4. Na forma interrogativa (geralmente com *Will you...?*) indica um pedido bem-
-educado.

> Will you tell him I called?
> *Você poderia lhe dizer que eu liguei?*
>
> Will you please close the door?
> *Você poderia fechar a porta, por favor?*
>
> Will you come here, please?
> *Poderia vir aqui, por favor?*

4. Prática Oral: Questions and Answers

Este exercício é muito importante para o seu aprendizado, pois você vai praticar
perguntas e respostas como na vida real. Primeiro, escute e leia silenciosamente,
quantas vezes forem necessárias, para entender as perguntas e respostas. Depois
escute o áudio, pause e repita em voz alta, bem devagar (não precisa ter pressa!).
Faça este exercício sem se preocupar com as regras gramaticais, pois as coisas vão
se encaixando com o tempo. *Are you ready? Let's do it!*

🎧 **FAIXA 20**

1. How long hasn't Pete had time off?
   Há quanto tempo Pete não tira férias?

   He hasn't had time off for two years.
   Ele não tira férias há dois anos.

2. Has he been working hard?
   Ele tem trabalhado muito?

   Yes, he's been working very hard.
   Sim, ele tem trabalhado muito.

3. What does Jason think?
   O que Jason acha?

   Jason thinks it's great news.
   Jason acha que é uma ótima notícia.

4. Does Pete have anything planned?
   Pete tem algo planejado?
   No, he doesn't.
   Não, não tem.

5. What does he say he will do?
   O que ele diz que vai fazer?

   He says he will just stay home and work around the house.
   Ele diz que vai só ficar em casa e fazer algumas coisas na casa.

6. What will he probably do?
   O que ele provavelmente vai fazer?

   He will probably catch up on his reading.
   Ele provavelmente vai colocar a leitura em dia.

7. Pete heard that Jason is also going to take some off time. Has he made any vacation plans?
Pete ouviu dizer que Jason também vai tirar férias. Ele fez algum plano de viagem?

Yes, he has. He's definitely going to stay lots of time outside.
Sim, fez. Ele com certeza vai passar muito tempo ao ar livre.

8. What's he thinking of doing?
O que ele está pensando em fazer?

He's thinking of camping, rock climbing, swimming and playing soccer.
Ele está pensando em acampar, fazer escaladas, nadar e jogar futebol.

9. Is anyone going with him?
Alguém vai com ele?

Yes, his cousin Jared also has some time off and they're going to travel together.
Sim, seu primo Jared também está de férias, e eles vão viajar juntos.

10. What's Pete going to do now?
O que Pete vai fazer agora?

He was just going home.
Ele só estava indo para casa.

11. What does Jason invite Pete to do?
O que Jason convida Pete para fazer?

He invites him to grab a beer.
Ele o convida para tomar uma cerveja.

12. What are they going to talk about?
Sobre o que eles vão falar?

They're going to talk about traveling together.
Eles vão falar sobre viajar juntos.

13. Did Pete accept his invitation?
Pete aceitou seu convite?

Yes, he did.
Sim, aceitou.

14. Why does Pete ask if Jason is buying the beer?
Por que Pete pergunta se Jason vai pagar a cerveja?

Because he's broke.
Porque ele está duro.

5. Let's Practice

5.1. Complete as frases abaixo com a preposição correta (algumas preposições vão ser usadas mais de uma vez).

> around — at — by — of — off — on

1. My car will be ready tomorrow, ____ last! It's been at the repair shop for almost a week.
2. "I'd love to go to the bar with you, but I don't have any money." "Don't worry, I'm buying tonight. It's ____ me."
3. I can't believe I'm going to have two weeks ____ next month!
4. Mr. Railey will be our English teacher. ____ the way, have you bought the books yet?
5. "Are you going to take a vacation?" "Well, I'm thinking ____ doing something outdoors, because I will only have one week off."
6. I like my hot dogs with lots ____ ketchup!
7. I've been so tired. I really need to take some time ____ .
8. We have a very hard test in two weeks so we'd better catch up ____ our reading pretty soon.
9. I'm not going out tonight. I'm short ____ money and I'll only get paid next week.
10. "What are you doing this weekend?" "Well, I guess I'll just work ____ the house and do some gardening. What about you?"

5.2. Complete as seguintes frases com uma palavra da lista.

> about — broke — catch — climbing —
> grab — last — say — short — take — way

1. We should talk ____ traveling together, you and I.
2. We're going to the bar? You're buying? Great, because I'm so ____ . I have no money at all.
3. I'm thinking of traveling to New York next year. What do you ____ ?
4. It's so hot today. Want to ____ a beer?
5. Ron, I never expected to see you here. By the ____ , what are you doing here?
6. I'm thinking of rock ____ next weekend. Want to come along?

7. He decided to _____ some time off because he was so tired.

8. I just want to take it easy this weekend. I want to _____ up on my sleep and on my reading.

9. He didn't go out with us because he said he was _____ of money.

10. You're here at _____! We thought you'd never make it!

5.3. Traduza as seguintes frases para o Inglês.

1. Eu vou ter duas semanas de folga. (use *going to*)
2. Acho que vou consertar umas coisas em casa. (use *will*)
3. Ele provavelmente vai colocar a leitura em dia. (use *will*)
4. O que você vai fazer no fim de semana? (use *going to*)
5. Eu com certeza vou me deitar cedo hoje. (use *will*)
6. Eu lhe contei que vou viajar mês que vem? (use *going to*)
7. A propósito, você tem algo planejado?
8. Quer tomar uma cerveja? É por minha conta!
9. Estou duro e não vou sair. (use *going to*)
10. O que você vai fazer agora? (use *going to*)

6. Let's Listen!

6.1. Sean e seu amigo Mark se encontram na rua. Sean tem uma novidade para contar a Mark. Escute e escolha a alternativa correta.

🎧 **FAIXA 21**

1. Sean:
   a) Já fez planos para suas férias.
   b) Não fez planos para suas férias.
   c) Não vai tirar férias.

2. Sean:
   a) Vai fazer estágio em uma agência de publicidade.
   b) Vai fazer estágio em um escritório de advocacia.
   c) Vai fazer um curso de francês na França.

3. Sean viu o anúncio:
   a) Em um cartaz em uma livraria.
   b) Em um jornal.
   c) Na internet.

Falando sobre o Futuro 73

4. O estágio:
   a) É pago e ele ainda tem ajuda de custo.
   b) Não é pago, mas ele tem ajuda de custo.
   c) Tem um caráter voluntário, sem ajuda nenhuma.

5. Sean tem que trabalhar:
   a) Somente quatro horas por dia.
   b) Somente seis horas por dia.
   c) Oito horas por dia.

6. Sean está feliz porque:
   a) A ajuda de custo vai completar o orçamento.
   b) O estágio fica perto de sua casa.
   c) Vai poder trabalhar com advogados experientes.

6.2. Agora escute o áudio novamente e complete o diálogo com os verbos que estão faltando.

🎧 FAIXA 21

Mark: Hey, Sean! How ____ you ____?

Sean: Mark, it's so great to ____ you! What's up?

Mark: Not much. Hey, I ____ you're ____ to ____ on vacation soon. ____ you ____ any plans?

Sean: Actually, I'm not ____ a vacation. I'm ____ to ____ an internship with a big Law office.

Mark: Wow, that's awesome! How's that ____ to ____?

Sean: Well, I ____ this opportunity on the Internet and I ____ to ____ for it. Honestly, I never ____ I ____ ____ ____ and I ____ ____ when they ____ me. It's a great opportunity and I'll be ____ with them for four weeks.

Mark: Fantastic! ____ it a paid internship?

Sean: Not really, but they ____ for food and transportation. I only ____ to work six hours a day, because law won't ____ us more. I'm really happy because this ____ to ____ me good experience ____ with experienced lawyers.

Mark: I'm really ____ for you, man. You're ____ to ____ it!

Sean: I surely ____ so!

7. Cantinho da Pronúncia

O Flap T

Em Inglês americano temos um fenômeno que se chama *the flap T*. Isso acontece quando o T é pronunciado como um "d" bem rapidinho. Vejamos algumas palavras que têm o *flap T* (representado pelo "t" ou "tt") entre duas vogais ou sons de ditongo. Escute e repita.

FAIXA 22

ability (*habilidade*)
battle (*batalha*)
better (*melhor*)
bottle (*garrafa*)
butter (*manteiga*)
city (*cidade*)
computer (*computador*)
daughter (*filha*)
exciting (*animado*)
glitter (*purpurina*)
hotter (*mais quente*)
letter (*carta*)
little (*pequeno*)

marketing (*marketing*)
meeting (*reunião*)
Peter (*nome próprio*)
quality (*qualidade*)
Rita (*nome próprio*)
settle (*colonizar*)
stutter (*gaguejar*)
total (*total*)
Twitter (*rede social*)
visiting (*visitando*)
waiter (*garçom*)
water (*água*)
writer (*escritor*)

O *flap T* também pode vir depois de um "r", seguido de uma vogal ou um ditongo.

FAIXA 23

alerted (*alertado*)
barter (*trocar*)
converted (*convertido*)
deserted (*deserto*)
dirty (*sujo*)
exporter (*exportadora*)
liberty (*liberdade*)
party (*festa*)
poverty (*pobreza*)

property (*propriedade*)
quarter (*trimestre*)
reporter (*repórter*)
shorter (*mais baixo*)
smarter (*mais esperto*)
started (*começou*)
thirty (*trinta*)
transported (*transportado*)
vertical (*vertical*)

Usa-se o *flap T* também com algumas palavras contendo a letra *d* ou com a combinação *dd* acompanhado da terminação *–er*. Alguns exemplos:

Falando sobre o Futuro **75**

🎧 FAIXA 24

bidder (*lançador*)	louder (*mais alto*)
bladder (*bexiga*)	murder (*assassinato*)
broader (*mais amplo*)	order (*ordem*)
consider (*considerar*)	outsider (*forasteiro*)
intruder (*intruso*)	powder (*pó*)
invader (*invasor*)	reader (*leitor*)
ladder (*escada*)	spider (*aranha*)
leader (*líder*)	wider (*mais amplo*)

Vamos praticar com algumas frases bem comuns. *Listen and repeat!*

🎧 FAIXA 25

1. "Eat it!" "I'll eat it a little later."
   "Coma isso!" "Vou comer isso um pouco mais tarde."

2. I bought an auto battery.
   Comprei uma bateria de carro.

3. Peter wrote a better letter.
   Peter escreveu uma carta melhor.

4. I'd better go to the meeting later on.
   É melhor eu ir à reunião mais tarde.

5. He met her at a computer store in Seattle.
   Ele a encontrou em uma loja de computadores em Seattle.

6. It's a pity but they're getting fatter and fatter.
   É uma pena, mas eles estão ficando cada dia mais gordos.

7. I told the waiter to bring it a little later.
   Eu disse ao garçom para trazê-lo um pouco mais tarde.

8. I bought a lot of bottles of water.
   Comprei muitas garrafas de água.

9. Betty's knitting a little sweater for her daughter.
   Betty está tricotando uma pequena blusa para sua filha.

10. It'll be better if you heat it before you eat it.
    Será melhor se você aquecê-lo antes de comê-lo.

8. Frases Prontas

Vimos no diálogo-base que Jason convidou Pete para tomar uma cerveja e usou a forma *Want to...?*, que é bem informal e somente usamos para amigos ou pessoas mais próximas.

A Chave do Aprendizado da Língua Inglesa

Vamos aprender aqui algumas expressões mais formais e mais informais de se fazer um convite em Inglês. *Let's do this!*

🎧 FAIXA 26

I'd like to invite you to...
Gostaria de lhe convidar para...

I was wondering if you'd like to...
Será que você gostaria de...

I was wondering if you'd like to attend...
Será que você gostaria de participar...

Would you be interested in...?
Você estaria interessado em...?

I'm going to have some people over on Friday and I'd love you to come.
Vou receber algumas pessoas em casa na sexta-feira e adoraria que você viesse.

Would you like to come over* for dinner tonight?
Gostaria de vir jantar hoje à noite?

Are you free on Saturday? Would you like to...?
Está livre no sábado? Gostaria de...?

Care to come over* for lunch?
Gostaria de vir almoçar?

How about dinner?
Quer jantar?

How about coffee?
Quer tomar um café?

Why don't we go see a movie?
E se formos assistir a um filme?

Let's go see a movie.
Vamos ver um filme. [sugestão mais direta]

Do you want to see a movie?
Quer assistir a um filme?

Want to see a movie?
Quer ver um filme?

Wanna see a movie? [inglês coloquial]
Quer ver um filme?

Você pode aceitar o convite e dizer:

Thank you. I'd love to.
Obrigado. Eu adoraria.

That would be wonderful.
Isso seria maravilhoso.

Thank you. What time?
Obrigado. Que horas?

I'd be happy to join you.
Ficarei feliz em me juntar a vocês.

I'd be more than happy to come.
Ficarei mais do que feliz em vir.

That's very kind of you. Thank you.
Isso é muito gentil da sua parte. Obrigado.

That sounds lovely. Thank you.
Isso é adorável. Obrigado.

Thank you. I'll be there!
Obrigado. Estarei lá.

Sure. When should I be there?
Claro. Que horas devo chegar?

Sounds good.
Parece bom.

Sound great.
Parece ótimo.

Você também pode recusar e dizer:

I'm awfully sorry, but I have other plans.
Sinto muitíssimo, mas tenho outros planos.

I'd love to, but unfortunately I've got other commitments.
Adoraria, mas infelizmente tenho outros compromissos.

Thank you for the invitation, but I have other plans.
Obrigado pelo convite, mas tenho outros planos.

I wish I could, but...
Gostaria de poder, mas...

I'd really like to, but...
Realmente gostaria, mas...

This evening is no good. I have an appointment.
Não posso hoje à noite. Tenho um compromisso.

I'm busy on Friday. Can I take a rain check on that?
Estou ocupado na sexta. Podemos deixar para outro dia?

I really don't think I can, I'm sorry.
Realmente acho que não posso, desculpe.

Oh darn! I've got to...
Droga! Tenho que...

A Chave do Aprendizado da Língua Inglesa

Você também pode perguntar se tem que levar algo:

Should I bring something?
Devo trazer algo?

Let me bring something.
Deixe-me trazer algo.

Is there anything I could bring?
Tem algo que eu possa trazer?

What should I bring?
O que devo trazer?

Can I bring the wine?
Posso levar o vinho?

E seu anfitrião pode dizer:

Just bring yourself.
Só traga você mesmo.

Oh, you don't need to.
Ah, não precisa.

Thanks, if you'd like to.
Obrigado, se você quiser.

Dan's bringing dessert, so why don't you bring some more beer?
Dan vai trazer a sobremesa, então por que você não traz mais cerveja?

Quando convidamos alguém para algo informal, podemos nos oferecer para pagar a conta e aí dizemos:

It's on me.
É por minha conta.

I'm buying.
Eu estou pagando.

I'll pay the tab.
Eu vou pagar a conta.

It's my treat.
É por minha conta.

E para terminar, muitas vezes também fazemos uns convites que não são propriamente convites, pois não definimos tempo e geralmente vêm com as palavras *sometime* (uma hora), *soon* (logo, em breve) ou *ever* (alguma vez). Alguns exemplos:

You'll have to come over sometime.
Você tem que ir lá em casa uma hora.

Let's get together again soon.
Vamos nos encontrar novamente em breve.

If you're ever in São Paulo, look me up.
Quando você estiver em São Paulo, vai me visitar.

If you're ever in Rio, give me a call.
Quando você estiver no Rio, me dá uma ligada.

 * **Come over** é um *phrasal verb* muito usado quando vamos à casa de alguém ou onde a pessoa está, seja em casa, no trabalho etc.

9. Cantinho Cultural

De Onde Vem a Expressão *rain check*?

Vimos na seção anterior a expressão *take a rain check*, usada para adiar uma atividade para outro momento. Essa expressão começou a ser usada nos Estados Unidos nos anos 1880, quando os organizadores de jogos de beisebol emitiam ingressos para serem usados caso chovesse e o jogo não pudesse acontecer, o *rain check*.

Hoje em dia, a expressão *take a rain check* é usada para você recusar educadamente um pedido, algo como em português "deixar para outro dia". Veja alguns exemplos:

I can't go to the movies tonight. Can I take a rain check on that?
Não posso ir ao cinema hoje. Posso deixar para outro dia?

A Chave do Aprendizado da Língua Inglesa

Do you mind if I take a rain check on that beer? I have to work late tonight.
Você se importaria de deixar essa cerveja para outro dia? Tenho que trabalhar hoje à noite.

I'm afraid I'll have to take a rain check on that drink tonight. Maybe some other time?
Receio que vou ter que deixar esse drink para outro dia. Marcamos outra hora?

10. Real Life English

As Contrações em Inglês — Parte 02

Continuamos com a segunda (e última parte) das contrações em Inglês. Elas são de suma importância na hora de falar e entender. Vamos lá!

🎧 **FAIXA 27**

Have/Has/Had

I have — I've
I've done my homework.
Fiz minha tarefa.

I've seen that movie twice.
Vi esse filme duas vezes.

I had — I'd
I'd written the same text before.
Eu tinha escrito o mesmo texto antes.

I'd never seen him in my life.
Eu nunca o tinha visto na minha vida.

You have — you've
You've been there, haven't you?
Você esteve aqui, não esteve?

You've talked to her.
Você falou com ela.

You had — you'd
You'd done that already.
Você já tinha feito aquilo.

You'd already seen that movie too.
Você já tinha visto aquele filme.

He has — he's
He's been to the doctor.
Ele esteve no médico.

He's always had that temper.
Ele sempre teve esse temperamento.

He had — he'd
He'd already finished his homework.
Ela já tinha terminado a tarefa.

He'd never been to Paris.
Ele nunca tinha estado em Paris.

She has — she's
She's gone to Madrid.
Ela foi a Madri.

She's changed her mind.
Ela mudou de ideia.

She had — she'd
She'd seen that movie already.
Ela já tinha visto esse filme.

She'd been in Mexico for a whole year.
Ela tinha estado no México um ano inteiro.

It has — it's
It's been hard to live here.
Tem sido difícil morar aqui.

It's never done you any good.
Isso nunca lhe fez bem nenhum.

It had — it'd
It'd been seriously damaged.
Tinha sido extremamente danificado.

It'd been raining for several days.
Estivera chovendo por vários dias.

We have — we've

We've been friends for a long time.
Somos amigos há muito tempo.

We've lived here since last year.
Moramos aqui desde o ano passado.

We had — we'd

We'd been working all day.
Estivemos trabalhando o dia todo.

We'd never been there before.
Nunca tínhamos estado aqui antes.

They have — they've

They've come to see you.
Eles vieram lhe ver.

They've already handed in their English paper.
Eles já entregaram seu trabalho de Inglês.

They had — they'd

They'd tried it many times.
Eles tentaram fazer isso muitas vezes.

They'd already been there.
Eles já tinham estado aqui.

Have/Has/Had + forma negativa

Have not —haven't

I haven't talked to her yet.
Não falei com ela ainda.

Haven't we met before?
Nós já não nos conhecemos?

Has not — hasn't

He hasn't spoken to her for many years.
Ele não fala com ela há muitos anos.

She hasn't made dinner yet.
Ela não fez o jantar ainda.

Had not — hadn't

It hadn't been done.
Não tinha sido feito ainda.

Hadn't they signed the contract?
Eles não tinham assinado o contrato?

Would

I would — I'd

I'd do it if I were you.
Eu faria isso se eu fosse você.

I'd never go there.
Eu nunca iria lá.

You would — you'd

You'd have to come earlier.
Você teria que vir mais cedo.

You'd be surprised!
Você ficaria surpreso!

He would — he'd

He'd go and stay there.
Ele iria e ficaria lá.

He'd buy you a drink if you asked.
Ele lhe pagaria uma bebida se você pedisse.

She would — she'd

She'd have to wake up earlier.
Ela teria que acordar mais cedo.

She'd marry him if he had money.
Ela se casaria com ele se ele tivesse dinheiro.

It would — it'd

It'd be easier if we did it like that.
Seria mais fácil se fizéssemos desse jeito.

It'd be very difficult for me.
Seria muito difícil para mim.

We would — we'd

We'd be sorry if we didn't go.
Ficaríamos chateados se não fôssemos.

We'd have come, if we hadn't been so late.
Teríamos vindo se não tivéssemos nos atrasado tanto.

They would — they'd

They'd have more profit.
Eles teriam mais lucro.

They'd travel to Aruba if they could.
Eles viajariam a Aruba se pudessem.

Would not

Would not — wouldn't

I wouldn't do that if I were you.
Eu não faria isso se eu fosse você.

This wouldn't be the problem.
Isso não seria o problema.

She wouldn't like this.
Ela não gostaria disso.

Do/Does/Did + not

Do not — don't

I don't understand this.
Não entendo isso.

Don't you like it here?
Você não gosta daqui?

Does not — doesn't

He doesn't live here.
Ele não mora aqui.

It doesn't rain very often.
Não chove com muita frequência.

Did not — didn't

Didn't you get my e-mail?
Você não recebeu meu e-mail?

I didn't stay until the end.
Eu não fiquei até o fim.

Should/Could + not

You shouldn't say this.
Você não deveria dizer isso.

Shouldn't she be here by now?
Ela já não deveria estar aqui?

I couldn't come.
Eu não pude vir.

Couldn't they stay for the party?
Eles não poderiam ficar para a festa?

Can/Must + not

Can not — can't

I can't stay.
Não posso ficar.

This can't be true!
Isso não pode ser verdade!

Must not — musn't

It mustn't be like that.
Não deve ser dessa maneira.

We mustn't park here.
Nós não devemos estacionar aqui.

11. Revisão/Ditado

Escute as seguintes frases e transcreva-as.

🎧 **FAIXA 28**

1. _____
2. _____
3. _____
4. _____
5. _____
6. _____
7. _____
8. _____
9. _____
10. _____

12. Dicas de "Como Estudar Sozinho"

7 dicas excelentes para melhorar a leitura em Inglês

Você gosta de ler? E em Inglês? Imagino que muitos dizem: "Ah, Adir, leio porque preciso..."

Então se esse é seu caso (ou se você curte MUITO ler), neste artigo vou lhe dar várias dicas para você melhorar sua leitura e aproveitar o máximo do seu tempo lendo. E ainda de quebra ficar mais culto, com mais repertório de conhecimento, e poder até mesmo melhorar de emprego com seu "novo" inglês!

Tá, então você quer ler em Inglês like a boss, certo? Massa! E eu vou lhe ajudar!

Conseguir ler em Inglês não é somente muito útil (um fato incontestável!), mas também pode abrir enormes portas de conhecimento de diversão, pois vai tornar suas viagens a países que falam Inglês muito mais prazerosas e agradáveis. Isso mesmo. Você não vai precisar ficar passando perrengue para ler placas, cardápios e até mesmo jornais. E mais importante: ler vai ajudar você a melhorar seu Inglês ao:

✓ Acrescentar novas palavras a seu vocabulário.
✓ Ajudar a perceber padrões gramaticais.
✓ Dar acesso a uma ampla gama de recursos em Inglês que demorariam meses para serem traduzidos para o português.

A Chave do Aprendizado da Língua Inglesa

Agora vamos ao que realmente nos interessa: algumas dicas muito úteis para você melhorar sua leitura em Inglês. Está pronto?

1. *Comece devagar*

   Sejamos honestos. Ler em um idioma estrangeiro como o Inglês pode ser uma tarefa complicada. Como em todo projeto ambicioso na nossa vida, é melhor começar devagar. Então comece lendo materiais no seu nível (pode esquecer aquele livro grosso que você tinha pensado).

2. *Leia com a ajuda de traduções*

   Quando você for começar a ler, use um dicionário ou aplicativo no seu celular para lhe ajudar. Parece óbvio, mas ficar preso em uma palavra ou expressão que você não conhece pode ser frustrante quando se está aprendendo Inglês.

   Uma dica: Use um dicionário *online* ou um aplicativo, pois vai ser bem mais rápido do que ficar procurando palavras e expressões desconhecidas. Há alguns *plug-ins* para o seu navegador e um que eu uso muito é o dicionário que vem junto com o Kindle.

   E sabe o que vai acontecer? Conforme for lendo, as palavras novas vão aparecendo mais e mais e você vai acabar internalizando seu significado. Você vai ver como isso é recompensador!

3. *Leia livros bilíngues e simples*

   Tente encontrar livros bilíngues e do seu nível. Você consegue encontrá-los em algumas livrarias e também *online*. Eles vêm com o Inglês em uma página e o português em outra. E alguns ainda vêm com o áudio (que eu acho sensacional).

   Sobre os livros simples: muitas pessoas dizem que histórias infantis são boas para quem está começando: discordo. Tais histórias trazem muitas palavras avançadas e rebuscadas, coisas não muito úteis para o seu nível. Imagine você saber falar sobre três porquinhos, o lobo mau, uma menina com um chapeuzinho vermelho ou uma princesa que fica dormindo? Isso não condiz com suas necessidades na vida real.

   Lembre-se de sempre tentar aplicar o vocabulário que você aprende nos livros na sua vida real. Elabore exemplos, escreva no seu caderno, grave áudios, vídeos, enfim, seja criativo! Você pode escrever frases relevantes sobre o seu dia a dia, o seu trabalho, a sua vida familiar, esse tipo de coisa.

4. *Faça anotações*

   Sempre considere o processo de ler em Inglês como um processo ativo. Tente anotar:

   ✓ Palavras e expressões cujo significado você quer aprender corretamente.
   ✓ Estruturas gramaticais desconhecidas.

Falando sobre o Futuro

- ✓ A formação de palavras novas.
- ✓ Ideias que você tem durante a leitura (que fomentam a sua criatividade).
- ✓ Assuntos sobre os quais você quer se aprofundar.
- ✓ Dificuldades que você encontrar.

Você já deve ter desenvolvido um esquema de revisão. Então lembre-se de que revisar o vocabulário que você anotou é parte essencial do seu sucesso no Inglês.

5. *Aumente seu vocabulário*

Ter vocabulário bom é a base de tudo, especialmente para ler bem. Quando tiver um repertório suficiente de palavras em Inglês, você vai poder reconhecer essas palavras e poderá ler melhor e com menos interrupções.

Sabe aquela hora que dá aquele clique, que a ficha cai e você se dá conta de que já sabe Inglês o suficiente para se virar? Então, essa é a hora de você aproveitar a maré boa e melhorar ainda mais o seu vocabulário.

Fique sempre atento com relação a oportunidades de leitura que você possa ter: no trânsito, no trabalho, em casa. Esteja sempre aprendendo e revisando.

6. *Leia com áudio*

Sempre que puder, leia com áudio. Isso vai lhe ajudar enormemente no seu aprendizado e vai contemplar quase todas as habilidades que você precisa para ser fluente em Inglês. E estudar com áudio dá aquela guinada no seu Inglês.

Ao estudar com áudio você vai perceber também a escrita das palavras, como elas são realmente pronunciadas e combinadas. *Anyway*, você vai ficar FERA na leitura!

Existem alguns livros chamados *graded readers* que são adaptações de obras maiores e geralmente vêm com áudio gravado em velocidade compatível com o nível do aluno. Você pode pedir para seu professor de Inglês indicar alguns que estão na biblioteca da sua escola ou, se você estuda sozinho, pode fazer uma pesquisa e comprá-los online (existem centenas).

O YouTube está cheio de vídeos com histórias com áudio. Você vai encontrar uma infinidade de recursos disponíveis nessa maravilhosa plataforma.

7. *Leia o que você gosta*

Ler em Inglês demanda tempo e esforço e se você vai passar um bom tempo fazendo isso, que seja interessante e você curta o momento. Imagina você ler um texto sobre jardinagem sem nunca ter tido interesse nesse assunto?

Não se force a ler algo que você não gosta simplesmente porque está em Inglês. Isso não vai lhe ajudar e você vai ficar desmotivado.

Unidade 04

O Presente Perfeito

1. Objetivos da Unidade

Nesta unidade você vai:

- ✓ Aprender os usos mais comuns do *Present Perfect*.
- ✓ Exercitar a prática oral do diálogo com perguntas e respostas.
- ✓ Revisar o vocabulário mais importante com exercícios de fixação e tradução.
- ✓ Praticar a audição com um diálogo no contexto de negócios (*business English*).
- ✓ Aprender a pronúncia do verbo *have* enquanto verbo auxiliar.
- ✓ Aprender frases prontas para quando estiver em um restaurante.
- ✓ Aprender como funcionam os restaurantes nos Estados Unidos.
- ✓ Aprender a usar a *ellipsis* para ser mais fluente em Inglês.
- ✓ Revisar o *Present Perfect* com um exercício de ditado.
- ✓ Aprender como usar seu caderno de vocabulário.
- ✓ Aprender os verbos irregulares mais comuns.

2. Diálogo-base

🎧 **FAIXA 29**

Jeff: Hey, Sara! How've you been? I haven't seen you in ages!
Ei, Sara! Como você tem passado? Não te vejo faz séculos!

Sara: I've been great. How are things with you?
Estou ótima. Como estão as coisas com você?

Jeff: I've been very busy with work, but everything else is great. Hey, I have a question for you. Have you been to that new Thai restaurant they've just opened? They say it's really good.
Tenho estado muito ocupado com o trabalho, mas todo o resto está ótimo. Ei, tenho uma pergunta para você. Você esteve naquele novo restaurante tailandês que acabaram de abrir? Dizem que é muito bom.

Sara: No I haven't been there yet, but I've been meaning to go. I've also been so swamped with work. Have you been there yet?
Não, não estive lá ainda, mas estou com vontade de ir. Também tenho estado tão atolada de trabalho. Você já esteve lá?

Jeff: Not yet, but I'd love to go sometime. I love Thai food or anything that is spicy. I was in Thailand a couple of years ago and I had a blast.
Ainda não, mas eu adoraria ir uma hora. Adoro comida tailandesa ou qualquer coisa que seja apimentada. Estive na Tailândia uns anos atrás e me diverti muito.

Sara: I love Thai food too. Have you ever tried Indian food?
Eu adoro comida tailandesa também. Você já experimentou comida indiana?

O Presente Perfeito **89**

Jeff: Yes, I've tried it. It's one of my favorites! Have you ever been to India?
Sim, experimentei. É uma das minhas preferidas! Você já esteve na Índia?

Sara: No, I've never been to India. I love travelling and I really hope to go one day.
Não, nunca estive na Índia. Adoro viajar e realmente espero ir um dia.

Jeff: Hey, have you had lunch yet? I'm starving! I had breakfast at 7 and I haven't eaten anything else since. Let's go somewhere.
Ei, você já almoçou? Estou morrendo de fome! Tomei café da manhã às 7 e não comida nada desde então. Vamos a algum lugar.

Sara: No, I haven't had lunch yet. Should we go to the Thai restaurant?
Não, não almocei ainda. Que tal irmos ao restaurante tailandês?

Jeff: That's a great idea! I just need to grab my coat.
É uma ótima ideia! Só preciso pegar meu casaco.

Sara: Is it far from here?
É longe daqui?

Jeff: No, it's within walking distance. Ten minutes tops. We can catch up on the way.
Não, dá para ir a pé. Dez minutos no máximo. Podemos colocar a conversa em dia no caminho.=

Sara: All right, let's go!
Tudo bem, então vamos!

3. Explicação do Diálogo-base

Nesta unidade vamos estudar o tão temido tempo verbal, o *Present Perfect*. Vejamos como ele é formado:

sujeito + have/has + particípio passado do verbo principal

Afirmativa Verbo work	Negativa Verbo see	Interrogativa Verbo do
I have (*I've*) worked	I have not (*haven't*) seen	Have I done?
You have (*You've*) worked	You have not (*haven't*) seen	Have you done?
He has (*He's*) worked	He has not (*hasn't*) seen	Has he done?
She has (*She's*) worked	She has not (*hasn't*) seen	Has she done?
It has (*It's*) worked	It has not (*hasn't*) seen	Has it done?
We have (*We've*) worked	We have not (*haven't*) seen	Have we done?
They have (*They've*) worked	They have not (*haven't*) seen	Have they done?

90 A Chave do Aprendizado da Língua Inglesa

Lembre-se de que o *Present Perfect* tem sempre algo a ver com o presente ou com algum resultado no presente. Esse tempo verbal tem várias maneiras de ser traduzido, e vamos aprender as mais importantes. Vamos começar!

1. *How've you been?* Essa expressão quer dizer, literalmente, "Como você tem estado?". Nesse caso, estou perguntando a alguém como tem passado desde a última vez que nos vimos até agora, o momento presente. A Sara responde com *I've been great,* que, se fôssemos traduzir literalmente, não ficaria muito natural. Porém, a resposta aqui diz que ela tem estado bem (desde a última vez que eles se viram até o presente momento).

2. Sara pergunta como estão as coisas com Jeff, e ele diz, *I've been very busy with work* Tenho estado muito ocupado com o trabalho. Nesse caso, Jeff tem estado muito ocupado com o trabalho desde que Sara e ele se viram pela última vez até o momento presente. Indica também a ideia de algo que tem sido feito recentemente.

3. Jeff diz que tem uma pergunta para Sara e diz, *Have you been to...? Você esteve em...?*. Aqui usamos o *Present Perfect* para perguntar se alguém (já) esteve em algum lugar, desde um tempo indefinido no passado até agora (o momento presente). Veja mais alguns exemplos:

   Have you been to the new art exhibition?
   Você foi/esteve na nova mostra de arte?

   No, I haven't been there yet.
   Não, não estive lá ainda.

   Have you been to New York lately?
   Você foi/esteve em Nova Iorque recentemente?

   Yes, I was in New York last month.
   Sim, estive em Nova Iorque no mês passado.

   Have they been to the new French restaurant?
   Eles foram/estiveram no novo restaurante francês?

   Yes, they've already been to the new French restaurant.
   Sim, eles já estiveram no novo restaurante francês.

4. *... they've just opened.* Usamos *just* com o *Present Perfect* para indicar algo que acabou de acontecer ou que aconteceu há bem pouco tempo. Alguns exemplos:

   I've just seen your sister.
   Acabei de ver sua irmã.

   You've just arrived, haven't you?
   Você acabou de chegar, não foi?

   Sara's just left.
   Sara acabou de ir embora.

   Bill's just dropped this off.
   Bill acabou de deixar isso aqui.

   We've just finished doing our homework.
   Acabamos de fazer nossa tarefa.

O Presente Perfeito **91**

They've just come back from school.
Eles acabaram de chegar da escola.

5. *I haven't been there yet.* O *yet* na frase negativa com o *Present Perfect* tem o sentido de "ainda (não)". Exemplos:

I haven't finished my homework yet.
Eu não terminei minha tarefa ainda.

You haven't talked to her yet, have you?
Você não conversou com ela ainda, não é?

He hasn't been to Los Angeles yet.
Ele não esteve em Los Angeles ainda.

She hasn't written her report yet.
Ela não escreveu seu relatório ainda.

It hasn't happened yet.
Não aconteceu ainda.

We haven't been promoted yet.
Não fomos promovidos ainda.

They haven't arrived yet.
Eles não chegaram ainda.

Também podemos usar *still* (ainda) no início da frase com o mesmo sentido:

I still haven't finished my homework.

You still haven't talked to her, have you?

She still hasn't written her report.

It still hasn't happened.

We still haven't been promoted.

They still haven't arrived.

Lembra da música da banda irlandesa U2, *I still haven't found what I'm looking for* (Ainda não encontrei o que estou procurando)?

6. *I've been meaning to go.* Aqui usamos a forma contínua (com a terminação *–ing* do *Present Perfect*) para indicar uma ação que começou no passado e ainda está acontecendo. *Mean to* quer dizer "ter a intenção de fazer algo", então poderíamos traduzir por "Estou querendo ir" ou "Estou planejando ir". Mais alguns exemplos com o *Present Perfect Continuous*.

I've been studying since 8 a.m.
Estou estudando desde às 8 da manhã. [Comecei a estudar este horário e ainda estou estudando.]

You've been working at that company for a long time.
Você está trabalhando naquela empresa há muito tempo. [Você começou a trabalhar lá há muito tempo e ainda continua trabalhando.]

A Chave do Aprendizado da Língua Inglesa

How long have you been waiting?
Há quanto tempo você está esperando? [Você começou a esperar há um certo tempo e ainda continua esperando.]

She hasn't been feeling well lately.
Ela não está se sentindo bem ultimamente. [Ela começou a se sentir mal há um tempo e ainda continua se sentindo mal.]

It's been raining since yesterday.
Está chovendo desde ontem. [Começou a chover ontem e ainda não parou.]

We've been waiting for more than two hours.
Estamos esperando há mais de duas horas. [Começamos a esperar há duas horas e ainda estamos esperando.]

They've been working at that store since it opened.
Eles estão trabalhando naquela loja desde que abriu. [Começaram a trabalhar lá quando abriu e ainda estão trabalhando lá.]

7. *Have you been there yet?* Aqui usamos o *yet* com o sentido de "já", algo que esperamos que alguém faça. Por exemplo, uma mãe pode pedir para seu filho lavar a louça e depois de meia hora ela pergunta: *Have you done the dishes yet? Você já lavou a louça?*, ou seja, ela esperava que ele já tivesse lavado a louça. Mais alguns exemplos:

Have you done your homework yet?
Você já fez sua tarefa? [A mãe espera que o filho já tenha feito a tarefa.]

Has he written the quarterly report yet?
Ele já escreveu o relatório trimestral?) [Pergunta o chefe sobre o funcionário que tinha que ter escrito o relatório.]

Has she made her bed yet?
Ela já arrumou sua cama? [Espera-se que ela tenha arrumado sua cama, pois sua mãe pediu faz um tempo.]

Has it started raining yet?
Já começou a chover? [As nuvens estavam bem carregadas e ia chover a qualquer momento.]

Have they been to the Statue of Liberty yet?
Eles já foram à Estátua da Liberdade? [Pergunta-se sobre turistas que tinham esse plano.]

Se usamos o *yet* com a frase interrogativa-negativa ele vai significar "ainda".

Haven't you done the laundry yet?
Você não lavou a roupa ainda?

Haven't they seen that movie yet?
Eles não viram esse filme ainda?

Hasn't she done her homework yet?
Ela não fez sua tarefa ainda?

Hasn't he been to New York?
Ele não esteve em Nova Iorque ainda?

O Presente Perfeito | 93

Hasn't the movie started yet?
O filme não começou ainda?

8. *Have you ever tried Thai food?* Nesse caso usamos *ever* com o *Present Perfect* para indicar que algo acontece (ou aconteceu) alguma vez na vida, desde o nosso nascimento até agora. Podemos traduzir o *ever* aqui como "já". Não confunda *ever* com *yet*. *Yet* indica algo que esperamos que alguém faça, e *ever* indica algo que acontece ou aconteceu uma vez na vida. Alguns exemplos:

Have you ever ridden a horse?
Você já [alguma vez na vida] *andou a cavalo?*

Has she ever studied Spanish?
Ela já [alguma vez na vida] *estudou espanhol?*

Have they ever tried Brazilian food?
Eles já [alguma vez na vida] *experimentaram comida brasileira?*

Has he ever traveled abroad?
Ele já [alguma vez na vida] *viajou para o exterior?*

Compare com as frases usando *yet*:

Have you ridden the horse yet?
Você já andou a cavalo? [Era algo que você ia ou tinha planejado fazer.]

Has she studied for her Spanish test yet?
Ela já estudou para a prova de espanhol? [Ela tem prova amanhã e tinha que estudar.]

Have they tried the Brazilian food yet?
Eles já experimentaram a comida brasileira? [Havia várias opções, e eles tinham dito que iam experimentar a nossa culinária.]

Has he traveled abroad yet?
Ele já viajou para o exterior? [Ele tinha me dito que ia viajar, então estou só confirmando.]

9. *I've already tried it. Already* quer dizer "já" na frase afirmativa. Alguns exemplos:

I've already seen that movie.
Já vi este filme.

You've already done your homework.
Você já fez sua tarefa.

He's already been there.
Ele já esteve lá.

She's already been here.
Ela já esteve aqui.

It's already rained this week.
Já choveu esta semana.

They've already handed in their term paper.
Eles já entregaram seu trabalho semestral.

94 A Chave do Aprendizado da Língua Inglesa

10. *I've never been to India. Never* (nunca) também é usado com o *Present Perfect* para indicar que uma ação nunca aconteceu, ou seja, desde o momento que nascemos até o momento presente. (Lembra que o tempo se chama *Present Perfect*?) Alguns exemplos:

I've never been to Hawaii.
Nunca estive no Havaí.

You've never ridden a horse.
Você nunca andou a cavalo.

He's never seen that movie.
Ele nunca assistiu a esse filme.

She's never tried Thai food.
Ela nunca experimentou comida tailandesa.

It's never snowed in my hometown.
Nunca nevou na minha cidade natal.

They've never taken any Spanish classes.
Eles nunca fizeram aula de espanhol alguma.

4. Prática Oral: Questions and Answers

Este exercício é muito importante para o seu aprendizado, pois você vai praticar perguntas e respostas como na vida real. Primeiro, escute e leia silenciosamente, quantas vezes forem necessárias, para entender as perguntas e respostas. Depois escute o áudio, pause e repita em voz alta, bem devagar (não precisa ter pressa!). Faça este exercício sem se preocupar com as regras gramaticais, pois as coisas vão se encaixando com o tempo. *Are you ready? Let's do it!*

🎧 FAIXA 30

1. How long hasn't Jeff seen Sara?
   Há quanto tempo Jeff não vê Sara?

   He hasn't seen her in ages!
   Ele não a vê in ages!

2. What does "in ages" mean?
   O que significa "in ages"?

   It means "a very long time".
   Significa "por muito tempo".

3. How has Sara been?
   Como a Sara tem estado?

   She's been great.
   Ela tem estado ótima.

4. How are things with Jeff?
   Como estão as coisas com Jeff?

   He's been very busy with work.
   Ele tem estado muito ocupado com o trabalho.

5. How's everything else?
Como estão as outras coisas?

Everything else is great.
Todas as outras coisas estão ótimas.

6. Jeff says that he has a question for Sara. What does he ask her?
Jeff diz que tem uma pergunta para Sara. O que ele lhe pergunta?

He asks her if she has been to that new Thai restaurant.
Ele lhe pergunta se ela já foi ao novo restaurante tailandês.

7. Is it a new restaurant?
É um restaurante novo?

Yes, they've just opened it.
Sim, eles acabaram de abri-lo.

8. What do people say?
O que as pessoas dizem?

People say it's really good.
As pessoas dizem que é muito bom.

9. Has she been there?
Ela esteve lá?

No, she hasn't been there yet.
Não, ela não esteve lá ainda.

10. She's been meaning to go. What does that mean?
Ela has been meaning to go. O que isso significa?

It means she's been planning to go.
Significa que ela tem planejado ir.

11. She's been swamped with work. What does that mean?
Ela tem estado swamped with work. O que isso significa?

It means she's been working a lot.
Significa que ela tem trabalhado muito.

12. Has Jeff been to the new restaurant yet?
Jeff já foi ao novo restaurante?

No, he hasn't been there yet, but he'd love to go.
Não, ele não foi lá ainda, mas adoraria ir.

13. What does Jeff love?
O que Jeff adora?

He loves Thai food or anything that is spicy.
Ele adora comida tailandesa ou qualquer coisa que seja apimentada.

14. Has Jeff ever tried Indian food?
Ele já experimentou comida indiana?

Yes, he's already tried it. It's one of his favorites.
Sim, ele já experimentou. É uma das suas favoritas.

96 · A Chave do Aprendizado da Língua Inglesa

15. When was he in Thailand?
    Quando ele esteve na Tailândia?

    He was in Thailand a couple of years ago.
    Ele esteve na Tailândia alguns anos atrás.

16. Did he have a good time?
    Ele se divertiu?

    Yes, he had a blast!
    Sim, ele se divertiu muito!

17. Has Sara ever been to India?
    Sara já esteve na Índia?

    No, she's never been to India.
    Não, ela nunca esteve na Índia.

18. Does she like traveling?
    Ela gosta de viajar?

    She loves traveling and she really hopes to go one day.
    Ela adora viajar e realmente espera ir um dia.

19. Has Sara had lunch yet?
    Sara já almoçou?

    No, she hasn't had lunch yet.
    Não, ela não almoçou ainda.

20. What does she suggest?
    O que ela sugere?

    She suggests they go the Thai restaurant.
    Ela sugere para eles irem ao restaurante tailandês.

21. Does Jeff think it's a good idea?
    Jeff acha que é uma boa ideia?

    He thinks it's a great idea.
    Ele acha que é uma ótima ideia.

22. What time did Jeff have breakfast?
    Que horas Jeff tomou café da manhã?

    He had breakfast at 7 a.m.
    Ele tomou café às 7 da manhã.

23. Has he eaten anything ever since?
    Ele comeu algo desde então?

    No, he hasn't eaten anything ever since.
    Não, ele não comeu nada desde então.

24. What does Jeff need to grab?
    O que Jeff precisa pegar?

    He needs to grab his coat.
    Ele precisa pegar seu casaco.

O Presente Perfeito 97

25. Is the restaurant far?
O restaurante é longe?

No, it's within walking distance.
Não, é within walking distance.

26. What does "within walking distance" mean?
O que "within walking distance" quer dizer?

It means that you can walk to that place, it's not far.
Quer dizer que você pode ir a pé para o lugar, não é longe.

27. How long does it take to get there?
Quanto tempo demora para chegar lá?

It takes ten minutes tops.
Demora dez minutos no máximo.

28. What are they going to do on the way to the restaurant?
O que eles vão fazer no caminho do restaurante?

They're going to catch up.
Eles vão colocar a conversa em dia.

5. Let's Practice

5.1. Complete as frases abaixo com o verbo correto.
Escolha entre as opções da lista.

> been — eaten — go — had — have — is — love —
> meaning — should — traveling

1. I've been _____ to go to that new restaurant, but I just haven't had the time.

2. "Have you _____ lunch yet?" "Not yet. I'm starving!"

3. I've never _____ Thai food. Is it really that spicy?

4. I love _____ and I really hope to go to France one day.

5. I don't like pasta. _____ we order something else?

6. Sara's _____ so busy with work lately.

7. I'd _____ to go to New York and walk around Times Square.

8. Italian food _____ one of my favorites!

9. The new Thai restaurant is closed. Why don't we _____ to that pizza place around the corner instead?

10. How _____ you been? I haven't seen you in a long time!

A Chave do Aprendizado da Língua Inglesa

5.2. Traduza as seguintes frases para o português.

1. I haven't seen him in a long time. Have you heard from him lately?

2. I can't go out tonight. I've been so busy with work and I need to hand in a report tomorrow morning.

3. Have you ever tried Mexican food? They say it's really spicy.

4. I've never tried Mexican food before, but I've been meaning to try Thai food.

5. I've already done the dishes, so you just need to mop the floor. Have you done that yet?

6. You love traveling, don't you? Have you ever been to New Zealand?

7. Haven't you done your homework yet? You have to hand in your English paper tomorrow!

8. I'm starving! I haven't had lunch yet. Should we go to that new French restaurant around the corner?

9. He's been here since 8 o'clock. What about you? Have you been waiting long?

10. I've always wanted to be an English teacher.

5.3. Traduza as seguintes frases para o Inglês.

1. "Há quanto tempo vocês são casados?" "Somos casados há cinco anos."

2. Nunca estive em Los Angeles. Você já esteve lá?

3. Eles têm que fazer a tarefa. Eles já a fizeram?

4. Eles não a fizeram ainda, mas vou falar com eles.

5. Gosto de nadar, mas não nado há muito tempo.

6. Você viu algum filme bom recentemente?

7. Sim, vi "The Wedding Dancer". É um dos melhores filmes que eu já vi.

8. Ensino Inglês há três anos. Antes disso eu ensinava espanhol.

9. Há quanto tempo você trabalha aqui?

10. Eles moram em Houston desde 2012. Antes disso eles moravam em Dallas.

O Presente Perfeito

6. Let's Listen!

Janet Park é secretária executiva em um escritório de advocacia bem famoso em Nova Iorque. Hoje é o último dia do mês, e ela está muito ocupada revisando se tudo o que tinha que fazer foi feito.

6.1. Escute o diálogo entre Janet e seu chefe, Mr. O'Donnel, e escolha a resposta correta. Abaixo estão algumas palavras novas que aparecem no diálogo.

go over *(repassar, checar)*
spreadsheet *(planilha)*
accountancy *(contabilidade)*
set up a meeting *(marcar uma reunião)*
reach *(alcançar, comunicar-se com alguém)*

voice mail *(caixa postal)*
make sure *(certificar-se)*
supposed to *(espera-se que)*
show up *(aparecer, estar presente)*
caterer *(bufê)*
paycheck *(cheque do pagamento)*

🎧 FAIXA 31

1. Mr. O'Donnel e Janet:
   a) Estão pagando os funcionários no fim do mês.
   b) Estão revisando coisas que tinham que ser feitas naquele dia.
   c) Estão planejando o começo do mês.

2. Janet:
   a) Já enviou um e-mail com a planilha de custos para a contabilidade.
   b) Não conseguiu falar com o bufê e o DJ.
   c) Conseguiu falar com todos os advogados.

3. Um dos advogados:
   a) Já enviou a confirmação de presença para o evento com o governador.
   b) Ainda não foi localizado para confirmar a presença no evento.
   c) Disse que não pode ir ao evento por questões familiares.

4. Os funcionários:
   a) Já receberam o cheque do pagamento.
   b) Ainda não receberam o cheque do pagamento.
   c) Receberam uma notificação sobre o atraso do pagamento.

6.2. Agora escute o áudio novamente e complete o diálogo com os verbos que estão faltando.

🎧 FAIXA 31

Mr. O'Donnel: Janet, this ____ a very busy month, wasn't it?

Janet: Yes, Mr. O'Donnel. It sure ____.

Mr. O'Donnel: OK, let's ____ over the list of things that ____ to be ____ today. ____ you ____ the cost spreadsheet to the accountancy department?

A Chave do Aprendizado da Língua Inglesa

Janet: Yes, I ____ it this morning.

Mr. O'Donnel: Good. ____ you ____ up a meeting with our legal team?

Janet: No, that ____ ____ ____ yet because one of the lawyers was ____ trouble with his phone and I couldn't ____ him. I'____ ____ calling him several times and all I ____ was his voice mail.

Mr. O'Donnel: Well, that's not our problem. ____ sure he ____ what time he's supposed to ____ up at the meeting. All right, ____ you ____ the caterer for next week's event? The governor ____ be here so everything has to be perfect.

Janet: Yes, Mr. O'Donnel. I'____ ____ the caterer and the DJ. Everything will be ready on time.

Mr. O'Donnel: One last thing, ____ everybody ____ their paychecks?

Janet: Yes, Mr. O'Donnel. Everybody ____ their paychecks early this morning.

Mr. O'Donnel: Well, I guess this is it, Janet. Thanks so much!

7. Cantinho da Pronúncia

A Pronúncia de *Have* e *Has*

Vimos nesta unidade que o verbo *have* (com as formas *have* e *has*) é usado em tempos compostos como o *Present Perfect*. Quando ele é usado dessa maneira geralmente usamos as contrações (*I've, you've, he's, she's, it's, we've, they've*) ou reduzimos bem suavemente o som do *have* e *has*, ficando com *'ave* e *'as*, sem o som aspirado do h.

Escute alguns exemplos. Primeiro o locutor vai ler a frase bem didaticamente com o som aspirado do h. Depois ele vai ler a mesma frase com o som mais suave do *have/has*. Vamos lá!

🎧 **FAIXA 32**

1. I have done my homework.
2. You have send several e-mails.
3. She has made a decision.
4. It has been raining all day.
5. This has been a great opportunity.
6. We have been here for two hours.
7. They have been trying to learn Spanish.
8. I have been waiting for you.

O Presente Perfeito **101**

8. Frases Prontas

No diálogo-base vimos Jeff e Sara combinando de almoçar em um novo restaurante. Vamos aprender agora algumas frases úteis para usar quando for pedir comida
em um restaurante em um país de língua inglesa.

Frases do Cliente

🎧 **FAIXA 33**

I have a reservation under...
Tenho uma reserva no nome...

A table for two, please.
Mesa para dois, por favor.

Could I see the menu, please?
Poderia ver o cardápio, por favor?

Could I see the wine list,
please?
*Poderia ver a carta de vinhos, por
favor?*

What's today special?
Qual é o prato especial de hoje?

What's clam chowder* like?
Como é o "clam chowder"?

We're not ready yet.
*Não estamos prontos/decidimos
ainda.*

I'm a vegetarian.
Sou vegetariano.

The steak for me, please.
O bife para mim, por favor.

A salad, please.
Salada, por favor.

I'll have the roast beef.
Vou querer a carne assada.

I'll have the same.
Vou querer o mesmo.

That's all, thank you.
É só isso, por favor.

Could we have some more
water?
Pode nos trazer mais água?

Can we have the check, please?
Pode nos trazer a conta, por favor?

What do you have on tap?
O que você tem de chopp?

Do you have wine by the glass?
Tem copo de vinho?

I'd prefer red wine.
Prefiro vinho tinto.

Please bring us another beer.
*Traga-nos outra cerveja, por
favor.*

Could I have French Fries
instead of salad?
Posso trocar a salada por fritas?

What can you recommend?
O que você pode recomendar?

Thanks, that was delicious.
Obrigado, estava delicioso.

This is on me.
Isso é por minha conta.

I'll get this.
Eu pago.

Here you are.
Aqui está.

A Chave do Aprendizado da Língua Inglesa

Frases do Recepcionista/Garçom

🎧 **FAIXA 34**

How many in your party?
Mesa para quantas pessoas?

Do you have a reservation?
Tem reserva?

It's going to be about a
15-minute wait.
*A espera vai ser de quinze
minutos.*

Mr. White, your table is ready.
Sr. White, sua mesa está pronta.

Right this way.
Por aqui.

Peter will be your server
tonight.
Peter vai ser seu garçom hoje.

Enjoy your meal.
Bom apetite.

Welcome, how are you doing
this evening?
Bem-vindo, como você está hoje?

Can I get you something to
drink?
Posso trazer algo para beber?

Do you need a little time to
decide?
*Precisa de mais tempo para
decidir?*

I'll be right back with your
drinks.
Já volto com suas bebidas.

Are you ready to order?
Está pronto para pedir?

Can I take your order?
Posso anotar seu pedido?

Would you like fries with that
or a baked potato?
*Gostaria de fritas ou batata
assada com acompanhamento?*

Can I get you something else?
Posso trazer mais alguma coisa?

Would you like me to take that?
Posso retirar esse prato?

I'll bring the check right out.
Já trago a conta.

Would you like me to split it?
Quer que eu divida a conta?

Do you need any change?
Precisa de troco?

9. Cantinho Cultural

Fatos Culturais Interessantes — Restaurantes

Você viu na Unidade 02 como dar gorjetas nos EUA, por isso temos alguns fatos culturais interessantes que acontecem nos restaurantes americanos.

- ✓ A água (da torneira) *tap water* é grátis! Nos EUA a água é bem tratada e eles servem na hora que você chega ao restaurante. Você também pode tomar quantos copos quiser. Se quiser uma garrafa (*bottled water*), você tem a opção sem gás (*still*) ou com gás (*sparkling*).
- ✓ Em muitos restaurantes, se você pedir um café ou um refrigerante, você paga uma vez e pode pedir o *refill*. Quando o local não oferecer essa opção, vai estar escrito *no refill*.
- ✓ Nos restaurantes americanos espera-se que você se sente, peça bebida, peça comida, pague e vá embora, bem diferente do Brasil. Os brazucas consideram isso grosseiro, mas o pensamento americano gira em torno da rotatividade de clientes. Então não se espante se o garçom lhe trouxer a conta assim que ver que você acabou de comer. Isso é completamente normal.
- ✓ Se você quiser ficar mais tempo em um bar vendo um jogo etc., você pode se sentar em um banquinho (*stool*) no bar e ficar tranquilo. Lá ninguém vai lhe entregar a conta e você pode (em muitos estabelecimentos) *open a tab* (abrir uma conta) e não ter que pagar por cada bebida toda vez que pedir, pagando apenas no final.

10. Real Life English

Ellipsis

Em inglês (e em outras línguas) temos um fenômeno que se chama *ellipsis*, que acontece quando você retira algumas palavras de uma frase e isso não compromete o seu significado. Vejamos as seguintes frases na forma gramaticalmente correta.

🎧 **FAIXA 35**

Have you seen Jane? I really have to talk to her.
Você viu a Jane? Preciso muito falar com ela.

Are you going home already? I thought you were having a good time.
Já está indo para casa? Achei que você estava se divertindo.

Have you heard the news? There's been a huge traffic accident.
Ouviu o noticiário? Teve um enorme acidente de trânsito.

Have you got a minute? I need you to help me with something.
Você tem um minuto? Preciso que você me ajude com algo.

Did you finish already? I thought it was going to take longer.
Já terminou? Achei que fosse demorar mais.

Do you want something to eat?
Quer algo para comer?

Are you leaving already? Don't you want to stay a little longer?
Já está indo embora? Não quer ficar mais um pouco?

Have you been waiting long? I'm sorry, but I got stuck in traffic.
Está esperando há muito tempo? Desculpe, mas fiquei preso no trânsito.

I'm just coming! I'll be there in a second!
Estou chegando! Estarei aí em um minuto!

Are you doing anything on the weekend? Do you want to grab a beer?
Vai fazer algo no fim de semana? Quer tomar uma cerveja?

I'm still sitting at the airport. I've been waiting for four hours!
Ainda estou sentado no aeroporto. Estou esperando há quatro horas!

I just got here. What's happening?
Acabei de chegar aqui. O que está acontecendo?

I wish I could stay longer, but I have to get up early tomorrow.
Gostaria de ficar mais tempo, mas tenho que me levantar cedo amanhã.

I'm missing you a lot.
Estou sentindo muito sua falta.

I love your new car. Where did you get it?
Adoro seu carro novo. Onde você comprou?

O Presente Perfeito `105`

Quando acontece a *ellipsis*, geralmente retiramos o verbo auxiliar e o sujeito, e a frase ainda continua compreensível por causa do contexto. Veja como ficam as frases abaixo em contexto bem coloquial.

🎧 **FAIXA 36**

Seen Jane? I really have to talk to her.

Going home already? I thought you were having a good time.

Heard the news? There's been a huge traffic accident.

Got a minute? I need you to help me with something.

Finished already? I thought it was going to take longer.

Want something to eat?

Leaving already? Don't you want to stay a little longer?

Been waiting long? I'm sorry, but I got stuck in traffic

Just coming! Be there in a second!

Doing anything on the weekend? Want to grab a beer?

Still sitting at the airport. Been waiting for four hours!

Just got here. What's happening?

Wish I could stay longer, but I have to get up early tomorrow.

Missing you a lot.

Love your new car. Where did you get it?

11. Revisão/Ditado

Escute as frases e transcreva-as. Todas elas contêm o *Present Perfect tense*.

🎧 **FAIXA 37**

1. _____

2. _____

3. _____

4. _____

5. _____

6. _____

7. _____

8. _____

9. _____

10. _____

12. Dicas de "Como Estudar Sozinho"

O caderno de vocabulário

Hoje em dia temos vários recursos para anotar informações em qualquer lugar, então o "caderno" de vocabulário pode ser um editor de texto, um aplicativo no seu celular ou até mesmo o bom e velho caderno para o pessoal mais *old school*.

Algumas dicas para você anotar o vocabulário:

1. Sempre anote palavras contextualizadas. Um exemplo: se você for aluno básico e aprender a palavra *apple* (maçã), acrescente também informações como a cor, se você gosta (ou não) da maçã ou também se comprou uma maçã ontem.

   > An apple is red.
   > *Uma maçã é vermelha.*
   >
   > I like apples.
   > *Gosto de maçãs.*
   >
   > I hate apples.
   > *Odeio maçãs.*
   >
   > I bought an apple yesterday.
   > *Comprei uma maçã ontem.*

2. Você pode também fazer frases relevantes com a sua realidade. Se aprendeu alguns adjetivos característicos de pessoas, você pode descrever alguns que conhece:

   > My father was very strict when we were kids.
   > *Meu pai era muito rígido quando éramos crianças.*
   >
   > I'm very moody when I get up in the morning.
   > *Tenho muito mau humor quando me levanto de manhã.*

3. As listas funcionam? Listas de palavras soltas raramente funcionam, a não ser que você vá decorá-las para fazer uma prova ou algo do tipo. Grupos semânticos (palavras da mesma família) só fazem sentido quando estão em contexto. Por isso se você estiver lendo um texto/diálogo e for anotar as palavras, estruturas e expressões que ainda não sabe, lembre-se de dar mais informações ou, se possível, anotar o contexto em que tal palavra, expressão ou estrutura estão inseridas.

4. Como reter vocabulário? Tenho uma dica simples e certeira: leia e escute. Quanto mais conhecimento passivo você tiver, vindo da leitura e da audição, mais repertório vai ter para produzir esse conteúdo de forma natural. Raramente memorizar (sem contexto) funciona, então certifique-se de que você está revisando seu material de estudo.

5. Com que frequência? Revise sempre que puder, pois essa prática é sempre benéfica. Não precisa de muito tempo: 15 minutos de manhã e 15 minutos à noite são suficientes para não ficar sem estudar.

Essas são boas práticas que você pode aplicar no seu dia a dia e, com consistência e dedicação, sedimentar todo o vocabulário que for aprendendo.

Unidade
05

Seu Passado Era Perfeito?

1. Objetivos da Unidade

Nesta unidade você vai:

- ✓ Aprender a usar o *Past Perfect*.
- ✓ Aprender a combinação *how* + adjetivo.
- ✓ Aprender os verbos de sentido.
- ✓ Exercitar a prática oral do diálogo com perguntas e respostas.
- ✓ Compreender a ênfase das palavras dentro da frase.
- ✓ Aprender a fazer *small talk*.
- ✓ Aprender o que fazer se ficar doente nos EUA.
- ✓ Descobrir como usar as contrações *gonna*, *wanna* e *gotta*.
- ✓ Praticar o *listening* com um ditado.
- ✓ Aprender a trabalhar com pequenos textos.

2. Diálogo-base

🎧 **FAIXA 38**

Karen and Grace work together and they get together often to have lunch together. It was Karen's birthday and Karen's boyfriend, Randy, was going to take her to a very fancy restaurant.
Karen e Grace trabalham juntas e se encontram para almoçar juntas. Era o aniversário de Karen e seu namorado, Randy, ia levá-la a um restaurante bem chique.

Grace: Hi, Karen! How did your evening go?
Oi, Karen! Como foi sua noite?

Karen: Well, not bad. It had its ups and downs.
Bem, mais ou menos. Teve seus altos e baixos.

Grace: What? What happened? Randy didn't show up?
O quê? O que aconteceu? Randy não apareceu?

Karen: Yeah, he did. One hour later, can you believe that?
Sim, apareceu. Uma hora depois, dá para acreditar?

Grace: How inconsiderate of him!
Que falta de consideração da parte dele!

Karen: He had forgotten about our dinner date. I had to call him, but he had turned off his cell phone.

Ele tinha se esquecido do nosso jantar. Tive que ligar para ele, mas ele tinha desligado o celular.

Grace: That's terrible. So, did he take you to that fancy restaurant?
Isso é terrível. Então, ele te levou àquele restaurante chique?

Karen: Yeah, but you won't guess what I found out. He had already been to that restaurant with all his other girlfriends. All the waiters knew him... Anyway, I had already been to that restaurant too.
Sim, mas você não vai adivinhar o que eu descobri. Ele já tinha estado nesse restaurante com todas as suas outras namoradas. Todos os garçons o conheciam... Enfim, eu já tinha estado nesse restaurante também...

Grace: And who did you go with?
E com quem você foi?

Karen: Oh, come on, knock it off! At least I had a very good dinner.
Ah, vamos lá, pare com isso! Pelo menos eu tive um jantar muito bom.

Grace: Oh yeah? What did you have?
Ah é? O que você comeu?

Karen: They have this fantastic duck marinated in honey and ginger. Have you ever had it?
Eles têm um pato marinado com mel e gengibre fantástico. Você já comeu?

Grace: No, but it sounds delicious!
Não, mas parece delicioso.

Karen: It is indeed!
Realmente é!

Grace: So tell me, did Randy give you a gift? It was your birthday, after all!
Então me conta, o Randy te deu um presente? Era seu aniversário, afinal!

Karen: Yeah, he gave me a Stephen King book, because he knows I love horror stories. I had already read that book, though. On the other hand he let the restaurant staff know that it was my birthday so I had this beautiful cake for dessert.
Sim, ele me deu um livro do Stephen King porque ele sabe que adoro histórias de horror. Mas eu já tinha lido esse livro. Por outro lado, ele avisou a equipe do restaurante que era meu aniversário, então eu tive um bolo lindo de sobremesa.

Grace: See? Your evening wasn't all that bad. Randy's a cool guy, I told you.
Viu só? Sua noite não foi toda ruim. Randy é um cara legal, eu te falei.

Karen: I guess you're right. So, are you ready to order?
Acho que você está certa. Então, está pronta para pedir?

Grace: Yes! I'm so hungry I could eat a horse!
Sim! Estou com tanta fome que comeria um "boi" [cavalo]!

3. Explicação do Diálogo-base

Nesta unidade temos alguns aspectos linguísticos bem interessantes e começamos com um tempo verbal bem comum em inglês: o *Past Perfect*. Esse tempo verbal é bem fácil de usar, pois tem um correspondente em português: o pretérito-mais--que-perfeito. Mas calma que é só o nome que é complicado. Vamos lá!

1. Randy, namorado da Karen, se atrasou uma hora para buscá-la para irem ao restaurante comemorar o aniversário dela. Ele tinha se esquecido disso e também tinha desligado seu celular. Nesse caso as formas *tinha esquecido* e *tinha desligado* formam o *Past Perfect* em inglês: *had + particípio passado do verbo principal*. Veja como ficam as formas afirmativa, negativa e interrogativa.

Afirmativa Verbo Work	Negativa Verbo Do	Interrogativa Verbo See
I had (*I'd*) worked.	I hadn't done.	Had I seen?
You had (*you'd*) worked.	You hadn't done.	Had you seen?
He had (*he'd*) worked.	He hadn't done.	Had he seen?
She had (*she'd*) worked.	She hadn't done.	Had she seen?
It had (*it'd*) worked.	It hadn't done.	Had it seen?
We had (*we'd*) worked.	We hadn't done.	Had we seen?
They had (*they'd*) worked.	They hadn't done.	Had they seen?

Exemplos:

I had done my homework when my parentes arrived.
Eu tinha feito minha tarefa quando meus pais chegaram.

I was very nervous. I hadn't flown before.
Eu estava muito nervoso. Eu não tinha andado de avião antes.

He thought he had done the right thing, but he had made a terrible mistake.
Ele achou que tinha feito a coisa certa, mas ele tinha cometido um erro terrível.

Had he already been to the United States?
Ele já tinha estado nos Estados Unidos?

She was really nervous because she had never flown before.
Ela estava muito nervosa porque nunca tinha andado de avião antes.

Had it rained the day before?
Tinha chovido no dia anterior?

They knew who he was because they had seen him before.
Eles sabiam quem ele era, pois eles o tinham visto antes.

Hadn't they studied French before?
Eles não tinham estudando francês antes?

Usamos os advérbios *already* (já), *never* (never), *yet* (ainda) e também a expressão *by the time* (quando, na hora que) com o *Past Perfect*. Alguns exemplos:

By the time I got to the airport, the plane had already taken off.
Quando eu cheguei ao aeroporto, o avião já tinha decolado.

By the time I got to the lecture, it had already ended.
Quando eu cheguei à palestra, ela já tinha terminado.

Randy had already been to that fancy restaurant.
Randy já tinha estado naquele restaurante chique.

She was a complete stranger to me. I had never seen her before.
Ela era uma completa estranha para mim. Eu nunca a tinha visto antes.

He was very insecure because he had never done that kind of work before.
Ele estava muito inseguro, pois nunca tinha feito esse tipo de trabalho antes.

Grace had never been to that fancy restaurant.
Grace nunca tinha estado naquele restaurante chique.

The students hadn't done their exercises yet when the teacher arrived.
Os alunos não tinham feito seus exercícios ainda quando o professor chegou.

My friend came to pick me up but I hadn't gotten dressed yet.
Meu amigo chegou para me buscar, mas eu não tinha me vestido ainda.

I thought I was late for the concert, but it hadn't begun yet.
Achei que estava atrasado para o show, mas não tinha começado ainda.

Voltando um pouco no diálogo, Grace pergunta como foi a noite de Karen e usa o verbo *go*. Ele é usado aqui com o sentido de acontecer (um evento). Alguns exemplos:

How are things going at work?
Como as coisas estão indo no trabalho?

You've finished the test already? How did it go?
Você já terminou a prova? Como foi?

Carol has just come back from Chile. I'm going to call her to see how it went.
Carol acabou de voltar do Chile. Vou perguntar para ela como foi.

I think the interview was very well.
Acho que a entrevista ocorreu muito bem.

Things have been going badly for him since he went bankrupt.
As coisas estão indo mal para ele desde que ele faliu.

I'm very excited by the way things are going.
Estou bem animado com a maneira que as coisas estão indo.

Karen disse que teve seus altos e baixos e usa o possessivo *its*, que aqui se refere à noite (*evening*). Usamos esse possessivo com coisas ou situações (não pessoas).

The dog was wagging its tail.
O cachorro estava balançando seu rabo.

I was eager to see New York and its attractions.
Eu estava ansioso para ver Nova Iorque e suas atrações.

That day really had its ups and downs.
Aquele dia realmente teve seus altos e baixos.

The hotel has its own pool.
O hotel tem sua própria piscina.

Barcelona is famous for its buildings.
Barcelona é famosa por seus prédios.

Randy se atrasou uma hora para buscar Karen, e Grace achou isso muita falta de consideração da parte dele e usou a frase *How inconsiderate of him!* Usamos a estrutura *how* + adjetivo + *of* + alguém que dá uma qualidade à ação que alguém fez. Veja outros exemplos:

How horrible of him!
Que coisa horrorosa ele fez!

How kind of you!
Que gentileza da sua parte!

How desperate of her!
Como ela está desesperada!

How stupid of me!
Nossa, que burrice a minha!

How lazy this boy is!
Nossa, como esse menino é preguiçoso!

How rude of me, let me introduce you to...
Que grosseria da minha parte, deixe-me lhe apresentar a...

No diálogo temos vários *phrasal verbs* , que são verbos formados por um verbo principal e uma ou mais partículas. Vamos aprender mais sobre eles na Unidade 09. Alguns exemplos:

He didn't show up for our date.
Ele não apareceu para o nosso encontro.

They never show up on time.
Eles nunca aparecem na hora certa.

Please, turn off the lights before you go to sleep.
Por favor, apague as luzes antes de ir dormir.

She hadn't turned off her phone so it began to ring.
Ela não tinha desligado seu telefone então começou a tocar.

They never found out the truth about what happened.
Eles nunca descobriram a verdade sobre o que aconteceu.

Nobody can find out about this.
Ninguém pode ficar sabendo disso.

Karen diz que comeu um pato marinado com mel e gengibre e pergunta a Grace se ela já comeu também. Aqui ela usa o verbo *have*, que é muito usado para comidas e bebidas. Mais alguns exemplos:

Can I have another piece of that cake?
Posso pegar outro pedaço desse bolo?

I'm going to order a drink. What will you have?
Vou pedir uma bebida. O que você vai tomar?

I'll just have a bottle of water, please.
Só vou querer uma garrafa de água, por favor.

They had pizza for lunch today.
Eles comeram pizza no almoço de hoje.

Can I have a drink of water?
Pode me trazer um copo d'água?

She sat down and had another drink.
Ela se sentou e tomou outra bebida.

Grace nunca comeu pato marinado com mel e gengibre e diz que *sounds delicious*. Em português traduzimos este verbo como *parecer*, e não *soar* (sentido literal). Existem outros verbos de sentido que são usados da mesma forma.

Look (*estar com aparência [de]*)

You look tired. Why don't you go home and rest?
Você parece cansado. Por que não vai para casa e descansa?

She looks worried. What's the matter?
Ela parece preocupada. Qual é o problema?

Sound (*soar*)
alguém contando como algo é

I talked to her on the phone and she sounded happy.
Conversei com ela ao telefone e ela parecia feliz.

This sounds like a very good idea.
Isso me parece uma ótima ideia.

Smell (*cheiro, aroma*)

This smells good. What are you baking?
Que cheiro bom. O que você está assando?

Your room smells awful. Is there a dead animal in there?
Seu quarto está cheirando muito mal. Tem um animal morto ali dentro?

Taste (*gosto, paladar*)

These pancakes taste delicious. Who made them?
Estas panquecas estão deliciosas. Quem fez?

It tastes like chicken, but I don't think it is.
Isso tem gosto de frango, mas acho que não é.

A Chave do Aprendizado da Língua Inglesa

Feel (*toque, tato e sensações em geral*)

I feel very sick.
Estou passando muito mal.

That velvet dress feels really good.
Aquele vestido de veludo é muito agradável ao toque.

2. Randy deu um livro do escritor americano Stephen King à Karen, mas ela diz que já tinha lido. Na frase ela usa a palavra *though*, que literalmente quer dizer *embora, contudo*. Quando usamos *though* no final da frase ela adquire o sentido de *but* (mas). Alguns exemplos:

That was a great hotel. A little too expensive, though.
Era um hotel ótimo, mas um pouco caro.

I'm busy tonight. I might be able to go out tomorrow, though.
Estou ocupado hoje à noite, mas acho que posso sair amanhã.

They went to a party last night. They didn't enjoy it, though.
Eles foram a uma festa ontem à noite, mas não gostaram.

It sounds like a great idea. I think it's a little dangerous, though.
Parece uma boa ideia, mas acho que é um pouco perigoso.

He had two heart attacks in one year. That hasn't stopped him smoking, though.
Ele teve dois infartos em um ano. Mas ele não parou de fumar.

4. Prática Oral: Questions and Answers

Este exercício é muito importante para o seu aprendizado, pois você vai praticar perguntas e respostas como na vida real. Primeiro, escute e leia silenciosamente, quantas vezes forem necessárias, para entender as perguntas e respostas. Depois escute o áudio, pause e repita em voz alta, bem devagar (não precisa ter pressa!). Faça este exercício sem se preocupar com as regras gramaticais, pois as coisas vão se encaixando com o tempo. *Are you ready? Let's do it!*

🎧 **FAIXA 39**

1. Do Karen and Grace know each other?
Karen e Grace se conhecem?

Yes, they work together.
Sim, elas trabalham juntas.

2. Why do they get together?
Por que elas se reúnem?

They get together to have lunch.
Elas se reúnem para almoçar.

3. Is today a special occasion?
Hoje é uma ocasião especial?

Yes, it's Karen's birthday.
Sim, é o aniversário de Karen.

Seu Passado Era Perfeito? 115

4. What was Randy going to do?
   O que Randy ia fazer?

   He was going to take her to a very fancy restaurant.
   Ele ia levá-la a um restaurante muito chique.

5. How did Karen's night go?
   Como foi a noite de Karen?

   Not bad. It had its ups and downs.
   Mais ou menos. Teve seus altos e baixos.

6. What does that mean?
   O que isso significa?

   It means there were some good things and some bad things.
   Significa que houve algumas coisas boas e algumas coisas ruins.

7. Didn't Randy show up?
   Randy não apareceu?

   Yes, he did. He showed up one hour later, though.
   Sim, apareceu. Mas ele apareceu uma hora depois.

8. Was that considerate of him?
   Isso foi atencioso da parte dele?

   No, it was really inconsiderate of him.
   Não, foi desatencioso da parte dele.

9. What had he forgotten?
   O que ele tinha esquecido?

   He had forgotten about their dinner date.
   Ele tinha esquecido do jantar.

10. What did Karen have to do?
    O que Karen teve que fazer?

    She had to call him.
    Ela teve que ligar para o namorado.

11. Could she talk to him?
    Ela conseguiu falar com ele?

    No, he had turned off his phone.
    Não, ele tinha desligado o telefone.

12. Did he take her to that fancy restaurant?
    Ele a levou a um restaurante caro?

    Yes, he took her to that fancy restaurant.
    Sim, ele a levou a um restaurante chique.

13. What did Karen find out?
    O que Karen descobriu?

    She found out that he had already been to that restaurant.
    Ela descobriu que ele já tinha estado naquele restaurante.

14. Who had he been to that restaurant with?
Com quem ele tinha estado naquele restaurante?

He had been to that restaurant with all his other girlfriends.
Ele tinha estado naquele restaurante com todas as suas outras namoradas.

15. How does Karen know that?
Como Karen soube disso?

Because all the waiters knew him.
Porque todos os garçons o conheciam.

16. Had Karen been to that restaurant too?
Karen já tinha estado naquele restaurante também?

Yes, she had already been to that restaurant.
Sim, ela já tinha estado naquele restaurante.

17. Who had she been to that restaurant with?
Com quem ela tinha estado naquele restaurante?

She didn't say who she had been to that restaurant with.
Ela não disse com quem ela tinha estado naquele restaurante.

18. Did she at least have a good dinner?
Ela pelo menos teve um bom jantar?

Yes, she had a very good dinner.
Sim, ela teve um jantar muito bom.

19. What did she have?
O que ela comeu?

She had a fantastic duck marinated in honey and ginger.
Ela comeu um pato marinado em mel e gengibre.

20. Had Grace ever had it?
Grace já tinha comido isso?

No, she'd never had it.
Não, ela nunca tinha comido isso.

21. Did Randy give Karen a gift?
Randy deu um presente a Karen?

Yes, he gave her a gift.
Sim, ele deu um presente a ela.

22. What did he give her?
O que ele deu a ela?

He gave her a Stephen King book.
Ele lhe deu um livro do Stephen King.

23. Had she read that book before?
Ela tinha lido esse livro antes?

Yes, she had read that book before.
Sim, ela tinha lido esse livro antes.

Seu Passado Era Perfeito? 117

24. What did she have for dessert?
O que ela comeu de sobremesa?

She had a beautiful birthday cake.
Ela comeu um lindo bolo de aniversário.

25. Does Grace think Randy is a cool guy?
Grace acha que Randy é um cara legal?

Yes, she thinks he's a cool guy.
Sim, ela acha que ele é um cara legal.

26. Is Grace very hungry?
Grace está com muita fome?

Yes, she's so hungry she could eat a horse.
Sim, ele está morrendo de fome.

5. Let's Practice

5.1. Complete as frases abaixo com as formas verbais da lista.

> had already gone by — had already left — had already seen —
> had broken into — had never been — had never had — had never
> played — had never read — hadn't cleaned — hadn't seen

1. It was nice to see him again. I _____ him for almost ten years.

2. Their apartment was so dirty. They _____ it for months!

3. When he arrived to pick me up, I _____.

4. I didn't want to go to the movies because I _____ the movie.

5. He was so excited to be in Miami because he _____ there.

6. We arrived at work on Monday and found out somebody _____ the office on the weekend.

7. I wasn't very good at the tennis match because I _____.

8. By the time we got to the parade, it _____.

9. Karen _____ duck marinated in honey and garlic.

10. Randy _____ a Stephen King book before.

5.2. Traduza as seguintes frases para o português.

1. I thought he had already traveled to the USA.

2. He was on his way to work when he realized he had forgotten his briefcase.

3. The teacher went home after he had corrected all the tests.

A Chave do Aprendizado da Língua Inglesa

4. She hadn't closed the windows when it started to rain.

5. They hadn't had lunch when I arrived.

6. I hadn't read the book yet. He told me the ending, though.

7. Had you already left when the phone started ringing?

8. Had she read the book before watching the movie?

9. Had the plane taken off by the time you got to the airport?

10. Hadn't they traveled to Europe yet?

5.3. Traduza as seguintes frases para o Inglês.

1. Ele já tinha decidido não ir.

2. O ladrão já tinha escapado quando a polícia chegou.

3. Tive que devolver o livro à biblioteca, mas eu não o tinha lido ainda.

4. Ela queria saber por que eu tinha feito aquilo.

5. O paciente já tinha morrido quando o médico chegou?

6. A reunião já tinha terminado quando eles chegaram?

7. Ela tinha chorado, pois seus olhos estavam vermelhos.

8. Eu só entendi depois que ele me explicou a mesma coisa duas vezes.

9. Mary me perguntou se eu tinha trazido os livros.

10. Só percebi que minha carteira tinha sido roubada quando cheguei em casa.

6. Let's Listen!

6.1. Sally e Adam são casados e estão conversando em seu quarto. Eles têm um compromisso, e ela está com uma dúvida muito cruel. Escute o diálogo e escolha a resposta correta.

🎧 FAIXA 40

1. Sally está reclamando para Adam que:
   a) Não tem nada para vestir, está gorda e seu marido fica tirando sarro dela.
   b) Não tem nada para vestir, está resfriada e não está a fim de sair.
   c) Engordou dois quilos, não tem nada para vestir e ainda tem que ir ao supermercado.

Seu Passado Era Perfeito? 119

2. Adam brinca com ela, mas diz que:
   a) Ela está sempre obcecada em comprar roupas novas.
   b) Ela sempre reclama que não tem roupas.
   c) Ela está sempre obcecada com o peso.

3. Adam diz que a blusa que ela encontrou:
   a) É muito chique, e a cor combina com os olhos dela.
   b) Está muito apertada e não ficou boa.
   c) Ficou boa, mas ela já usou no casamento de Rick e Pam.

4. Adam pensou em usar:
   a) Calça azul, jaqueta preta e camisa vermelha.
   b) Calça preta, jaqueta preta e camisa branca.
   c) Calça preta, jaqueta preta e camisa vermelha.

5. Depois da opinião de Sally, ele:
   a) Manteve a escolha de roupa.
   b) Usou a jaqueta e a camisa, mas trocou a calça.
   c) Foi a uma loja antes da festa e comprou roupa nova.

6.2. Escute o diálogo novamente e complete-o com as palavras da lista.

> about — always — awful — bought — eyes — gained — going
> — great — least — making — of — on — remember — scarf
> — such — thinking — to — too — wear — wedding

🎧 FAIXA 40

Sally: I have nothing to _____... Besides, I look _____ this morning! I'm fat, I've gained...

Adam: ... at _____ two pounds! Man, you really look horrible!

Sally: Stop _____ fun of me! I already _____ two pounds last week.

Adam: Well, I think you look _____! You're always obsessed _____ your weight. You're beautiful just the way you are. You don't want to be _____ skinny, do you?

Sally: That's sweet _____ you to say. Well, I need your opinion. I just dug out this blouse I _____ last year. Tell me what you think.

Adam: It looks good _____ you. The color matches your _____, and it's very fancy. You should wear that with your blue _____. You're going to look stunning as _____.

Sally: You're _____ a darling. What about you? What are you going to wear _____ the party?

Adam: Well, I was _____ about those black pants, a red shirt and a black jacket. What do you think?

120 A Chave do Aprendizado da Língua Inglesa

Sally: I ____ that outfit. You wore that to Rick and Pam's ____, didn't you?

Adam: Yeah, I did. Wow, you have a good memory.

Sally: I do indeed, honey.

Adam: Well, so that's what I'm ____ to wear.

Sally: You're going to look great.

Adam: Thanks, honey.

7. Cantinho da Pronúncia

A ênfase das palavras dentro da Frase

Quando falamos usamos a ênfase em algumas palavras específicas e, mesmo se quem nos está escutando perder uma ou outra palavra, poderá entender pelo contexto. O mesmo acontece em Inglês.

Temos dois tipos de palavras em Inglês: as *content words* (palavras de conteúdo) e as *function words* (palavras de função). As *content words* são substantivos, verbos, adjetivos, advérbios e às vezes pronomes interrogativos como *where* (onde), *why* (por que) ou *when* (quando). Se retirarmos todas as palavras da frase, exceto as *content words*, ainda seríamos compreendidos.

As *function words* são pronomes, verbos auxiliares, preposições, conjunções e artigos. Elas têm um peso menor na compreensão das frases e por isso sua ênfase também é menor.

Exemplo:

> I bought a car on Monday.
> *Comprei um carro na segunda-feira.*

Aqui, *bought* (verbo), *car* (substantivo) e *Monday* (substantivo) são as palavras que têm a ênfase maior, ao passo que *a* (artigo) e *on* (preposição) têm ênfase menor. Se só disséssemos BOUGHT, CAR, MONDAY poderíamos inferir pelo contexto que alguém comprou um carro em uma segunda-feira.

Quando uma frase tem mais de uma *content word*, a última tem a ênfase maior. Um exemplo:

⌒ FAIXA 41

I love. (*Love* é verbo e tem ênfase maior.)

I love apples. (Aqui *apples* tem ênfase maior do que *love*.)

I love apples and pears. (Aqui a palavra *pears* tem mais ênfase do que *love* e *apples*.)

Vamos praticar com mais alguns exemplos. As palavras enfatizadas estão em negrito. Escute e repita.

The **car** is **black**.
The car is **black** and **white**.
I **saw** him.
I saw **Fred**.

I saw **Fred** at the **gas station**.
That **song** was **good**.
Was that **song good**?
That was a **good** song.

 Dica: De agora em diante, escute mais analiticamente seu material de áudio para ver onde estão as palavras com mais ênfase e pratique sempre que puder.

8. Frases Prontas

Making Small Talk

Muitas vezes temos que "puxar conversa" com estranhos. Seja estando em uma festa ou esperando na fila do banco, chega uma hora que, para não ficar um clima desconfortável, usamos algumas frases-chave para *strike up a conversation*. Vamos aprender algumas bem comuns.

🎧 **FAIXA 42**

Você pode começar falando sobre o tempo:

Beautiful day, isn't it?
Lindo dia, não?

It sure is hot today!
Nossa, hoje está muito quente!

The weather is great today.
O tempo está ótimo hoje.

It looks like it's going to rain.
Parece que vai chover.

I love sunny days.
Adoro dias ensolarados.

I love rainy days.
Adoro dias chuvosos.

The weather's been great, hasn't it?
O tempo tem estado ótimo, não é mesmo?

As notícias também são uma ótima desculpa para puxar assunto:

Did you hear what happened in...?
Ficou sabendo do que aconteceu em...?

A Chave do Aprendizado da Língua Inglesa

What do you think about the strike in...?
O que você acha da greve em...?

I read in the paper today that...
Li no jornal hoje que...

I heard on the radio today that...
Ouvi no rádio hoje que...

Se você está em um evento social pode usar as seguintes frases:

You look familiar. Haven't we met before?
Você parece conhecido. Já não nos conhecemos?

So, how do you know Leo?
Então, como você conhece o Leo?

Are you enjoying yourself?
Está se divertindo?

Enjoying the party?
Está gostando da festa?

Great party, isn't it?
Festa ótima, não é mesmo?

That was a great lecture, wasn't it?
Foi uma palestra ótima, não foi?

Is this seat taken?
Este lugar está ocupado?

Is anybody sitting here?
Alguém está sentado aqui?

You look like you could use a drink.
Parece que você precisa de uma bebida.

E quem nunca teve que ficar esperando...

How long have you been waiting?
Há quanto tempo você está esperando?

This place is so busy today!
Este lugar está muito cheio hoje.

I didn't think it'd be this busy.
Não achei que fosse estar tão cheio.

I think we're going to be here for a while.
Acho que vamos ficar aqui ainda um tempo.

Essas são algumas frases-curinga para você começar uma conversa com alguém em Inglês. O importante é não ser tímido!

9. Cantinho Cultural

Fiquei doente nos EUA, e agora?

Acontece! Se você viaja está sujeito a alguns acidentes (grandes ou pequenos). Uma dica que sempre dou para quem viaja é fazer um seguro de saúde no Brasil, que custa geralmente entre 7 a 10 dólares por dia e a cobertura é ótima. Deixe sempre uma cópia do seguro de saúde no seu quarto e avise o hotel ou o lugar onde está se hospedando.

Pode parecer senso comum, mas muitas pessoas não sabem que não podem usar a receita (em inglês *prescription* ou *Rx*) emitida por um médico brasileiro nos EUA e, se você não tiver seguro, uma consulta pode sair por até 500 dólares.

Alguns consultórios têm o sistema *walk-in*, em que você não precisa marcar consulta e pode chegar e esperar sua vez. Na farmácia você pode comprar livremente medicamentos chamados de *over-the-counter* (que não precisam de receita e podem ser comprados no balcão), como aspirina, remédios para gripe etc.

Realmente espero que você não fique doente nos Estados Unidos, mas lembre-se: faça um seguro de saúde aqui no Brasil. *Prevention is better than cure* (Melhor prevenir do que remediar)!

10. Real Life English

Gonna, Wanna, Gotta

Você certamente já deve ter deparado com as palavras *gonna, wanna* e *gotta*. Elas são as contrações no Inglês falado de *going to* (+ verbo), *want to* (+ verbo) e *have to* (+ verbo). Essas formas são escritas somente em textos bem informais, então se você for redigir algo mais formal, atenha-se às formas completas. Vejamos como cada uma é usada.

♪ **FAIXA 43**

Gonna = Going to

Usamos *gonna* quando a forma *going to* for seguida de um infinitivo, no sentido de futuro próximo, algo que vai acontecer.

No Inglês escrito: I'm going to study for the test.
No Inglês falado: I'm gonna study for the test.
Tradução: *Vou estudar para a prova.*

Mais alguns exemplos com a forma escrita e a forma oral.

Are you going to travel on the weekend?
Are you gonna travel on the weekend?
Você vai viajar no fim de semana?

She's going to clean her house this morning.
She's gonna clean her house this morning.
Ela vai limpar a casa hoje de manhã.

They're going to give a small presentation.
They're gonna give a small presentation.
Eles vão fazer uma pequena apresentação.

Também usamos *gonna* no passado.

I was going to tell you the truth.
I was gonna tell you the truth.
Eu ia te contar a verdade.

Were you actually going to do that?
Were you actually gonna do that?
Você ia realmente fazer isso?

They were going to travel, but their plans fell through.
They were gonna travel, but their plans fell through.
Eles iam viajar, mas seus planos não deram certo.

Seu Passado Era Perfeito? 125

🎧 **FAIXA 44**

Wanna = Want to

Da mesma forma que *gonna*, *wanna* é usado seguido de um verbo no infinitivo. Importante: não usamos *wanna* com a conjugação de *he, she* e *it, wants to.*

No Inglês escrito: Do you want to go?
No Inglês falado: Do you wanna go?
Tradução: *Você quer ir?*

Mais alguns exemplos:

I want to learn French next year.
I wanna learn French next year.
Quero aprender francês ano que vem.

We want to spend the weekend on the beach.
We wanna spend the weekend on the beach.
Queremos passar o fim de semana na praia.

They want to read Stephen King's new book.
They wanna read Stephen King's new book.
Eles querem ler o novo livro do Stephen King.

🎧 **FAIXA 45**

Gotta = (Have) to

Gotta indica uma obrigação e vem da forma *have to*. Veja a transformação até chegar a *gotta*.

I have to go.
I have got to go.
I've got to go.
I've gotta go.
I gotta go.
Tenho que ir.

As cinco formas acima são usadas para indicar a obrigação de ir, sendo que *gotta* indica a mais informal delas. Mais alguns exemplos com *gotta*.

She has to study for the English test.
She gotta study for the English test.
Ela tem que estudar para a prova de Inglês.

You have to arrive earlier tomorrow.
You gotta arrive earlier tomorrow.
Você tem que chegar mais cedo amanhã.

They have to hand in the report by tomorrow.
They gotta hand in the report by tomorrow.
Eles têm que entregar o relatório amanhã.

De agora em diante, preste atenção no Inglês falado (filmes, séries etc.), pois você encontrará muitas formas de *gonna*, *wanna* e *gotta*. Novamente, você não precisa usá-las, e sim acostumar-se a ouvi-las.

11. Revisão/Ditado

Escute as frases a seguir e escreva-as no seu caderno ou editor de texto.

🎧 **FAIXA 46**

1. _____
2. _____
3. _____
4. _____
5. _____
6. _____
7. _____
8. _____
9. _____
10. _____

12. Dicas de "Como Estudar Sozinho"

Trabalhando com pequenos textos

Um pequeno parágrafo em Inglês pode gerar inúmeros exemplos de linguagem que você pode automatizar e utilizar quando chegar a hora. Você pode encontrar esses pequenos parágrafos em qualquer livro de Inglês, e agora vou dar um exemplo de como você pode "dissecá-lo" e turbinar suas conexões linguísticas.

Leia o pequeno parágrafo em Inglês.

Susan is a lawyer. She works at a law firm. She's married and she has two kids. She gets up at 6 a.m. every morning. She gets dressed, she has breakfast, she drops the kids off at school and she gets to work at 8 a.m.

> *Susan é advogada. Ela trabalha em um escritório de advocacia. Ela é casada e tem dois filhos. Ela se levanta às 6 todas as manhãs. Ela se veste, toma café da manhã, deixa os filhos na escola e chega ao trabalho às 8 horas.*

Vamos começar fazendo perguntas sobre o parágrafo. Alguns exemplos:

- ✓ *O que Susan faz?*
  What does Susan do?
- ✓ *Quem é advogada?*
  Who's a lawyer?
- ✓ *Onde ela trabalha?*
  Where does she work?
- ✓ *Quem trabalha em um escritório de advocacia?*
  Who works in a law firm?
- ✓ *Quem é casada?*
  Who's married?
- ✓ *Qual é o estado civil de Susan?*
  What's Susan's marital status?
- ✓ *Quantos filhos ela tem?*
  How many kids does she have?
- ✓ *Quem tem dois filhos?*
  Who has two kids?
- ✓ *Quem se levanta às 6 horas todas as manhãs?*
  Who gets up at 6 a.m. every morning?
- ✓ *Que horas Susan levanta todas as manhãs?*
  What time does Susan get up every morning?
- ✓ *O que ela faz de manhã?*
  What does she do in the morning?
- ✓ *O que ela faz antes de deixar os filhos na escola?*
  What does she do before she drops off her kids at school?
- ✓ *Que horas ela chega ao trabalho?*
  What time does she get to work?

Percebeu a quantidade de formas linguísticas que podemos usar em um pequeno trecho ao só fazer perguntas criativas sobre ele?

Com esse mesmo trecho podemos trocar o nome Susan por um nome masculino, como Fred, ou também por um pronome no plural e fazer as mesmas perguntas usando as formas que já foram utilizadas.

É muito importante saber fazer perguntas em Inglês. Então praticar com pequenos trechos se torna muito útil, pois você se sente mais confortável com um texto menor.

Agora é com você!

Unidade 06

Não Venha se Comparar Comigo!

1. Objetivos da Unidade

Nesta unidade você vai:

- ✓ Aprender a forma do comparativo e superlativo em Inglês.
- ✓ Praticar oralmente o diálogo com perguntas e respostas.
- ✓ Praticar o vocabulário mais importante com exercícios de fixação.
- ✓ Praticar a audição com um diálogo autêntico.
- ✓ Aprender a pronúncia correta dos substantivos compostos.
- ✓ Aprender a dar sua opinião, concordar e discordar.
- ✓ Aprender sobre pesos e medidas nos Estados Unidos.
- ✓ Aprender a reconhecer e usar a forma oral *Whaddaya*.
- ✓ Praticar a audição com um ditado.
- ✓ Aprender a melhorar sua escrita.

2. Diálogo-base

🎧 **FAIXA 47**

Ana is a Brazilian student in the USA. A certain day, she arrives at the school where she's studying English and her teacher, Thomas, comes to talk to her.
Ana é uma estudante brasileira nos Estados Unidos. Em um certo dia ela chega à escola onde está estudando Inglês e seu professor, Thomas, vai conversar com ela.

Thomas: Good morning, Ana. Did you find the school okay?
Bom dia, Ana. Conseguiu encontrar a escola certinho?

Ana: Yes, I had no problems. I have a very good sense of direction.
Sim, não tive problemas. Tenho um senso de direção muito bom.

Thomas: Oh, that's great. So, are you adjusting well to living in the USA? Is it very different from Brazil? I mean, are there some things that you see here that are different than in your home country?
Ah, que ótimo. Então, você está se adaptando nos EUA? É muito diferente do Brasil? Quer dizer, há algumas coisas que você está vendo aqui que são diferentes no seu país natal?

Ana: Yes, of course! In Brazil, normally our breakfasts are much smaller than here. We usually just have some bread and coffee. Also, the size of the portions of food in the USA is so much bigger and I think sweeter too.

I ordered a cheesecake at the Cheesecake Factory last week and I couldn't finish it! It was too big!
Sim, claro! No Brasil, normalmente nossos cafés da manhã são muito menores do que aqui. Geralmente só comemos pão e tomamos café. Outra coisa, o tamanho das porções de comida nos EUA é muito maior e acho que mais doce também. Comi um cheesecake no Cheesecake Factory na semana passada e não consegui terminar! Era grande demais!

Thomas: I know exactly what you mean. So, how is São Paulo compared to our city here?
Sei exatamente o que você quer dizer. Então, como é São Paulo comparada com a nossa cidade aqui?

Ana: São Paulo has so much more traffic and is much busier than here. I think there is more violence and it can be much hotter in the summer.
São Paulo tem muito mais trânsito e é muito mais agitada do que aqui. Acho que tem mais violência e é muito mais quente no verão.

Thomas: Are Brazilians also crazy about sports like we are here?
Os brasileiros também são loucos por esporte como somos aqui?

Ana: I think so, but they are crazier about soccer than Americans are. Soccer is the most popular sport, but American football's popularity is growing. Soccer is more popular than American football, but maybe that will change in the next few years.
Acho que sim, mas são mais loucos por futebol do que os americanos são. O futebol é o esporte mais popular, mas a popularidade do futebol americano está crescendo no Brasil. O futebol é mais popular do que o futebol americano, mas talvez isso mude nos próximos anos.

Thomas: That's really interesting! How about families? Are you very close to your family?
Isso é muito interessante! E as famílias? Você é bem próxima da sua família?

Ana: That is a big difference for sure! I think that Brazilians are much more connected to their families than Americans. Brazilians can be warmer and hotter blooded for sure with family or friends. I think Brazilians are friendlier when you meet them. I do think Americans are very friendly too, but I think that Brazilians are more open to meeting other people.
Há uma grande diferença com certeza! Acho que os brasileiros são muito mais conectados com suas famílias do que os americanos. Os brasileiros são mais cari-nhosos e têm o sangue mais quente, certamente, com a família e os amigos. Acho que os brasileiros são mais simpáticos quando você os conhece. Realmente acho que os americanos são muito amigáveis também, mas acho que os brasileiros são mais abertos a conhecer outras pessoas.

Thomas: Do you like Brazil or the USA more?
Você gosta mais do Brasil ou dos EUA?

Ana: That's a difficult question. I think it is safer and more organized here than Brazil of course, but I do miss my family and my culture. I think there are great things about both countries. Overall, I think Brazil is better. Actually I think it's getting better and better.
É uma pergunta difícil. Acho que aqui é mais seguro e mais organizado do que no Brasil, é claro, mas realmente sinto falta da minha família e da minha cultura. Acho que tem coisas ótimas nos dois países. No geral acho que o Brasil é melhor. Na verdade acho que está ficando cada dia melhor.

Thomas: Well, Ana, it was great to catch up. Let me know if you need anything, ok?
Bem, Ana, foi bom conversarmos. Avise-me se precisar de alguma coisa, ok?

Ana: Thank you, Thomas. I will.
Obrigada, Thomas. Vou fazer isso.

3. Explicação do Diálogo

Nesse diálogo temos como base gramatical algumas formas de comparação em Inglês. Thomas, um dos professores de Ana, pergunta se ela encontrou a escola certinho, e ela diz que sim, que tem um senso de direção muito bom.

E como era de se esperar, ele pergunta sobre algumas diferenças sobre morar nos EUA e morar no Brasil. Aqui chegamos à parte das comparações.

1. Ana diz que o café da manhã é muito *smaller* (menor) no Brasil e que as porções são *bigger* (maiores) e *sweeter* (mais doces também) nos EUA. Aqui vemos como fazer o comparativo com adjetivos de uma sílaba (*small, big* e *sweet*). Somente acrescentamos a terminação –er ao adjetivo. No caso de *big* temos que duplicar a consoante *g* por questões de pronúncia.

cold (*frio*)	colder (*mais frio*)
hot (*quente*)	hotter (*mais quente*)
tall (*alto/pessoa*)	taller (*mais alto*)
short (*baixo*)	shorter (*mais baixo*)
fat (*gordo*)	fatter (*mais gordo*)
thin (*magro*)	thinner (*mais magro*)
high (*alto/edifício*)	higher (*mais alto*)

Alguns exemplos:

Is New York colder than Chicago?
Nova Iorque é mais fria que Chicago?

A horse is smaller than an elephant.
Um cavalo é menor do que um elefante.

Are you taller than your brother?
Você é mais alto que seu irmão?

Não Venha se Comparar Comigo! **133**

He's getting fatter and fatter.
Ele está ficando cada vez mais gordo.

I expected the trip to take longer, but it only took two hours.
Esperava que a viagem fosse demorar mais, mas só demorou duas horas.

In this town, prices are higher.
Nesta cidade, os preços são mais altos.

2. Ana também diz que o trânsito é mais agitado (*busier*) em São Paulo e que os brasileiros são mais loucos (*crazier*) por futebol do que os americanos. Nesse caso temos dois adjetivos de duas sílabas terminados em *y* que são precedidos por uma consoante. Aqui trocamos o –*y* por –*i* e depois acrescentamos a terminação –*er*.

busy (*ocupado*)	busier (*mais ocupado*)
crazy (*louco*)	crazier (*mais louco*)
pretty (*bonito*)	prettier (*mais bonito*)
easy (*fácil*)	easier (*mais fácil*)
lucky (*sortudo*)	luckier (*mais sortudo*)
early (*cedo*)	earlier (*mais cedo*)

I think Sue is prettier than Jane.
Acho que Sue é mais bonita que a Jane.

Is German easier than Arabic?
Alemão é mais fácil que árabe?

She's busier now at her new job.
Ela está mais ocupada agora no seu novo trabalho.

I was so sleepy that I went to bed earlier last night.
Estava com tanto sono que fui para a cama mais cedo ontem à noite.

3. No diálogo também vemos que o futebol brasileiro é mais popular que o futebol americano. Quando temos adjetivos de duas sílabas* (não terminados em –*y*) e adjetivos de três sílabas ou mais, fazemos o comparativo com *more* + adjetivo.

recent (*recente*)	more recent (*mais recente*)
famous (*famoso*)	more famous (*mais famoso*)
modern (*moderno*)	more modern (*mais moderno*)
boring (*chato*)	more boring (*mais chato*)
important (*importante*)	more important (*mais importante*)
responsible (*responsável*)	more responsible (*mais responsável*)
beautiful (*bonito*)	more beautiful (*mais bonito*)
interesting (*interessante*)	more interesting (*mais interessante*)

* Existem adjetivos de duas sílabas que admitem as duas formas para o comparativo (tanto acrescentando a terminação *–er* quanto usando a palavra *more*). Alguns exemplos:

simple (*simples*)	simpler/more simple (*mais simples*)
gentle (*suave*)	gentler/more gentle (*mais suave*)
able (*capaz*)	abler/more able (*mais capaz*)
polite (*educado*)	politer/more polite (*mais educado*)
clever (*esperto*)	cleverer/more clever (*mais esperto*)
quiet (*quieto*)	quieter/more quiet (*mais quieto*)
narrow (*estreito*)	narrower/more narrow (*mais estreito*)
common (*comum*)	commoner/more common (*mais comum*)

People say that Michael Jackson is more famous than Elvis Presley.
Dizem que Michael Jackson é mais famoso que Elvis Presley.

Tim, you have to be more responsible at work.
Tim, você precisa ser mais responsável no trabalho.

Walking around town is more interesting than driving.
Andar pela cidade é mais interessante do que dirigir.

My car keeps breaking down. I'd like to have a more reliable car.
Meu carro fica enguiçando. Gostaria de ter um carro mais confiável.

Is learning Spanish more common than learning French in the USA?
Aprender espanhol é mais comum do que aprender francês nos EUA?

4. Thomas pergunta se os brasileiros também são loucos por futebol e usa a combinação *crazy about*. Como você deve imaginar, usar preposições corretamente em qualquer idioma não é tarefa muito fácil. Por isso aqui temos uma lista de adjetivos que são usados com a preposição *about*. Lembre-se que ao traduzir vamos ter que fazer algumas adaptações.

angry/furious about something
bravo/furioso com algo

excited about (doing) something
animado com [fazer] algo

happy/sad about something
feliz/triste com algo

sorry about something
sentido com algo

sure about something
certo de algo

upset about something
aborrecido com algo

worried/concerned about something/someone
preocupado com algo/alguém

Alguns exemplos:

> Why are you so angry about that?
> *Por que você está tão bravo com isso?*
>
> I'm really excited about my trip.
> *Estou muito animado com a minha viagem.*
>
> He's happy about his grades.
> *Ele está feliz com as suas notas.*
>
> What's he sad about?
> *Ele está triste com o quê?*
>
> Are you upset about something?
> *Você está aborrecido com alguma coisa?*
>
> I'm very worried about my health.
> *Estou muito preocupado com a minha saúde.*

 Dica: Sempre que você estiver lendo um texto tente prestar atenção em como os adjetivos e as preposições combinam. É mais fácil do que ficar decorando listas!

5. E quando quisermos dizer "muito mais" + adjetivo? Ana disse que o Brasil pode ser muito mais quente e usou a forma *much hotter*. Podemos usar as seguintes expressões para indicar o grau do comparativo.

> much/a lot/far
> *muito*
> a bit/a little/slightly
> *um pouco*

Alguns exemplos:

> Why don't we go by train? It's much cheaper.
> *Por que não vamos de trem? É muito mais barato.*
>
> She's feeling much better after the surgery.
> *Ela está se sentindo muito melhor depois da cirurgia.*
>
> If you take a cab it's going to be a little more expensive.
> *Se você pegar um táxi vai ser um pouco mais caro.*
>
> This book is slightly heavier than the other one.
> *Este livro é um pouco mais pesado do que o outro.*
>
> The problem is much more complicated than what it seems.
> *O problema é muito mais complicado do que parece.*

6. Como você deve imaginar, há alguns adjetivos que são irregulares, ou seja, têm a forma do comparativo diferente das regras que vimos até agora. Dentre eles vale a pena destacar os seguintes adjetivos:

good (*bom*)	better (*melhor*)
bad (*mau*)	worse (*pior*)
far (*longe*)	farther/further* (*mais longe*)

A Chave do Aprendizado da Língua Inglesa

The house looks better after you cleaned it up.
A casa está com a aparência melhor depois que você a limpou.

Obviously the situation is worse than we expected.
É óbvio que a situação é pior do que esperávamos.

The main office is farther/further than we thought.
O escritório principal é mais longe do que pensávamos.

* *Further* também é usado com o sentido de "adicional", "mais".

I told him to let me know if he heard further news.
Eu disse a ele para me avisar se tivesse mais notícias.

I gave my computer to my sister because I had no further use for it.
*Dei meu computador para a minha irmã, pois
não tinha mais utilidade para mim.*

For further information, please contact...
Para mais informações, por favor contate...

Thank you, but I don't want to cause you any further trouble.
Obrigado, mas não quero lhe causar mais transtornos.

7. Ana termina dizendo que o Brasil está ficando *better and better* (cada dia melhor). Usamos essa forma do comparativo para indicar que algo está mudando de forma contínua. Alguns exemplos:

My students have been studying a lot. Their English is getting better and better.
Meus alunos têm estudado muito. Seu inglês está ficando cada dia melhor.

Timmy is growing up fast. He's getting bigger and bigger.
Timmy está crescendo rápido. Ele está ficando cada dia maior.

This issue is becoming more and more important.
Este assunto está ficando mais importante a cada dia.

My sister quit her job because she was getting more and more bored.
*Minha irmã saiu de seu emprego, pois estava
ficando cada dia mais entediada.*

The weather got worse and worse as the day went on.
O tempo ficava cada vez pior conforme o dia ia passando.

EXTRA GRAMMAR 01

Temos uma construção de comparativo que é bem comum: *the + comparativo + the + comparativo* e é usada para expressar a ideia de "quanto mais... mais...". Alguns exemplos:

They should leave the sooner the better.
Eles devem partir, o quanto mais cedo melhor.

Não Venha se Comparar Comigo! **137**

"What size should I buy it?" "The bigger the better."
"Que tamanho devo comprar?" "Quanto maior, melhor."

The colder the weather, the worse I feel.
Quanto mais frio o tempo, pior eu me sinto.

The older you are, the more difficult it is to learn.
Quanto mais velho você é, mais difícil é para aprender.

You'd think the more expensive the hotel, the better the service.
Você pensaria que quanto mais caro for o hotel, melhor será o serviço.

EXTRA GRAMMAR 02

Nesta unidade vimos o comparativo de superioridade (algo é mais que outra coisa). Existem, porém, os comparativos de igualdade e de inferioridade. Vejamos como eles são compostos.

Comparativo de Igualdade

Forma afirmativa — as + adjetivo + as
Forma negativa — not so/as + adjetivo + as

I'm as tall as my brother.
Sou tão alto quanto meu irmão.

She looks as happy as her sister.
Ela parece tão feliz quanto sua irmã.

He's not so/as tall as his brother.
Ele não é tão alto quanto seu irmão.

She isn't so/as old as she looks.
Ela não é tão velha quanto parece.

Traffic wasn't so/as bad this morning as it usually is.
O trânsito não estava tão ruim hoje de manhã quanto geralmente é.

Comparativo de Inferioridade

Less + adjetivo + than

Is that blouse less expensive than this one?
Aquela blusa é menos cara do que esta?

I think English is less difficult than German.
Acho que Inglês é menos difícil do que alemão.

It was less warm yesterday, wasn't it?
Estava menos quente ontem, não estava?

EXTRA GRAMMAR 03

Superlativo

Da mesma forma que temos o comparativo (de igualdade, inferioridade e superioridade), temos o superlativo, que pode ser de superioridade ou inferioridade e indica que algo é "o mais" ou "o menos" de algo.

Superlativo de Inferioridade

the least + adjetivo

This language is the least difficult to learn.
Esta língua é a menos difícil de aprender.

Of the three books, this one was the least expensive.
Dos três livros, este foi o menos caro.

This is the least advisable thing to do.
Esta é a coisa menos aconselhável de se fazer.

Superlativo de Superioridade

Para adjetivos de uma só sílaba: *the + adjetivo + est*

John is the oldest student in the group.
John é o aluno mais velho do grupo.

São Paulo is one of the largest cities in the world.
São Paulo é uma das maiores cidades do mundo.

Tomorrow it's going to be the hottest day of this year.
Amanhã vai ser o dia mais quente deste ano.

She's one of the nicest people I know.
Ela é uma das pessoas mais simpáticas que eu conheço.

Para adjetivos de duas sílabas terminados em *y*: *the + adjetivo + iest*

She's the prettiest girl in class.
Ela é a menina mais bonita da aula.

This is the easiest thing I've ever done.
Esta é a coisa mais fácil que eu já fiz.

This is the busiest time of the year.
Esta é a época mais agitada do ano.

Para adjetivos de duas sílabas ou mais não terminados em *y*: *the most + adjective*

That has to be the most boring film I've ever seen.
Aquele tem que ser o filme mais chato que eu já vi.

This is the most important thing you need to remember.
Essa é a coisa mais importante que você precisa saber.

That's the most delicious cake I've had in years!
Esse é o bolo mais delicioso que eu comi há anos!

Temos também o superlativo para os adjetivos irregulares.

good (*bom*)	the best (*o melhor*)
bad (*ruim*)	the worst (*o pior*)
far (*longe*)	the farthest/the furthest (*o mais longe*)

That's the best film I've ever seen.
Esse é o melhor filme que eu já vi.

He's the worst singer in this competition.
Ele é o pior cantor nesta competição.

I've just run 5 miles. This is the farthest I've ever run.
Acabei de correr 5 milhas. É o mais longe que eu já corri.

4. Prática Oral: Questions and Answers

Este exercício é muito importante para o seu aprendizado, pois você vai praticar perguntas e respostas como na vida real. Primeiro, escute e leia silenciosamente, quantas vezes forem necessárias, para entender as perguntas e respostas. Depois escute o áudio, pause e repita em voz alta, bem devagar (não precisa ter pressa!). Faça este exercício sem se preocupar com as regras gramaticais, pois as coisas vão se encaixando com o tempo. *Are you ready? Let's do it!*

∩ FAIXA 48

1. Where's Ana from?
   De onde a Ana é?

   Ana's from Brazil.
   A Ana é do Brasil.

2. Is she a tourist in the USA?
   Ela é turista nos EUA?

   No, she's studying English in the USA.
   Não, ela está estudando Inglês nos EUA.

3. Where does she arrive a certain day?
   Onde ela chega um certo dia?

   She arrives at the school where she's studying English.
   Ela chega na escola onde está estudando Inglês.

4. Who comes to talk to her?
   Quem vem falar com ela?

   Thomas comes to talk to her.
   Thomas vem falar com ela.

5. Who's Thomas?
   Quem é Thomas?

   He's one of her teachers.
   Ele é um dos seus professores.

A Chave do Aprendizado da Língua Inglesa

6. Did she find the school okay?
   Ela encontrou a escola certinho?

   Yes, she found the school okay.
   Sim, ela encontrou a escola certinho.

7. Did she have any problems?
   Ela teve algum problema?

   No, she didn't have any problems.
   Não, ela não teve nenhum problema.

8. Why didn't she have any problems?
   Por que ela não teve nenhum problema?

   She didn't have any problems because she has a very good sense of direction.
   Ela não teve nenhum problema porque tem um bom senso de direção.

9. Is she adjusting well to living in the USA?
   Ela está se ajustando bem morando nos EUA?

   Yes, she's adjusting well to living in the USA.
   Sim, ela está se ajustando bem morando nos EUA.

10. What are some things she sees in the USA that are different from Brazil?
    Quais são algumas das coisas que ela vê nos EUA que são diferentes do Brasil?

    She says that normally breakfasts are much smaller in Brazil. They usually just have some bread and drink coffee.
    Ela diz que normalmente o café da manhã é menor no Brasil. Eles geralmente só comem pão e tomam café.

11. What about the size of portions of food?
    E o tamanho das porções de comida?

    The size of portions in the USA is much bigger and the portions are sweeter too.
    O tamanho das porções nos EUA é muito maior e as porções são mais doces também.

12. What happened at the Cheesecake Factory?
    O que aconteceu na Cheesecake Factory?

    She ordered a cheesecake and couldn't finish it.
    Ela pediu um cheesecake e não conseguiu terminá-lo.

13. Why didn't she finish it?
    Por que ela não conseguiu terminá-lo?

    Because it was too big.
    Porque era grande demais.

14. How's São Paulo compared to the city she is in?
    Como é São Paulo comparada com a cidade onde ela está?

    She says that São Paulo has so much more traffic and is much busier.
    Ela diz que São Paulo tem muito mais trânsito e é muito mais agitada.

Não Venha se Comparar Comigo! 141

15. Does it have more violence?
    Tem mais violência?

    Yes, it has more violence.
    Sim, tem mais violência.

16. What about the weather?
    E o tempo?

    The weather can be much hotter in the summer.
    O tempo pode ser muito mais quente no verão.

17. Are Brazilians also crazy about sports like Americans are?
    Os brasileiros também são loucos por esporte como os americanos?

    Yes, they are also crazy about sports.
    Sim, eles também são loucos por esportes.

18. Why are they crazier about sports?
    Por que eles são mais loucos por esporte?

    They're crazier about soccer because it's the most popular sport.
    Eles são mais loucos por futebol porque é o esporte mais popular.

19. Is American football's popularity growing?
    A popularidade do futebol americano está crescendo?

    Yes, American football's popularity is growing.
    Sim, a popularidade do futebol americano está crescendo.

20. How about families?
    E as famílias?

    Brazilians are much more connected to their families than Americans.
    *Os brasileiros são muito mais conectados com suas famílias do que os
    americanos.*

21. How can Brazilians be?
    Como os brasileiros são?

    Brazilians can be warmer and hotter blooded for sure with family or
    friends.
    *Os brasileiros podem ser mais cálidos e ter o sangue mais quente com certeza
    com família e amigos.*

22. When does she think Brazilians are friendlier?
    Quando ela acha que os brasileiros são mais simpáticos?

    She thinks Brazilians are friendlier when you meet them.
    Ela acha que os brasileiros são mais simpáticos quando você os conhece.

23. What's the difference between Americans and Brazilians?
    Qual é a diferença entre os americanos e os brasileiros?

    Brazilians are more open to meeting other people.
    Os brasileiros são mais abertos a conhecer outras pessoas.

24. Does Ana like Brazil or the USA more?
    Ana gosta mais do Brasil ou dos EUA?
    She thinks in the USA it's safer and more organized.
    Ela acha que nos EUA é mais seguro e mais organizado.

25. What does she miss?
    De quem ela sente falta?
    She miss her family and her culture.
    Ela realmente sente falta da sua família e da sua cultura.

26. Are there great things about both countries?
    Há coisas ótimas nos dois países?
    Yes, she thinks there are great things about both countries.
    Sim, ela acha que há coisas ótimas nos dois países.

27. Overall, what does she think?
    No geral, o que ela pensa?
    Overall, she thinks Brazil is better.
    No geral ela pensa que o Brasil é melhor.

28. Does she think it's getting better?
    Ela acha que está melhorando?
    Yes, she thinks it's getting better and better.
    Sim, ela acha que está ficando cada vez melhor.

29. What does Thomas tell Ana when he says goodbye?
    O que Thomas diz a Ana quando ele se despede?
    He tells her to let him know if she needs anything.
    Ele lhe diz para avisá-lo se ela precisar de algo.

30. What does she reply?
    O que ela responde?
    She thanks him and says she will.
    Ela o agradece e diz que vai fazer isso.

5. Let's Practice

5.1. Complete as frases abaixo com as palavras da lista.

> about — better — blooded — compared — further —
> miss — much — popular — size — to

1. Soccer is more _____ than baseball in Brazil.
2. He's crazy ___ basketball. He watches every single game!
3. Is the _____ of portions bigger in the USA?
4. Ana thinks Brazil is getting better and _____.

Não Venha se Comparar Comigo! 143

5. Brazilians are hotter _____ than Americans.

6. How's New York _____ to your city in Brazil?

7. Do you think Brazilians are more open _____ meeting new people?

8. What do you _____ most about your hometown?

9. The problem is _____ more complicated than what it seems.

10. Don't hesitate to ask if you have _____ questions.

5.2. Traduza as seguintes frases para o português.

1. I had to quit my job because I was getting more and more bored.

2. Let's go by bus because it's much cheaper.

3. I need some boxes. The bigger the better.

4. The less expensive the hotel, the worse the service.

5. Since he went to England, his English has gotten better and better.

6. My car keeps breaking down. I need a more reliable one.

7. These instructions are too complicated. I wish they were easier.

8. It's a lot colder today than it was yesterday.

9. His speech today was more interesting than last year's.

10. Stores are usually more crowded before Christmas.

5.3. Traduza as seguintes frases para o Inglês.

1. Nova Iorque é muito maior que Lisboa.

2. Hoje está mais quente do que ontem.

3. Esta lição é mais fácil do que a outra.

4. Viajar de navio é pior do que viajar de avião.

5. Aprender Inglês é mais simples do que aprender alemão.

6. Algumas motos são mais caras do que alguns carros.

7. O bebê está ficando cada dia maior.

8. Você acha que os brasileiros são mais simpáticos do que os americanos?

9. O futebol é mais popular do que o beisebol no Brasil.

10. Sua mala é mais pesada do que a minha.

6. Let's Listen!

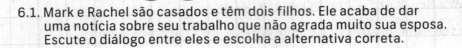

6.1. Mark e Rachel são casados e têm dois filhos. Ele acaba de dar uma notícia sobre seu trabalho que não agrada muito sua esposa. Escute o diálogo entre eles e escolha a alternativa correta.

🎧 FAIXA 49

1. Depois que Bob voltou das férias...
   a) Ele foi demitido, e Mark teve que assumir o trabalho dele.
   b) Mark teve um aumento, mas teria que trabalhar nos finais de semana.
   c) Mark finalmente conseguiu tirar férias.

2. O horário de trabalho de Mark...
   a) Mudou para melhor, pois ele vai ter mais dias de folga.
   b) Mudou para pior, pois ele vai ter que trabalhar de noite.
   c) Ficou o mesmo, pois ele estava cobrindo para Bob.

3. Rachel acha em princípio que:
   a) A mudança é uma ótima ideia, pois Mark vai ganhar mais.
   b) A mudança é uma péssima ideia, pois Mark não vai passar muito tempo com a família.
   c) Mark poderia ter se posicionado melhor e mantido a situação anterior.

4. Mark diz que um dos pontos positivos da sua decisão é:
   a) Que ele vai poder ficar com as crianças até a hora de elas dormirem.
   b) Que ele vai poder ficar responsável pelo almoço e jantar antes de ir trabalhar.
   c) Rachel vai poder dormir até mais tarde todos os dias.

5. Rachel acha que é uma notícia boa o fato de que:
   a) Ela vai poder ficar na cama até mais tarde todos os dias.
   b) Mark vai ganhar mais, e eles vão poder economizar para viajar.
   c) Eles vão poder continuar saindo algumas noites por semana.

6.2. Agora escute o diálogo novamente e complete as lacunas com as palavras da lista.

> able — agree — already — choice — evening — fired — for —
> kidding — least — money — raise — spend — talk — them —
> turns — up — vacation — weekend — weeknights

🎧 FAIXA 49

Mark: Honey, I need to ____ to you.

Rachel: Hey, what's up?

Mark: Remeber I told you Bob was on ____ and I had to cover for him?

Rachel: Yeah, what about it?

Não Venha se Comparar Comigo! **145**

Mark: As it ____ out he got fired after he came back to work and I have to do his job now.

Rachel: Are you ____ me? Bob starts working at 10 p.m.!

Mark: I know...

Rachel: Why did you ____ to that?

Mark: I had no ____. Either I accepted that or I would be ____.

Rachel: We're not going to ____ any more time together.

Mark: Yes, we are. I'm not going to work on the ____ and when I get home at six-thirty I will wake you ____ with breakfast in bed...

Rachel: But we'll never be able to go out in the ____...

Mark: Rach, we never go out on ____, you know that.

Rachel: What about the kids? You won't be ____ to play with them, read ____ stories...

Mark: Yes, I will. When I leave ____ work, at around 9.30, they will ____ be in bed! And you know, I'm going to get a ____. We'll be able to save some ____ to travel and things like that.

Rachel: Well, at ____ some good news!

7. Cantinho da Pronúncia

A Pronúncia dos Substantivos Compostos

Os substantivos compostos em Inglês têm um aspecto de pronúncia especial: a ênfase sempre é na primeira palavra, e não na segunda, como fazemos em português. Escute atentamente os seguintes substantivos compostos várias vezes. Depois volte o áudio e repita em voz alta. Lembre-se de sempre ficar atento à pronúncia desses substantivos. *Let's do this!*

🎧 **FAIXA 50**

baby-sitter (*babá*)
bartender (*barman*)
busboy (*assistente de restaurante*)
cameraman (*cameraman*)
disc jockey (*DJ*)
dog trainer (*treinador de cães*)
fireman (*bombeiro*)
fisherman (*pescador*)
garbage man (*lixeiro*)
ice skater (*patinador no gelo*)

lifeguard (*salva-vidas*)
mailman (*carteiro*)
movie star (*astro de cinema*)
paperboy (*entregador de jornal*)
policeman (*policial*)
quarterback (*capitão do time de futebol americano*)
repairman (*consertador*)
salesman (*vendedor*)
saleswoman (*vendedora*)
seamstress (*costureira*)

A Chave do Aprendizado da Língua Inglesa

Mais alguns exemplos:

🎧 **FAIXA 51**

airline (*linha aérea*)
baseball (*beisebol*)
basketball (*basquete*)
bathroom (*banheiro*)
bookstore (*livraria*)
coffee pot (*cafeteira*)
dishwasher (*lava-louças*)
driver's seat (*banco do motorista*)
high school (*ensino médio*)
hot dog (*cachorro-quente*)

houseboat (*casa-barco*)
light bulb (*lâmpada*)
parkway (*via expressa*)
passport (*passaporte*)
phone book (*lista telefônica*)
post office (*correio*)
raincoat (*capa de chuva*)
shoebox (*caixa de sapato*)
speed limit (*limite de velocidade*)
volleyball (*voleibol*)

8. Frases Prontas

Expressando sua Opinião. Concordando e Discordando

Muitas vezes temos que expressar nossa opinião, concordar e/ou discordar de algo. Temos várias maneiras de fazer isso, desde frases bem-educadas a algumas não tão educadas. Você verá que existem muitas formas de pedir e dar sua opinião e que em português teremos a mesma tradução. Vamos aprendê-las!

🎧 **FAIXA 52**

Pedindo a Opinião de Alguém

What do you think about...?
O que você acha sobre...?

What's your opinion of/on*...?
Qual sua opinião de/sobre...?

What's your view/take/stand/position on...?
Qual sua opinião sobre...?

Where do you stand on...?
Qual sua opinião sobre...?

How do you feel about...?
Como você se sente sobre...?

What's your reaction to...?
Qual sua reação para...?

I'd like to hear what you think about...
Gostaria de ouvir o que você acha sobre...

I'd like an honest opinion on...
Gostaria de uma opinião honesta sobre...

Dando sua Opinião

I think that...
Acho que...

I feel that...
Sinto que...

I believe that...
Acho que...

I find that...
Acho que...

I support...
Eu apoio...

I stand for...
Eu apoio...

I'm convinced that...
Estou convencido de que...

I'm for...
Sou pró...

I'm against...
Sou contra...

I'm opposed to...
Eu me oponho a...

From my point of view...
Do meu ponto de vista...

From my perspective...
Da minha perspectiva...

In my opinion...
Na minha opinião...

You know what I think? I think that...
Sabe o que eu acho? Eu acho que...

As far as I'm concerned...
No que toca a mim...

If you ask me...
Na minha opinião...

The way I look at it...
A maneira que eu vejo...

As I see it...
Como eu encaro isso...

The way I see things...
Eu vejo as coisas da seguinte maneira...

It seems/appears to me that...
Parece-me que...

Without a doubt I think...
Sem dúvida eu acho que...

I firmly believe...
Acredito firmemente que...

We strongly support...
Apoiamos concretamente...

The point is...
O ponto é que...

Don't you agree that...?
Você não concorda que...?

I'd just like to say that I think that...
Só gostaria de dizer que acho que...

I'd just like to point out that...
Só gostaria de ressaltar que...

Falando de Modo Geral

Everyone knows that...
Todos sabem que...

It's common knowledge that...
É conhecimento comum que...

In general...
No geral...

Generally speaking...
Falando de maneira geral...

These things more often than not...
Estas coisas bem frequentemente...

As a rule...
Como regra geral...

People usually tend to...
As pessoas geralmente têm a tendência de...

In the majority of cases...
Na maior parte dos casos...

Concordando

I agree with you.
Concordo com você.

I couldn't agree with you more!
Concordo plenamente com você!

My thoughts exactly.
Exatamente o que eu penso.

That's just what I think.
É exatamente o que eu penso.

That's a good point.
Esse é um bom argumento.

You're absolutely right about that.
Você está certíssimo disso.

You've hit the nail on the head.
Você acertou na mosca.

You took the words right out of my mouth.
Você tirou as palavras da minha boca.

You said it!/Hear, hear!
É isso aí!

Totally!/Exactly!
Exatamente!

Discordando

I disagree.
Discordo.

I'm sorry, but I have to disagree.
Desculpe, mas tenho que discordar.

I disagree completely.
Discordo completamente.

I refuse to believe that...
Eu me recuso a acreditar que...

I don't agree with this at all.
Não concordo com isso de jeito nenhum.

I can't share your opinion.
Não posso compartilhar da sua opinião.

I don't see it that way.
Não vejo desta forma.

That's quite true, but...
Isso é bem verdade, mas...

I'm not sure if I agree.
Não estou certo se concordo.

Well, you have a point there, but...
Bem, você tem razão nisso, mas...

Maybe, but don't you think that...?
Talvez, mas você não acha que...?

No, that's wrong.
Não, isso está errado.

You're wrong.
Você está errado.

You've got it all wrong.
Você está completamente errado.

You're dead wrong.
Você está completamente errado.

That's ridiculous!
Isso é ridículo!

That makes no sense.
Isso não faz sentido.

No way!
De jeito nenhum!

You've got to be kidding me!
Você só pode estar de brincadeira!

Mostrando Indiferença

It doesn't matter to me.
Não me importa.

It's six of one and half a dozen of the other.
É trocar seis por meia dúzia.

It's not worth getting excited about.
Não vale a pena se animar com isso.

It's all the same to me.
É a mesma coisa para mim.

I couldn't care less.
Estou pouco me lixando.

I don't give a damn.
Estou pouco me lixando.

 * Aqui a preposição *on* é usada para um assunto específico.

9. Cantinho Cultural

Sobre Pesos e Medidas

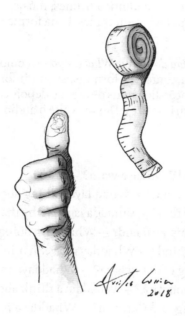

Os Estados Unidos têm um sistema de medidas diferente da maior parte do mundo. Vamos começar aprendendo sobre a distância na terra do tio Sam. Aqui no Brasil usamos quilômetros, mas lá eles usam milhas. Uma milha corresponde a 1,6 quilômetros. Os limites de velocidade são decididos por cada estado americano.

Quando falamos sobre peso eles usam as libras. Cada libra corresponde a 453 gramas, então se alguém pesa 160 libras não se assuste, esta pessoa pesa aproximadamente 72 quilos. Para pesar coisas menores usamos a "onça" (*an ounce*). Uma *ounce* corresponde a 28,3 gramas. Uma libra tem 16 onças (só a título de curiosidade).

Ao falar de altura eles usam pés (*feet*) e polegadas (*inches*). Uma polegada são 2,54 centímetros e 1 pé são 12 polegadas, 30,48 centímetros. Se uma pessoa tem 1m80cm nos Estados Unidos diríamos que essa pessoa seria *six feet tall* (seis pés de altura).

Se você abastecer seu carro, o volume de líquidos é calculado em *gallons*. Um gallon são 3,8 litros. Nos supermercados você encontra essa medida quando vai comprar leite, suco, água, etc. Nesse caso esses produtos são vendidos a um quarto de galão (quase um litro).

10. Real Life English

Whaddaya talkin' about?

Se você estuda Inglês com material autêntico (filmes, música, podcasts etc.) você já deve ter percebido que juntamos as palavras em Inglês. Uma forma muito comum é *Whaddaya*. Mas o que é isso?

Whaddaya é a forma oral de *What do you* ou *What are you* e, como você imagina, geralmente não escrevemos *Whaddaya* em contextos formais, só em informais. Vamos praticar primeiro com a forma da conversação lida mais devagar e depois com a forma da conversação normal. Escute com atenção várias vezes. Depois volte o áudio e repita até sair certinho.

∩ FAIXA 53

What do you want? — Whaddaya want?
What are you talking about? — Whaddaya talking about?
What do you mean by that? — Whaddaya mean by that?
What are you doing this weekend? — Whaddaya doing this weekend?
What do you have in mind? — Whaddaya have in mind?
What are you thinking of doing later? — Whaddaya thinking of doing later?
What do you think about this? — Whaddaya think about this?
What are you planning to do later on? — Whaddaya planning to do later on?

11. Revisão/Ditado

Escute as seguintes frases e escreva-as no seu caderno ou editor de texto.

∩ FAIXA 54

1. _____
2. _____
3. _____
4. _____
5. _____
6. _____
7. _____
8. _____
9. _____
10. _____

12. Dicas de "Como Estudar Sozinho"

Como melhorar sua escrita em Inglês

Aqui temos algumas dicas para você melhorar sua escrita em Inglês (ou em qualquer outro idioma).

1. *Melhore seu vocabulário*

    Sim, para escrever bem temos de ter uma grande quantidade de vocabulário e isso vem da leitura e audição. Quando estiver lendo algo, não só entenda o contexto, pare a leitura, procure os significados de tal palavra ou expressão no dicionário, registre no seu *vocabulary notebook* e revise sempre. O mesmo pode ser feito ao ver seriados, programas de TV, ouvir podcasts etc.

2. *Melhore sua ortografia*

    Você só aprende a escrever, escrevendo, não tem outro jeito. Uma técnica muito interessante é pegar um trecho de um áudio avançado, por exemplo um capítulo de um livro com áudio e transcrevê-lo. Dessa forma você praticará sua audição e também sua escrita. Faça uma lista com as palavras que você errar e reescreva-as, prestando bastante atenção. Aqui também a leitura é sua aliada número 1. Leia, leia e leia!

3. *Melhore suas habilidades de leitura*

    Novamente, a leitura tem um papel primordial na boa escrita. Ler textos bem escritos, de várias áreas traz inúmeros benefícios para sua escrita, e você verá que tudo é um ciclo. Com a leitura você melhora seu vocabulário, sua ortografia e daí sua leitura em si também. Então, leia, leia e leia!

4. *Estude gramática*

    Então, muitos vão discordar comigo, mas uma boa escrita vem também de uma boa gramática. Estude a fundo as partes do discurso, como são usadas, afixos (prefixos e sufixos), conectores de discursos etc. Você verá que com o estudo da gramática sua leitura ficará mais analítica e você tratará com mais acuidade os textos que for ler. É muito interessante também ter alguém para corrigir os textos que você escreve e dar *feedback*.

Unidade

07

Ser ou Não Sendo

1. Objetivos da Unidade

Nesta unidade você vai:

- ✓ Aprender o uso do *gerund* (*–ing*) e *infinitive* (com ou sem *to*) junto com o verbo principal.
- ✓ Introduzir o conceito de expressões idiomáticas e *phrasal verbs.*
- ✓ Fazer a prática oral do diálogo (*questions and answers*).
- ✓ Praticar o vocabulário mais importante com exercícios de fixação.
- ✓ Praticar a audição com um diálogo autêntico.
- ✓ Aprender o que são os substantivos homófonos.
- ✓ Trabalhar com frases prontas para falar sobre problemas.
- ✓ Aprender sobre a cultura da pontualidade nos EUA.
- ✓ Aprender as características do Inglês falado.
- ✓ Fazer um ditado (transcrição) para revisão de conteúdo.
- ✓ Aprender como estudar gramática.

2. Diálogo-base

🎧 **FAIXA 55**

> **Seth and Courtney are friends and they're talking about something that annoy a lot of people: smoking in public spaces.**
> *Seth e Courtney são amigos e estão conversando sobre algo que irrita muita gente: fumar em lugar público.*
>
> **Seth**: Boy, I really hate it when people smoke near me. I just can't stand being indoors and then someone starts smoking. Don't they know they can't do that?
> *Nossa, realmente odeio quando as pessoas fumam perto de mim. Não suporto estar em um lugar fechado e alguém começar a fumar. Não sabem que não se pode fazer isso?*
>
> **Courtney**: Well, sometimes people think they can get away with these rules, but there's always someone onto them. Say, didn't you use to smoke like a chimney back in the day?
> *Bom, às vezes as pessoas acham que podem se safar com essas regras, mas tem sempre alguém de olho nelas. Diga-me, você não fumava como uma chaminé antigamente?*
>
> **Seth**: I sure did and it took me forever to quit. I still drink, but I've cut down a lot on that recently too.
> *Fumava sim e levei um tempão para parar. Ainda bebo, mas diminuí bastante recentemente também.*

Courtney: Oh yeah? What made you change your mind?
Ah é? O que lhe fez mudar de ideia?

Seth: Well, I'd go to bars on weeknights and stay up late drinking. The next day I'd be so tired I couldn't even get out of bed. And the hangover! It was not worth doing it and my work was beginning to suffer. How about you? Have you ever tried to stop smoking?
Bom, eu ia para os bares durante a semana e ficava bebendo até tarde. No outro dia eu estava tão cansado que nem conseguia levantar da cama. E a ressaca! Não valia a pena fazer isso, e meu trabalho estava começando a decair. E você? Já tentou parar de fumar?

Courtney: Yes, I tried to do it a couple of years ago, but it was so hard. You have to be very strong-willed to quit smoking or drinking. I'm considering doing it again, though. We'll just need to see how it goes.
Sim, tentei fazer isso alguns anos atrás, mas foi muito difícil. Você tem que ter muita força de vontade para parar de fumar ou beber. Mas estou considerando fazer isso novamente. Só precisamos ver como vai ser.

Seth: You should definitely think about doing that. Not paying attention to our health is a mistake we can't afford to make. If I were you, I'd quit smoking right now and I'd never smoke again. Cold turkey!
Você com certeza deveria pensar em fazer isso. Não prestar atenção à sua saúde é um erro que não pode se dar o luxo de cometer. Se eu fosse você, pararia de fumar neste momento e nunca fumaria novamente. De uma vez por todas!

Courtney: Quit cold turkey? I wonder if I can do that. Well, come to think of it, you're absolutely right. I've been putting off doing this for a long time. You only live once, right?
Parar de uma vez por todas? Será que eu consigo fazer isso? Bom, pensando bem, você está coberto de razão. Estou adiando isso há um bom tempo. Só se vive uma vez, certo?

Seth: Exactly! One more thing: don't hesitate to ask for help and let me know if you need anything, all right? Changing your behavior overnight is not very easy sometimes.
Exatamente! Mais uma coisa: não deixe de pedir ajuda e me avise se você precisar de algo, tudo bem? Mudar seu comportamento da noite para o dia não é muito fácil às vezes.

Courtney: Thanks Seth, I surely will. By the way, are you free this Saturday? What do you say we go hiking?
Obrigado, Seth, vou fazer isso com certeza. A propósito, você está livre neste sábado? O que acha de irmos fazer uma trilha?

Seth: Darn, I'm super busy this Saturday. Maybe some other time?
Droga, estou superocupado neste sábado. Marcamos outro dia?

Courtney: Yeah, not a problem. Let's touch base soon!
Claro, sem problema. Vamos conversar em breve!

3. Explicação do Diálogo

Nesta unidade vamos trabalhar o conceito entre *gerund* e *infinitive* em Inglês. Saber usá-los corretamente é fundamental no seu aprendizado. Antes de começar, vamos esclarecer uma questão de nomenclatura em Inglês e português.

Em português temos três formas nominais: infinitivo, gerúndio e particípio. Em Inglês temos quatro (chamadas de *verbals*): *infinitive, gerund, present participle* e *past participle*.

Em português:

Infinitivo — *trabalhar, comer, partir*
Gerúndio — *trabalhando, comendo, partindo*
Particípio — *trabalhado, comido, partido*

Em Inglês:

Infinitive — *to work, to eat, to leave*
Gerund — *working, eating, leaving*
Present participle — *working, eating, leaving*
Past participle — *worked, eaten, left*

Você viu que tanto o *gerund* quanto o *present participle* têm a mesma forma: a terminação –ing. A diferença é que o *gerund* é usado como substantivo (na função de sujeito ou objeto) e o *present participle* é usado com o verbo *to be* para formar os tempos contínuos.

Complicou? Então vamos descomplicar!

1. Nosso diálogo começa com o Seth reclamando que odeia quando as pessoas fumam perto dele. Ele usa a expressão *Boy*, ... Ele também poderia usar *Man*, ... com o mesmo sentido:

    Man, I really hate it when people...
    Nossa, eu realmente odeio quando as pessoas...

2. Um aspecto importante que muitos estudantes brasileiros deixam passar é o uso do pronome *it* depois dos verbos *like* (gostar), *love* (amar, adorar), *hate* (odiar), *mind* (importar-se) e *can't stand* (não suportar) seguidos de *when* (quando). Em português dizemos:

    Eu gosto quando as pessoas me tratam bem.

    Eu adoro quando posso dormir até tarde.

    Eu odeio quando as pessoas se atrasam.

    Eu não suporto quando faz muito frio.

    Eu não me importo quando tenho que esperar.

    Em Inglês temos que usar o pronome *it* depois dos verbos:

    I like **it** when people treat me well.
    I love **it** when I can sleep in.

Ser ou Não Sendo **157**

I hate **it** when people are late.
I can't stand it when it's very cold.
I don't mind it when I have to wait.

Mais alguns exemplos:

I hate **it** when someone corrects my English in front of other people.
Odeio quando corrigem meu Inglês na frente dos outros.

I really can't stand **it** when people are obnoxious.
Realmente não suporto quando as pessoas são desagradáveis.

I love **it** when people call me on my birthday.
Adoro quando me ligam no meu aniversário.

I don't mind **it** when I have to get up early.
Não me importo quando tenho que levantar cedo.

3. Seth diz que simplesmente não suporta estar em um lugar fechado (*indoors*) e alguém começar a fumar. Veja o que acontece com o verbo que vem depois da expressão *can't stand* (não suportar):

I can't stand be**ing** indoors...
Não suporto estar em um lugar fechado...

She can't stand work**ing** in a clothing store.
Ela não suporta trabalhar em uma loja de roupas.

He can't stand people arriv**ing** late to work.
Ele não suporta as pessoas chegarem atrasadas para o trabalho.

Ou seja, quando usamos a expressão *can't stand* e ela for seguida de um verbo, esse verbo terá a terminação *–ing*.

O mesmo acontece com a continuação da frase:

... and then people start smok**ing**.
... e então as pessoas começam a fumar.

O verbo *start* (começar) também exige que o verbo seguinte tenha a terminação *–ing*:

When did you start work**ing** here?
Quando você começou a trabalhar aqui?

He starts talk**ing** and nobody can stop him.
Ele começa a falar e ninguém consegue pará-lo.

Is she going to start study**ing** English?
Ela vai começar a estudar Inglês?

4. No diálogo temos mais exemplos de verbos como *start* (começar). Vejamos alguns deles:

Stop (*parar de*)

You need to stop smoking once and for all.
Você precisa parar de fumar de uma vez por todas.

A Chave do Aprendizado da Língua Inglesa

What time do you stop working?
Que horas você para de trabalhar?

Quit (*parar, deixar de fazer [um hábito]*)

When did you quit smoking?
Quando você parou de fumar?

Tell her to quit laughing at him.
Fala para ela parar de rir dele.

Consider (*considerar*)

Have you considered talking to her?
Você considerou falar com ela?

They're considering buying a used car.
Eles estão considerando comprar um carro usado.

Put off (*adiar, protelar [fazer alguma coisa]*)

He had to put off telling her the bad news because she was so fragile.
Ele teve que protelar contar-lhe as más notícias, pois ela estava muito frágil.

Don't put off studying until the last moment. You're going to regret it.
Não fique adiando até o último momento para estudar. Você vai se arrepender.

5. Os seguintes verbos também são regidos com o *gerund* (terminação *–ing*).

Appreciate (*apreciar, gostar, agradecer*)

I would appreciate being paid on time.
Eu gostaria de ser pago pontualmente.

Would you appreciate being kept waiting such a long time?
Você gostaria de ficar esperando tanto tempo?

Avoid (*evitar*)

I avoid meeting my ex-girlfriend.
Eu evito me encontrar com a minha ex-namorada.

You should avoid talking to her today. She's in a foul mood.
Você deveria evitar falar com ela hoje. Ela está de péssimo humor.

Delay (*atrasar, demorar*)

Why did you delay coming to the meeting?
Por que você se atrasou para vir à reunião?

They always delay paying their bills.
Eles sempre atrasam no pagamento das contas.

Deny (*negar*)

He still denies being there.
Ele ainda nega ter estado lá.

Did she deny taking the money?
Ela negou ter pegado o dinheiro?

Ser ou Não Sendo 159

Enjoy (*curtir, aproveitar, gostar*)

I don't enjoy getting up early.
Não gosto de me levantar cedo.

Do you enjoy going for walks in the morning?
Você gosta de fazer caminhadas de manhã?

Finish (*terminar*)

I've finished doing my homework.
Acabei de fazer minha tarefa.

What time did you finish working last night?
Que horas você terminou de trabalhar ontem à noite?

Keep (on) (*continuar*)

Keep on talking. I want to know what happened.
Continue conversando. Quero saber o que aconteceu.

She keep saying the same thing every single day!
Ela continua dizendo a mesma coisa todo santo dia!

Mention (*mencionar*)

My brother mentioned seeing you at the play the other day.
Meu irmão mencionou ter lhe visto na peça de teatro outro dia.

Did you mention going to a concert last week?
Você mencionou ter ido a um show na semana passada?

Mind (*importar-se*)

Would you mind turning the air conditioner on?
Você se importaria de ligar o ar-condicionado?

I don't mind waiting a little longer.
Eu não me importo de esperar um pouco mais.

Postpone (*adiar, protelar*)

Why do you always postone making tough decisions?
Por que você sempre fica adiando tomar decisões difíceis?

I postponed going to the doctor, but I wish I hadn't.
Eu adiei ir ao médico, mas eu gostaria de não ter feito isso.

Resist (*resistir*)

I couldn't resist eating that piece of pie.
Eu não consegui resistir à vontade de comer aquele pedaço de torta.

She can't resist buying new clothes whenever she goes to the mal.
*Ela não consegue resistir à vontade de comprar
roupas novas sempre que vai ao shopping.*

6. Seth disse também que costumava beber mais e que depois de ficar de ressaca
e se levantar muito cansado, ele percebeu que tudo isso não valia a pena. Aqui
ele usa a expressão *to be worth doing something* (valer a pena fazer algo).

A Chave do Aprendizado da Língua Inglesa

It was not worth doing it and my work was beginning to suffer.
Não valia a pena fazer aquilo, e meu trabalho estava começando a decair.

Mais alguns exemplos com essa expressão:

These small towns are worth visiting.
Vale a pena visitar essas cidadezinhas.

It's worth checking the contract before you sign it.
Vale a pena verificar o contrato antes de assinar.

It's well worth getting to the theater early if you want to get a good seat.
Vale muito a pena chegar cedo ao teatro se você quiser pegar um lugar bom.

Usamos também o *gerund* com as seguintes expressões:

It's no use/no good (*não adianta*)

It's no use crying over spilled milk.
Não adianta chorar o leite derramado.

It's no good trying to talk him because he's really stubborn.
Não adianta tentar falar com ele, pois ele é muito teimoso.

There's no point in (*não faz sentido [fazer algo]*)

There's no point in buying a new TV if you're never at home.
Não faz sentido comprar uma TV nova se você nunca está em casa.

There was no point in waiting for him, so we came home.
Não fazia sentido ficar esperando por ele, então viemos para casa.

Can't help (*não poder deixar de [fazer algo]*)

He couldn't help laughing when the comedian told that joke.
Ele não pôde deixar de rir quando o comediante contou aquela piada.

I couldn't help thinking about the past.
Não consegui deixar de pensar no passado.

Have difficulty/a hard time/trouble (*ter dificuldade [em fazer algo]*)

Did you have difficulty finding the house?
Você teve dificuldade em achar a casa?

I had a hard time writing my thesis.
Tive dificuldade em escrever minha tese.

She had trouble finding a place to park.
Ela teve dificuldade em achar um lugar para estacionar.

Spend/Waste + expressão de tempo/dinheiro (*gastar, passar*)

I spend most of my time working.
Passo a maior parte do meu tempo trabalhando.

Why do you waste so much time watching TV?
Por que você perde tanto tempo assistindo à TV?

Sit/Stand/Lie + expressão de lugar (*sentar-se, ficar em pé, deitar-se*)

I sat at my computer trying to study.
Estava sentado em frente ao meu computador tentando estudar.

He stood there wondering what was going to happen.
Ele ficou lá em pé imaginando o que ia acontecer.

They were lying in bed relaxing after a very stressful day.
Estavam deitados na cama relaxando depois de um dia muito estressante.

Find/Catch + pronome (*encontrar, pegar alguém [fazendo algo]*)

When I walked into my bedroom, I found my brother using my computer.
Quando entrei no meu quarto, encontrei meu irmão usando meu computador.

I caught a thief trying to break into my house.
Peguei um ladrão tentando arrombar minha casa.

Have fun/a good time (*divertir-se [fazendo algo]*)

I had a lot of fun singing at the karaoke last night.
Eu me diverti muito cantando no karaokê ontem à noite.

Did you have a good time going shopping with your mother?
Você se divertiu em ter feito compras com a sua mãe?

7. Courtney diz que está considerando parar de fumar, e Seth responde:

You should definitely think about doing that.
Você deveria mesmo pensar em fazer isso.

Aqui usamos o *gerund*, pois se tivermos uma preposição e um verbo depois dela, este verbo virá obrigatoriamente no *gerund*. Mais exemplos:

Are you interested in studying English?
Você está interessado em estudar Inglês?

He left without saying goodbye.
Ele partiu sem dizer adeus.

I'm thinking of working as a salesman.
Estou pensando em trabalhar de vendedor.

They insisted on coming with us.
Eles insistiram em vir conosco.

My parents are really excited about going to Europe.
Meus pais estão muito animados em ir para a Europa.

He's very good at teaching kids.
Ele é muito bom em ensinar crianças.

Do you feel like going out tonight?
Você está a fim de sair hoje à noite?

I stopped him from falling.
Impedi que ele caísse.

You can stop the machine by pushing that button.
Você pode parar a máquina ao apertar esse botão.

> **Atenção!** Com alguns verbos a palavra *to* é usada como preposição e requer que o verbo seja regido com o *gerund*. Isso acontece com algumas estruturas verbais.

> **Look forward to doing something** (*esperar ansiosamente fazer algo*)
> I'm looking forward to hearing from you.
> *Estou muito ansioso para ter notícias suas.*
>
> He looks forward to going home next month.
> *Ele está ansioso em voltar para casa mês que vem.*
>
> **Used to doing something** (*acostumado a fazer algo*)
> Are you used to getting up early?
> *Você está acostumado a acordar cedo?*
>
> They're not used to going out on weeknights.
> *Eles não estão acostumados a sair durante a semana.*
>
> **Object to doing something** (*opor-se a fazer algo*)
> They objected to changing their initial plans.
> *Eles se opuseram a mudar seus planos iniciais.*
>
> I object to paying that much for a jacket.
> *Eu me oponho a pagar tanto por uma jaqueta.*

8. Seth diz que não prestar atenção à nossa saúde é um erro que não podemos nos dar o luxo de cometer e usa a forma:

> Not paying attention...
> *Não prestar atenção...*

O *gerund* também é usado como sujeito de uma oração, mas em português é traduzido como infinitivo. Alguns exemplos:

> Playing soccer is fun.
> *Jogar futebol é divertido.*
>
> Listening to the news in English is a very good practice.
> *Escutar notícias em Inglês é uma ótima prática.*
>
> Smoking is extremely harmful to your health.
> *Fumar é extremamente nocivo à sua saúde.*
>
> Changing your behavior overnight is not very easy sometimes.
> *Mudar seu comportamento da noite para o dia não é muito fácil às vezes.*

A forma negativa é *not* + verbo no *gerund*.

> Not doing your homework is something that will get you in trouble.
> *Não fazer a tarefa é algo que vai lhe causar problemas.*
>
> Not knowing what to do led her to make a bad decision.
> *Não saber o que fazer a levou a tomar uma decisão ruim.*

9. Courtney pergunta ao Seth se ele está a fim de fazer trilha no sábado e usa a expressão *go hiking*. Usamos a estrutura *go* + *gerund* com várias atividades, entre elas:

go boating	*andar de barco*
go bowling	*jogar boliche*
go camping	*ir acampar*
go canoeing/kayaking	*andar de caiaque*
go dancing	*ir dançar*
go fishing	*ir pescar*
go hiking	*fazer trilha*
go hunting	*ir caçar*
go jogging	*correr mais devagar)*
go mountain climbing	*escalar montanha*
go running	*correr (mais depressa)*
go sailing	*ir velejar*
go shopping	*ir fazer compras*
go sightseeing	*fazer turismo*
go skateboarding	*andar de skate*
go skating	*ir patinar*
go skiing	*ir esquiar*
go swimming	*ir nadar*
go window shopping	*ver vitrines*

Alguns exemplos:

Do you like to go dancing?
Você gosta de ir dançar?

They went hunting last week.
Eles foram caçar na semana passada.

I've never gone mountain climbing. Have you?
Eu nunca escalei montanha. Você já?

What do you say we go window shopping tomorrow?
O que me diz de a gente ir ver vitrines amanhã?

I want to go sailing when I'm in Spain.
Quero ir velejar quando eu estiver na Espanha.

10. Da mesma forma que existem verbos que são regidos pelo *gerund*, existem também muitos verbos que são regidos pelo *infinitive* (com o *to* ou não). Temos alguns exemplos no diálogo:

Begin to do something (*começar a fazer algo*)
It was not worth doing it and my work was beginning to suffer.
Não valia a pena fazer isso, e meu trabalho estava começando a decair.

Try to do something (tentar fazer algo)

Have you ever tried to stop smoking?
Você já tentou parar de fumar?

Yes, I tried to do it a couple of years ago, but...
Sim, tentei fazê-lo alguns anos atrás, mas...

Hesitate to do something (hesitar em fazer algo)

One more thing: don't hesitate to ask for help and let me know...
Outra coisa: não hesite em pedir ajuda e me avise...

She hesitated to call him, and then it was too late.
Ela hesitou em ligar para ele, e daí era tarde demais.

Alguns verbos bem comuns exigem a regência com o *infinitive* com *to*. Entre eles:

Agree (concordar)

He agreed to arrive earlier.
Ele concordou em chegar mais cedo.

I never agreed to do this.
Nunca concordei em fazer isso.

Appear (aparecer, parecer)

No one appeared to notice me.
Ninguém parecia me notar.

You've got to appear to be calm in a job interview even if you're really scared.
Você tem que parecer estar calmo em uma entrevista de trabalho mesmo se você estiver com muito medo.

Attempt (tentar)

The thief attempted to escape, but the police caught him.
Ele tentou escapar, mas a polícia o pegou.

This books attempts to explain the origins of...
Este livro tenta explicar as origens de...

Dare (atrever-se)

She won't dare to complain.
Ela não se atreverá a reclamar.

I wouldn't dare to ask him that.
Eu não me atreveria a perguntar isso a ele.

O verbo *dare* também pode ser regido com o *infinitive* sem *to*.

She won't dare complain.
I wouldn't dare ask him that.

Decide (*decidir*)

When did you decide to take that course?
Quando você decidiu fazer esse curso?

She decided not to come.
Ela decidiu não vir.

Fail (*deixar de*)

He failed to make the payment.
Ele deixou de fazer o pagamento.

They failed to arrive on time.
Eles deixaram de chegar pontualmente.

Forget (*esquecer*)

Don't forget to lock the door on your way out.
Não se esqueça de trancar a porta quando sair.

You forgot to do your homework again?
Você se esqueceu de fazer a tarefa de novo?

Hope (*esperar [ter esperança]*)

I hope to become a famous writer.
Espero me tornar um escritor famoso.

They hope to visit their parents next year.
Eles esperam visitar seus pais ano que vem.

Learn (*aprender*)

Where did you learn (how) to do that?
Onde você aprendeu a fazer isso?

I learned to speak German in Germany.
Aprendi a falar alemão na Alemanha.

Manage (*conseguir [fazer algo com certo esforço]*)

I barely managed to finish in time.
Eu quase não consegui terminar a tempo.

Did you manage to get any meat?
Você conseguiu comprar carne?

Offer (*oferecer*)

He offered to help me, but I refused.
Ele se ofereceu para me ajudar, mas eu recusei.

I offered to take them to the airport tomorrow morning.
Eu me ofereci para levá-los ao aeroporto amanhã de manhã.

Plan (*planejar*)

What are you planning to do on your birthday?
O que você está planejando fazer no seu aniversário?

A Chave do Aprendizado da Língua Inglesa

I'm not planning to stay here all night.
Não estou planejando ficar aqui a noite toda.

Pretend (*fingir*)

I was just pretending to be interested.
Eu só estava fingindo estar interessado.

He pretended not to see her.
Ele fingiu não vê-la.

Promise (*prometer*)

She promised to call me tomorrow morning.
Ela prometeu me ligar amanhã de manhã.

He's been promising to pay back the money, but I think he's just stringing me along.
Ele está prometendo me pagar, mas acho que ele só está me enrolando.

Refuse (*recusar*)

In the winter my car refuses to start.
No inverno meu carro se recusa a pegar.

She refused to tell me what was going on.
Ela se recusou a me dizer o que estava acontecendo.

Seem (*parecer*)

He's 35, but he seems to be younger.
Ele tem 35 anos, mas parece ser mais jovem.

She seems to be taking a long time to decide.
Parece que ela está demorando muito para decidir.

Threaten (*ameaçar*)

She threatened to kill him unless he told her where the money was.
Ela ameaçou matá-lo a não ser que ele lhe contasse onde estava o dinheiro.

Japan threatened to break off diplomatic relations with Iran.
O Japão ameaçou romper as relações diplomáticas com o Irã.

CASOS ESPECIAIS

1. Existem alguns verbos que seguidos de um pronome relativo, como *what* (o que), *where* (onde), *how* (como), *when* (quando) etc., exigem o *infinitive* com *to*. São os verbos:

Ask (*perguntar*)

Ask her where to put the furniture.
Pergunte-lhe onde colocar os móveis.

I asked him how to do it.
Perguntei a ele como fazer isso.

Decide (*decidir*)

You need to decide when to come to Brazil.
Você precisa decidir quando vir ao Brasil.

We still haven't decided where to go on our next vacation.
Ainda não decidimos onde ir nas nossas próximas férias.

Explain (*explicar*)

Can you explain to me how to get to the bookstore?
Pode me explicar como chegar à livraria?

She explained to me how to use that software.
Ela explicou para mim como usar aquele programa.

Forget (*esquecer*)

You actually forgot how to do that?
Você realmente se esqueceu de como fazer isso?

He forgot where to turn.
Ele se esqueceu de onde era para virar.

Know (*saber*)

Tell me when to stop.
Diga-me quando [tenho que] *parar.*

Do you know how to speak English?
Você sabe falar Inglês?

Tell (*contar*)

Tell her how to turn the machine on.
Diga-lhe como ligar a máquina.

You need to tell me where to park.
Você precisa me dizer onde estacionar.

Understand (*entender*)

I don't undertand how to do this.
Não entendo como fazer isto.

She didn't understand what to do.
Ela não entendeu o que fazer.

2. Existem alguns verbos que exigem um substantivo ou pronome antes do *infinitive* com *to*. Alguns exemplos:

Advise someone to do something
(*aconselhar alguém a fazer algo*)

I advised her to be very careful.
Eu a aconselhei a ter muito cuidado.

You should advise him not to do that.
Você deveria aconselhá-lo a não fazer isso.

A Chave do Aprendizado da Língua Inglesa

Allow/Permit someone to do something
(*permitir que alguém faça algo*)

My dad didn't allow me to go to the party.
Meu pai não me permitiu ir à festa.

We're not permitted to talk during class.
Não é permitido conversar durante a aula.

Enable someone to do something (*possibilitar/
capacitar alguém de/a fazer algo*)

Taking that course enabled me to get a raise.
Fazer aquele curso me possibilitou um aumento.

Those measures should probably enable us to cut production costs by half.
*Essas medidas provavelmente nos possibilitarão
cortar os custos de produção pela metade.*

Encourage someone to do something (*encorajar,
animar alguém a fazer algo*)

He encouraged her to go.
Ela a animou/encorajou a ir.

I was encouraged to learn English in elementary school.
Fui encorajado a aprender Inglês no ensino fundamental.

Force someone to do something (*forçar alguém a fazer algo*)

He forced them to tell the truth.
Ele os forçou a dizer a verdade.

I really have to force myself to be nice to her.
Eu realmente tenho que me forçar a ser simpático com ela.

Invite someone to do something (*convidar alguém a/para fazer algo*)

I invited them to come over for lunch.
Eu os convidei para virem aqui em casa almoçar.

My friend invited me to stay with his family.
Meu amigo me convidou para ficar com a família dele.

Get someone to do something (*mandar [persuadir] alguém a fazer algo*)

Can you get someone to clean the yard?
Você pode mandar alguém limpar o quintal?

I'll get her to tell us the truth. Just wait and see.
Vou persuadi-la a nos contar a verdade. Fique só vendo.

Order someone to do something (*ordenar alguém a fazer algo*)

The judge ordered the defendant to serve five years in prison.
O juiz ordenou o réu a cumprir cinco anos de prisão.

They ordered the boys to leave the room.
Ordenaram aos meninos que saíssem da sala.

Persuade someone to do something (*persuadir alguém a fazer algo*)

He's trying to persuade me to take that trip with him.
Ele está tentando me persuadir a fazer aquela viagem com ele.

Nobody could persuade me to change my mind.
Ninguém conseguiu me persuadir a mudar de opinião.

Remind someone to do something (*lembrar alguém de fazer algo*)

Can you remind me to bring your things tomorrow?
Você pode me lembrar de trazer suas coisas amanhã?

Remind her to call me tonight.
Lembre-a de me ligar hoje à noite.

Teach someone to do something (*ensinar alguém a fazer algo*)

Can you teach me (how) to speak French?
Pode me ensinar a falar francês?

I'll teach you (how) to do that in a while.
Eu lhe ensino a fazer isso em breve.

Tell someone to do something (*dizer para alguém fazer algo*)

He told me not speak so loud.
Ele me disse para não falar tão alto.

Did you tell her to study for the test?
Você disse para ela estudar para a prova?

Warn someone to do something (*avisar, alertar alguém a fazer algo*)

I warned the kids to take care of their belongings.
Eu alertei as crianças para tomarem conta de seus pertences.

You should warn her to pay her bills on time.
Você deveria alertá-la para pagar suas contas em dia.

3. Usamos o *infinitive* sem *to* com os verbos *hear* (ouvir), *see* (ver), *watch* (observar) e *feel* (sentir). Com esses verbos também se aceita o *gerund* com pouca diferença de significado.

I saw him get on the bus.
Eu o vi entrar no ônibus.

I saw him getting on the bus.
Eu o vi entrando no ônibus.

He heard her cry.
Ele a ouviu chorar.

He heard her crying.
Ele a ouviu chorando.

I felt the blood run through my veins.
Senti o sangue correr nas minhas veias.

A Chave do Aprendizado da Língua Inglesa

I felt the blood running through my veins.
Senti o sangue correndo nas minhas veias.

You watched the kids play.
Você observou as crianças brincarem.

You watched the kids playing.
Você observou as crianças brincando.

4. Também usamos o *infinitive* sem *to* com os verbos *let* (deixar), *make* (fazer, obrigar), *have* (mandar, fazer com que) e *help* (ajudar).

My dad let me go to the party.
Meu pai me deixou ir à festa.

The teacher made the students clean up the mess.
O professor fez os alunos limparem a bagunça.

I had someone type those documents for me.
Mandei alguém digitar aqueles documentos para mim.

O verbo *help* (ajudar) admite o *infinitive* com ou sem *to*.

Can you help me (to) do this?
Você pode me ajudar a fazer isso?

5. Temos também aqueles verbos que podem ser regidos pelo *gerund* ou pelo *infinitive*, sem mudança de significado. Entre eles temos:

begin	começar
can't stand	não suportar
continue	continuar
hate	odiar
intend	pretender
like	gostar
love	amar/adorar
prefer	preferir
start/begin	começar

He loves **to study/studying** English.
Ele adora estudar Inglês.

When did you start **to learn/learning** Japanese?
Quando você começou a aprender japonês?

He began **to learn/learning** Japanese last year.
Ele começou a aprender japonês ano passado.

The students continued **to talk/talking** after the teacher walked into the classroom.
Os alunos continuaram a conversar depois que
o professor entrou na sala de aula.

Ser ou Não Sendo **171**

I prefer **to read/reading** in the evening.
Eu prefiro ler à noite.

Do you like **to jog/jogging**?
Você gosta de correr?

I intend to **use/using** video in my presentation.
Pretendo usar vídeo na minha apresentação.

My brother hates **to get up/getting up** early.
Meu irmão odeia levantar cedo.

I can't stand to **feel/feeling cold**.
Eu não suporto ficar com frio.

6. Os verbos *remember* (lembrar), *forget* (esquecer), *try* (tentar), *stop* (parar) e *go on* (continuar) têm significados diferentes quando são usados com o *infinitive* e o *gerund*. Vamos estudá-los.

Remember to do something (*lembrar-se de fazer algo***)**
Please remember to lock the door when you leave.
Por favor, lembre-se de trancar a porta quando sair.

I remembered to lock the door, but I forgot to turn off the light.
Eu me lembrei de trancar a porta, mas me esqueci de apagar a luz.

Remember doing something (*lembrar-se de ter feito algo [com referência ao passado]***)**
I don't remember seeing him last night.
Não me lembro de tê-lo visto ontem à noite.

Do you remember locking the door?
Você se lembra de ter fechado a porta?

Forget to do something (*esquecer-se de fazer algo*)
I forgot to tell you, but I'm going to travel next week.
Eu me esqueci de lhe dizer, mas vou viajar semana que vem.

Don't forget to lock the door!
Não se esqueça de trancar a porta!

Forget doing something (*esquecer-se de ter feito algo*)
Did you forget telling me you were going to travel?
Você se esqueceu de ter me contado que ia viajar?

He was so drunk that he forgot driving home.
Ele estava tão bêbado que se esqueceu de ter ido para casa dirigindo.

Try to do something (*tentar fazer algo, indicando um esforço, uma tentativa*)
He tried to keep his eyes open, but he was so tired that he fell asleep right away.
Ele tentou ficar de olhos abertos, mas estava tão cansado que adormeceu imediatamente.

Please try to be quiet. Everyone is already sleeping.
Por favor, tente ficar em silêncio. Todos já estão dormindo.

A Chave do Aprendizado da Língua Inglesa

Try doing something (*tentar fazer algo, como um experimento, para ver o que acontece*)

If the machine doesn't work, try pushing the yellow button.
Se a máquina não funcionar, tente apertar o botão amarelo.

Your cell phone's not working? Have you tried changing the battery?
Seu celular não está funcionando? Já tentou trocar a bateria?

Stop to do something (*parar para fazer algo*)

I stopped to eat because I was really hungry.
Parei para comer, pois estava com muita fome.

They stopped to help me. That was very nice of them.
Eles pararam para ajudar. Foi muita gentileza deles.

Stop doing something (*parar de fazer algo*)

I stopped drinking because I realized I had a problem.
Parei de beber, pois percebi que estava com um problema.

The baby stopped crying after he was fed.
O bebê parou de chorar depois que foi alimentado.

Go on to do something (*fazer ou dizer algo novo*)

After explaining what had happened, he went on to say that he was leaving the country.
Depois de explicar o que tinha acontecido, ele foi dizer que ia deixar o país.

Seth was the regional manager in that company for years. After that he went on to be national manager.
Seth foi gerente regional naquela empresa por anos.
Depois disso ele passou a ser gerente nacional.

Go on doing something (*continuar fazendo algo*)

The teacher paused for a moment then he went on talking.
O professor pausou um momento e depois continuou falando.

You've been drinking too much! You can't go on drinking like that.
Você tem bebido demais! Você não pode continuar bebendo assim.

EXTRA VOCABULARY: PHRASAL VERBS E EXPRESSÕES IDIOMÁTICAS

Vamos aprender mais sobre as expressões idiomáticas e os *phrasal verbs* nas próximas unidades, mas no diálogo desta unidade fomos apresentados a alguns bem interessantes. Vamos estudá-los um pouco mais.

Get away with (*safar-se, conseguir não ser punido por um delito ou infração*)

They broke the law, but they got away with it.
Eles infringiram a lei, mas conseguiram se safar.

How can she get away with speaking to her boss like that?
Como ela pode conversar com o chefe daquele jeito e não acontecer nada?

Planning on cheating on the test? You won't get away with that!
Planejando colar na prova? Você não vai conseguir sair livre dessa!

Cut down on (*reduzir o consumo de algo, geralmente algo que se consome*)

I'm trying to cut down on the amount of sugar I eat.
Estou tentando cortar a quantidade de açúcar que eu como.

The doctor told me to cut down on alcoholic beverages.
O médico me disse para diminuir as bebidas alcoólicas.

She should cut down on the time it takes her to get ready in the morning.
Ela deveria diminuir o tempo que gasta para se aprontar de manhã.

Be onto someone (*estar de olho em alguém, observando, vigiando para descobrir algo ilegal*)

He knew the police were onto him.
Ele sabia que a polícia estava de olho nele.

You'd better be careful, the teacher's onto you now.
É melhor você se comportar, o professor está de olho em você.

You can't fool me. I've been onto you for some time.
Você não consegue me enganar. Estou de olho em você há um tempo.

Forever (*embora signifique "para sempre", no diálogo desta unidade quer dizer "por muito tempo"*)

The movie seemed to go on forever (and a day).
Parecia que o filme ia durar muito tempo.

It took him forever to get a driver's license.
Ele demorou uma eternidade para tirar a carteira de motorista.

Once built, these walls last forever.
Uma vez construídas, estas paredes duram por muito tempo.

Change your mind (*mudar de ideia [literalmente, "mudar de mente"]*)

My father tried to get me to change my mind.
Meu pai tentou me convencer a mudar de ideia.

Give me a call if you change your mind.
Ligue-me se você mudar de ideia.

I've always said I didn't like it, but now I've changed my mind.
Eu sempre disse que não gostava, mas mudei de ideia.

Quit something cold turkey (*parar um vício [bebida, droga, cigarro] abruptamente*)

At rehab clinics, addicts are made to quit cold turkey.
Nas clínicas de reabilitação, os viciados são obrigados a parar de usar drogas imediatamente.

I quit smoking cold turkey and never did it again.
Parei de fumar de uma hora para a outra e nunca fumei novamente.

A Chave do Aprendizado da Língua Inglesa

Four years ago she went cold turkey on a smoking habit.
Quatro anos atrás ela parou de fumar de uma hora para outra.

Come to think of it (*pensando melhor no assunto*)

Come to think of it, I know someone who can help you.
Pensando bem, eu conheço alguém que pode lhe ajudar.

I think I have a Spanish dictionary, come to think of it.
Pensando bem, acho que tenho um dicionário de espanhol.

I was going to buy a new screwdriver, but come to think of it, I already
have one.
Eu ia comprar uma chave de fenda nova, mas,
pensando bem, eu já tenho uma.

What do you say...? (*O que me diz de.. ? [indica um convite]*)

What do you say we go to the movies tonight?
O que me diz de irmos ao cinema hoje à noite?

What do you say about traveling to Spain?
O que me diz de viajar para a Espanha?

What do you say we take a rain check on that?
O que me diz de deixar isso para outra hora?

Touch base (*ficar em contato, conversar*)

I need to touch base with my manager about that contract.
Preciso conversar com meu gerente sobre aquele contrato.

Sam and I touched base about it last week, so I think we're on the same page.
Sam e eu conversamos sobre isso na semana passada,
então acho que estamos de acordo.

I'll touch base with her later on, so I'll tell her about today's morning
meeting.
Vou conversar com ela mais tarde, então vou lhe
contar sobre a reunião de hoje de manhã.

4. Prática Oral. Questions and Answers

Este exercício é muito importante para o seu aprendizado, pois você vai praticar
perguntas e respostas como na vida real. Primeiro, escute e leia silenciosamente,
quantas vezes forem necessárias, para entender as perguntas e respostas. Depois
escute o áudio, pause e repita em voz alta, bem devagar (não precisa ter pressa!).
Faça este exercício sem se preocupar com as regras gramaticais, pois as coisas vão se
encaixando com o tempo. *Are you ready? Let's do it!*

🎧 **FAIXA 56**

1. What does Seth really hate?
    O que Seth realmente odeia?

    He really hates it when people smoke near him.
    Ele realmente odeia quando as pessoas fumam perto dele.

Ser ou Não Sendo   175

2. What can't he stand?
   O que ele não suporta?

   He can't stand being indoors and then someone starts smoking.
   Ele não suporta estar em um lugar fechado e alguém começar a fumar.

3. What do people sometimes think?
   O que as pessoas às vezes pensam?

   They sometimes think they can get away with the rules.
   Elas às vezes pensam que podem se safar das regras.

4. Courtney says there's always someone *onto them. What does that mean?*
   Courtney diz que tem sempre alguém onto them. O que isso significa?

   It means there's always someone paying attention to them.
   Significa que tem sempre alguém prestando atenção neles.

5. Seth used to smoke like a chimney. What does that mean?
   Seth fumava como uma chaminé. O que isso significa?

   It means that he used to smoke a lot.
   Significa que ele fumava muito.

6. Did it take long for him to quit?
   Levou muito tempo para ele parar?

   Yes, it took him forever to quit.
   Sim, demorou uma eternidade para ele parar.

7. Does he drink a lot nowadays too?
   Ele bebe muito hoje em dia também?

   No, he's cut down on drinking recently too.
   Não, ele também reduziu o consumo de bebida recentemente.

8. What made him change his mind?
   O que o fez mudar de ideia?

   He'd go to bars on weekdays and stay up late drinking.
   Ele ia a bares em dias de semana e ficava até tarde bebendo.

9. What would happen the next day?
   O que acontecia no outro dia?

   The next day he'd be so tired he couldn't even get out of bed.
   No outro dia ele estava tão cansado que nem conseguia sair da cama.

10. Was that all?
    Era só isso?

    No, he'd be also very hungover.
    Não, ele também ficava com muita ressaca.

11. Was it worth doing it? Why?
    Valia a pena fazer isso? Por quê?

    No, it wasn't worth doing it because his work was beginning to suffer.
    Não, não valia a pena fazer isso, porque seu trabalho estava começando a decair.

A Chave do Aprendizado da Língua Inglesa

12. Has Courtney ever tried to stop smoking?
Courtney já tentou parar de fumar?

Yes, she tried to do it a couple of years ago.
Sim, ela tentou fazer isso alguns anos atrás.

13. Was it easy? Why?
Foi fácil? Por quê?

No, it was so hard because you have to be very strong-willed to quit smoking or drinking.
Não, foi difícil, porque você tem que ter muita força de vontade para parar de fumar ou beber.

14. Is she considering doing it again?
Ela está considerando fazer isso novamente?

Yes, she's definitely thinking about doing it again.
Sim, ela está com certeza pensando em fazer isso novamente.

15. What would Seth do if he was Courtney?
O que Seth faria se ele fosse a Courtney?

He'd quit smoking right now and he'd never smoke again. Cold turkey.
Ele pararia de fumar neste instante e nunca fumaria novamente. Cold turkey.

16. What does "cold turkey" mean?
O que significa "cold turkey"?

It means you stop once and for all, not gradually.
Significa que você para de uma vez por todas, não gradualmente.

17. She's been putting off quitting smoking for a long time. What does "put off" mean?
Ela está putting off parar de fumar há um bom tempo. O que "put off" significa?

It means that she's been procrastinating this decision.
Significa que ela tem procrastinado esta decisão.

18. Why does Seth offer her help?
Por que Seth oferece ajuda a ela?

Because he knows that changing one's behavior overnight is not very easy.
Porque ele sabe que mudar seu comportamento da noite para o dia não é fácil.

19. What does Courtney invite Seth to do? Can he go?
O que Courtney convida Seth para fazer? Ele pode ir?

She invites him to go hiking. He can't go because he's super busy.
Ela o convida para fazer trilha. Ele não pode ir, pois está superocupado.

20. She tells him to "touch base" soon. What does that mean?
Ela lhe diz para touch base logo. O que isso significa?

It means they should get in contact soon.
Significa que eles devem fazer contato logo.

5. Let's Practice

5.1. Complete as frases abaixo com uma palavra da lista.

> chimney — cold turkey — cut down on — forever — get away — hangover — mind — overnight — put off — touch base

1. Jamie cheated on the test and the teacher had no idea. I wonder how he managed to _____ with it.

2. It was great talking to you. Let's _____ soon!

3. Did you know that online bookstore has an _____ delivery system? It's fantastic!

4. You have to _____ doing things until the last minute. Your work's been suffering!

5. I don't know if I can quit smoking gradually. I think I'll just have to quit _____.

6. Man, I shouldn't have drunk so much last night. I have a huge _____ today.

7. You don't want to go to the movies with me tonight? Well, if you change your _____ just give me a call.

8. I really need to _____ eating sweets. I've been gaining a lot of weight.

9. Where's Sue? We've been waiting _____ and she hasn't arrived yet.

10. I used to smoke like a _____ back in the day. I had to quit because I was sick all the time.

5.2. Traduza as seguintes frases para o português.

1. My son is only five, but he intends to be a doctor when he grows up.

2. I just can't stand waiting in line for such a long time.

3. My parents are thinking about selling their old house and buying a new one.

4. Seth's planning to move to San Francisco, find a job and start a new life after what happened in New York.

5. Let's postpone going to Europe until the political situation gets better.

6. Sometimes I pretend to understand when people are speaking English fast.

7. I wish the weather would get better soon. I'm sick and tired of staying inside the house all day long.

8. I'm so nervous about meeting my girlfriend's family for the first time today.

9. Getting daily exercise is very important at any age.

10. Walking alone after 11 p.m. is very dangerous.

5.3. Traduza as seguintes frases para o Inglês

1. Estava nublado e chuvoso ontem, então adiamos ir ao zoológico.

2. A casa deles é pequena demais. Eles estão considerando comprar uma maior.

3. Quando ela terminou de limpar o chão, ela começou a limpar as janelas.

4. Estou pensando em fazer um curso de francês ano que vem.

5. Parei de fumar quando tinha 25 anos.

6. Continue falando. Estou escutando.

7. "Você se importaria de fechar a janela?" "Absolutamente."

8. "Já parou de chover?" "Sim, vamos fazer uma caminhada."

9. "Estou tentando resolver este problema de matemática há horas." "Não desista. Se a princípio você não conseguir, continue tentando."

10. Estou planejando viajar para a Tailândia ano que vem.

6. Let's Listen!

6.1. Escute o diálogo e escolha a alternativa correta.

FAIXA 57

1. Shayna liga para sua amiga Gabby, pois ela precisa:
   a) Que Gabby empreste um vestido para a festa de sexta-feira.
   b) De alguém para compartilhar seus problemas.
   c) Que Gabby vá até sua casa para ajudá-la com a mudança.

2. O chefe de Gabby tem estrado estanho, pois:
   a) Ele está terminando seu MBA.
   b) Ele está pedindo que ela faça muita hora extra.
   c) Ele está exageradamente exigente.

3. Os companheiros de casa de Gabby:
   a) Ficam fora o dia inteiro e muitas vezes não dormem em casa.
   b) São folgados e não ajudam em nada.
   c) São prestativos e a ajudam com os afazeres domésticos.

4. Gabby também está infeliz com o seu:
   a) Irmão por causa da herança de sua avó.
   b) Namorado, pois ele se recusa a falar com ela.
   c) Estagiário, pois ele tem cometido vários erros ultimamente.

Ser ou Não Sendo **179**

5. Shayna sugere:
   a) Que Gabby ligue para seu chefe e peça demissão imediatamente.
   b) Que Gabby faça uma lista dos aspectos positivos da sua vida no momento.
   c) Que Gabby procure terapia o mais rápido possível.

6.2. Escute o diálogo e complete as lacunas com as palavras e expressões da lista.

> considering — grateful — happening — inconsiderate —
> lately — mess — nervous — roommates — shoulder —
> solve — starters— sudden — talking

🎧 **FAIXA 57**

Shayna calls her friend Gabby because she needs some advice.

Shayna: Hi, Gabby. This is Shayna. How are things?

Gabby: I'm alright, but you don't sound so good. What's the matter?

Shayna: Well, I need a _____ to cry on, actually.

Gabby: That's what friends are for! What's _____?

Shayna: So many things are wrong in my life. For _____, there are so many problems at work. My boss has been very strange _____, overly demanding, you know what I mean? He makes me so _____ that I'm beginning to make unnecessary mistakes.

Gabby: Have you tried _____ to him?

Shayna: Yeah, and it didn't work. I think it's because he has problems at home. But who doesn't, right?

Gabby: Exactly. And I also think he should try to _____ his personal problems at home, not at work.

Shayna: And the situation with my _____ is not any better. Those people I share the house with are so sloppy. They won't do anything to help so the house is always a _____. Last night I spent two hours cleaning the house while they were eating pizza and watching TV. They're so _____. I'm sick and tired of their behavior. And to top it all off, my boyfriend just refuses to talk to me. All of a _____ he needs his space and says he wants to break up. I just feel like giving everything up.

Gabby: Calm down, Shayna. So before we start _____ the negative aspects of your life, let's go back and write down everything that's positive. That way you can start to be _____ for what you have and not focus so much on the things that are not going so well. Do you want to try that?

Shayna: Yeah, I think it's a very good idea, actually.

7. Cantinho da Pronúncia

Os Homófonos: Mesmo som, palavra diferente

Você já deve ter percebido que em Inglês temos várias palavras com sons iguais e escrita e significados diferentes, certo? Essas palavras são chamadas de homófonos, que vem do grego *homo-* (όμο-), "mesmo", and *phōnḗ* (φωνή), "voz, som".

Vamos ver abaixo uma lista com os mais comuns e alguns exemplos (que nem sempre vão fazer sentido). Fique atento!

🎧 FAIXA 58

1. **aisle** (*corredor*) — **I'll** (*futuro com will*)
   I guess I'll just take an aisle seat.
   Acho que vou querer um assento no corredor.

2. **a loan** (*um empréstimo*) — **alone** (*sozinho*)
   If you take out a loan, you'll have to pay it alone.
   Se você pegar um empréstimo vai ter que pagá-lo sozinho.

3. **aloud** (*em voz alta*) — **allowed** (*permitido*)
   You're not allowed to speak aloud here.
   Você não pode falar em voz alta aqui.

4. **ate** (*passado de* eat) — **eight** (*oito*)
   He really ate eight oranges, believe me!
   Ele realmente comeu oito laranjas, acredite em mim!

5. **bored** (*entediado*) — **board** (*tábua*)
   Don't you ever get bored of painting that board?
   Você nunca se cansa de pintar essa tábua?

6. **dye** (*tingir*) — **die** (*morrer*)
   My mom said: "If you dye your hair, you're going to die!"
   Minha mãe disse: "Se você pintar seu cabelo, você vai morrer!"

7. **flew** (*passado de* fly) — **flu** (*gripe*)
   I got a nasty flu the last time I flew.
   Peguei uma gripe forte na última vez que andei de avião.

8. **flour** (*farinha*) — **flower** (*flor*)
   Why did you sprinkle the flowers with flour?
   Por que você jogou farinha nas flores?

9. **hour** (*hora*) — **our** (*nosso*)
   We've been waiting for an hour for our pizza.
   Estamos esperando há uma hora pela nossa pizza.

10. **hymn** (*hino*) — **him** (*a ele*)
    Did you ask him if he had written that hymn?
    Você perguntou a ele se ele tinha escrito aquele hino?

11. **meat** (*carne*) — **meet** (*conhecer*)

Did you meet the man who sells the meat?
Você conheceu o homem que vende a carne?

12. **muscle** (*músculo*) — **mussel** (*marisco*)

Mussels don't have muscles, do they?
Mariscos não têm músculos, têm?

13. **pour** (*despejar*) — **poor** (*pobre*)

The poor man poured himself a drink of water.
O pobre homem serviu-se de um copo de água.

14. **quay** (*cais*) — **key** (*chave*)

I found this key at the quay.
Encontrei esta chave no cais.

15. **read** (*passado de* read) — **red** (*vermelho*)

I read the red sign, not the green one.
Eu li a placa vermelha, não a verde.

16. **reign** (*reinar, reinado*) — **rain** (*chuva*)

It rained a lot in the reign of Denmark.
Choveu muito no reino da Dinamarca.

17. **sew** (*costurar*) — **so** (*então*)

So, where did you learn how to sew?
Então, onde você aprendeu a costurar?

18. **stare** (*encarar*) — **stairs** (*escada*)

Why does he stare at the stairs so much?
Por que ele encara tanto a escada?

19. **son** (*filho*) — **sun** (*sol*)

Tell your son to draw a sun.
Diga a seu filho para desenhar um sol.

20. **their** (*deles*) — **they're** (*eles são, estão*) — **there** (*lá*)

They're there playing with their friends.
Eles estão lá brincando com seus amigos.

21. **tow** (*guinchar*) — **toe** (*dedo do pé*)

I broke my toe right after the tow truck arrived.
Quebrei meu dedão logo depois que o guincho chegou.

22. **weak** (*fraco*) — **week** (*semana*)

I get very weak during the week.
Eu fico muito cansado durante a semana.

23. **weather** (*tempo*) — **whether** (*se*)

We'll go out wether the weather is good or not.
Sairemos se o tempo estiver bom ou não.

182 A Chave do Aprendizado da Língua Inglesa

24. **weigh** (*pesar*) — **way** (*caminho, jeito*)
There's only one way that you can weight yourself.
Só tem uma maneira para você se pesar.

25. **your** (*teu*) — **you're** (*você é, está*)
You're doing your homework, right?
Você está fazendo sua tarefa, certo?

8. Frases Prontas

Muitas vezes estamos tristes, com algum problema e realmente não sabemos o que fazer. Se você vir um amigo que está meio cabisbaixo você pode perguntar:

🎧 **FAIXA 59**

What's wrong?
O que há de errado?

What seems to be the problem?
Qual é [parece ser] o problema?

What's the matter?
Qual o problema?

Why so down in the mouth?
Por que você está tão chateado?

What's bothering you?
O que está lhe incomodando?

Anything troubling you?
Algo está lhe incomodando?

Seu amigo pode responder:

I haven't been feeling well lately.
Não tenho me sentido muito bem ultimamente.

I'm just not myself these days.
Não estou me sentindo bem esses dias.

I've been feeling down/out of it/ under the weather.
Tenho me sentido meio triste/ doente.

I'm just not up to things.
Não estou a fim de fazer nada.

I'm on edge.
Estou meio irritado.

Você pode falar do stress do dia a dia:

I've been feeling really stressed-out.
Tenho me sentido muito estressado.

I'm not getting anywhere with my French course.
Não estou progredindo no meu curso de francês.

I'm up to my neck in work.
Estou atolado de trabalho.

I need some downtime.
Preciso tirar uns dias de folga.

I'm feeling overworked.
Estou estafado [de trabalho].

I have a lot on my plate right now.
Estou com muita coisa para fazer agora.

I can't seem to manage things anymore.
Não estou mais dando conta das coisas.

Ser ou Não Sendo — 183

E também da falta de dinheiro:

I'm a little hard up/short of money/out of cash at the moment.
Estou meio sem grana no momento.

I'm having trouble making ends meet.
Estou com dificuldade de pagar as contas.

I'm broke.
Estou duro.

My bank account is overdrawn.
Minha conta está no vermelho.

I'm just scraping by.
Mal estou conseguindo pagar as contas.

Talvez seu amigo queira somente reclamar:

I need to get something off my chest.
Preciso desabafar.

I'm having a rough time at work.
Estou passando por dificuldades no trabalho.

I'm not having any luck with my studies.
Não estou tendo sorte com meus estudos.

My new work schedule is a pain in the neck.
Meu novo horário de trabalho é um saco.

College's killing me.
A faculdade está me matando.

Getting to work is one big hassle.
Chegar ao trabalho é uma dificuldade.

E também pedir ajuda:

Do you think you could help me out?
Você poderia me ajudar?

Do you think you could give me a hand with my homework?
Você poderia me ajudar com a tarefa?

I'd like your advice on how to study better.

Gostaria do seu conselho sobre como estudar melhor.

What do you think I should do about that?
O que você acha que deveria fazer sobre isso?

Can you take a look at my notes?
Pode dar uma olhada nas minhas anotações?

Você pode querer saber mais sobre o problema:

How long has this been going on?
Há quanto tempo isso tem acontecido?

When did this start?
Quando isso começou?

When did this happen?
Quando isso aconteceu?

How did this all come about?
Como isso tudo aconteceu?

What caused the problem?
O que causou o problema?

Who caused the problem?
Quem causou o problema?

Whose fault was it?
De quem foi a culpa?

A Chave do Aprendizado da Língua Inglesa

Seu amigo pode assumir a culpa:

It's my fault.
A culpa é minha.

It was an accident.
Foi um acidente.

It's my mistake.
O erro é meu.

It was a misunderstanding.
Foi um mal-entendido.

I made a mistake.
Eu cometi um erro.

It happened by accident.
Aconteceu por acidente.

I'm to blame.
A culpa é minha.

I take full responsibiliy.
Sou responsável por isso.

I screwed up.
Eu ferrei tudo.

My bad.
A culpa é minha. [informal]

I blew up!
Eu estraguei tudo.

E você finalmente pode oferecer um ombro amigo:

I understand completely.
Entendo perfeitamente.

I know how you feel.
Sei como você está se sentindo.

I can imagine what you're going through.
Entendo o que você está passando.

I know what it's like.
Sei como é.

E dar um conselho:

May I suggest...?
Poderia sugerir...?

Has it ever occured to you...?
Já te ocorreu de...?

I'd like to recommend...
Gostaria de recomendar...

You might want to...
Você pode querer...

Have you ever thought of...?
Você já pensou em...?

You could try...
Você poderia tentar...

Have you ever considered...?
Você já considerou...?

Seu amigo pode aceitar sua sugestão:

That makes sense.
Faz sentido.

I'll give it a try!
Vou tentar!

I never thought of that!
Nunca pensei nisso!

Great idea!
Ótima ideia!

It never ocurred to me!
Nunca me ocorreu isso!

Ou recusar:

That sounds like too much trouble.
Parece muito trabalhoso.

It's no use.
Não adianta.

That makes no sense.
Não faz sentido.

No way!
De jeito nenhum!

What good would that do?
De que adiantaria isso?

I'd rather not.
Prefiro não.

You've got to be kidding me!
Você só pode estar de brincadeira!

9. Cantinho Cultural

A Cultura da Pontualidade

Os americanos valorizam muito a pontualidade. Se você marcar algo com alguém, é de bom tom chegar na hora certa. Chegar uns cinco minutos antes é ainda melhor, pois mostra que você quer mesmo passar um tempo com aquela pessoa. O período de atraso é de até 10 minutos. Não aparecer, o famoso *stand someone up* (dar o bolo em alguém), é considerado extremamente grosseiro, e a pessoa pode não querer combinar mais nada com você.

A cultura da pontualidade é tão importante para os americanos que: se você tiver combinado algo com alguém e sua mãe ligar você pode dizer: "Mãe, só posso conversar uns minutos, pois tenho que encontrar um amigo. Posso ligar para você na

A Chave do Aprendizado da Língua Inglesa

hora que chegar em casa?" Sua mãe não vai ficar chateada, pois planos feitos com antecedência são mais importantes do que conversas decididas na hora.

Se você for se atrasar, seja por causa do trânsito, porque seu carro quebrou, ou porque você perdeu o ônibus ou o trem, ligue para avisar. Atrasar-se porque ficou vendo um filme ou um capítulo de novela não é aceitável. Lembre-se também de, no caso de atraso, perguntar se a pessoa quer marcar outra dia ou outra hora.

Nos Estados Unidos, se você se atrasa constantemente pode ficar com a fama de não ser confiável e podem não querer a sua amizade, e nem fazer negócios com você.

10. Real Life English

Entendendo o Inglês Falado

Recebo vários e-mails de seguidores do blog "Adir Ferreira Idiomas" que reclamam quase sempre a mesma coisa: "Adir, não consigo entender o Inglês falado. Como faço?"

Como em todos os idiomas, as pessoas falam de maneira natural e isso envolve usar contrações, cortar palavras, omitir sujeitos, entre outras coisas. Aqui vamos ver como as perguntas são reduzidas e como isso pode ajudar você a entender melhor. Você vai escutar primeiro a frase com o Inglês padrão e depois com o Inglês na conversação.

∩ FAIXA 60

Dja...? = Do you...?
Do you like around here?
Você mora aqui perto?
Do you work on Saturdays?
Você trabalha aos sábados?
Do you need anything from the supermarket?
Precisa de algo do supermercado?

Are ya...? = Are you...?
Are you tired?
Está cansado?
Are you going to study now?
Vai estudar agora?
Are you doing your homework?
Está fazendo sua tarefa?

Didja...? = Did you...?
Did you do your homework?
Fez sua tarefa?

Did you see her yesterday?
Você a viu ontem?

Did you have fun last night?
Você se divertiu ontem à noite?

Couldja...? = Could you...?

Could you come here please?
Poderia vir aqui, por favor?

Could you keep it down?
Poderia falar mais baixo?

Could you help me with something?
Poderia me ajudar com algo?

Wouldja...? = Would you...?

Would you like some coffee?
Gostaria de um café?

Would you mind not smoking here?
Você se importaria de não fumar aqui?

Would you please close the window?
Poderia fechar a janela, por favor?

Whaddaya...? = What do you...? e What are you...?

What do you think about this?
O que você acha sobre isso?

What do you know about astrology?
O que você sabe sobre astrologia?

What are you doing?
O que você está fazendo?

What are you working on?
No que você está trabalhando?

Zee...? = Is he...?

Is he coming to the party?
Ele virá à festa?

Is he in your class?
Ele está na sua classe?

He's not very smart, is he?
Ele não é muito esperto, né?

Duhzee? = Does he...?

Does he know where she lives?
Ele sabe onde ela mora?

What does he do?
O que ele faz?

A Chave do Aprendizado da Língua Inglesa

He doesn't dance very well, does he?
Ele não dança muito bem, não é?

Zit...? = Is it...?

Is it going to rain?
Vai chover?

Is it time to go?
É hora de ir?

It's not working, is it?
Não está funcionando, né?

Whaddavya...? = What have you...?

What have you done?
O que você fez?

What have you been doing lately?
O que você tem feito recentemente?

What have you decided?
O que você decidiu?

11. Revisão/Ditado

Escute as frases a seguir e escreva-as no seu caderno ou editor de texto.

∩ FAIXA 61

1. _____

2. _____

3. _____

4. _____

5. _____

6. _____

7. _____

8. _____

9. _____

10. _____

12. Dicas de "Como Estudar Sozinho"

Como estudar gramática

Este é um assunto polêmico, pois desde os anos 70, com o advento da *communicative approach* (abordagem comunicativa) no ensino de Inglês, a gramática ficou sendo meio vilã. Desde então têm surgido "métodos" que dizem que você pode aprender tudo só escutando, que falar (quase tudo errado) é melhor do que não falar nada, e coisas absurdas assim.

A gramática é de extrema importância no aprendizado de qualquer idioma, pois nos mostra as particularidades desse idioma e também impede que cometamos erros crassos que ficam sedimentados para sempre.

Por que adultos e adolescentes precisam aprender gramática? Porque precisam saber o porquê das coisas, de onde as coisas vêm e como as coisas são. Adultos e adolescentes não se contentam com o "porque é assim mesmo", e uma abordagem mais "holística" não será suficiente.

Eis aqui algumas dicas para você não ficar perdido quando for estudar gramática.

1. Não se prenda a nomenclaturas. Aprenda os conceitos e as regras e não se preocupe com a terminologia.

2. Faça os exercícios analiticamente. Pare, preste atenção e tente ver em que regra cada exercício se baseia. Não confie (muito) na sua intuição. Seja analítico.

3. Errou? Volte, leia a regra e refaça o exercício. Depois de alguns dias, volte e faça o exercício novamente. Você vai ver que essa repetição vai ajudar e muito.

4. *Go the extra mile!* Faça além do esperado. Se você estudou um assunto extenso (como o desta unidade), não ache que já dominou. Procure outras formas de referência e faça mais exercícios.

5. Procure exemplos na vida real. Quando for ler um texto, assistir a um filme ou série ou conversar com alguém em Inglês, preste atenção nas estruturas que aparecem. Force seu cérebro a lhe lembrar de onde vem aquilo. Por exemplo, se você escutar ou ler a frase: *I'm tired of getting up early* (Estou cansado de me levantar cedo), tente se lembrar de que usamos o *–ing* depois de preposição (neste caso o *of*).

6. Produza. A melhor forma de reter um conceito gramatical é produzir frases pequenas com a estrutura que você está aprendendo.

Essas são algumas boas práticas que você pode utilizar quando for estudar gramática, então *knock yourself out* (aproveite)!

Unidade

08

Só Vou Se Você For...

1. Objetivos da Unidade

Nesta unidade você vai:

- ✓ Estudar com três pequenos diálogos usando a condicional em Inglês.
- ✓ Aprender os três tipos básicos de frases condicionais.
- ✓ Aprender a usar as formas *should* e *should have.*
- ✓ Aprender o uso das formas *be able to* e *had better.*
- ✓ Aprender o uso da palavra *way* para enfatizar.
- ✓ Fazer a prática oral dos diálogos da unidade.
- ✓ Praticar o conteúdo aprendido com exercícios de fixação, audição e tradução.
- ✓ Aprender provérbios em Inglês com correspondente em português.
- ✓ Aprender qual é a língua oficial dos Estados Unidos.
- ✓ Praticar a pronúncia da cluster T*N em Inglês.
- ✓ Aprender Inglês como as crianças.

2. Diálogos-base

Nesta unidade vamos trabalhar com três diálogos menores com as três formas condicionais em Inglês.

Diálogo 01

🎧 FAIXA 62

Mark: Hey, Pete! How's it going?
Ei, Pete! Como vão as coisas?

Pete: I don't feel very well today.
Não estou me sentindo bem hoje.

Mark: What's the matter?
Qual é o problema?

Pete: I have a stomachache.
Estou com dor de estômago.

Mark: You should go to the doctor.
Você deveria ir ao médico.

Pete: If I go to the doctor, he will tell me not to eat spicy food and you know I love spicy food!

Se eu for ao médico, ele vai me dizer para não comer comida apimentada e você sabe que eu adoro comida apimentada!

Mark: But if you eat spicy food you will be sick. And if you're sick you won't be able to go to the soccer game tomorrow.
Mas se você comer comida apimentada você vai passar mal. E se você passar mal você não poderá ir ao jogo de futebol amanhã.

Pete: Yeah, if I don't go to the soccer game tomorrow my coach will be very angry with me. So I'd better not eat spicy food then.
É, se eu não for ao jogo de futebol amanhã meu técnico vai ficar muito bravo comigo. Então é melhor eu não comer comida apimentada.

Diálogo 02

🎧 **FAIXA 63**

Jason: I just can't understand why Chris had to do that yesterday. If I were in charge of that project, I wouldn't react that way. I would try talking to my team before doing anything.
Simplesmente não consigo entender por que o Chris teve que fazer aquilo ontem. Se eu fosse responsável por esse projeto eu não reagiria dessa maneira. Eu tentaria conversar com minha equipe antes de fazer algo.

Robert: Do you really think your team would listen to everything you had to say? I think they would do like everybody else in this company does: they would ignore your suggestions.
Você realmente acha que sua equipe escutaria tudo o que você tinha para dizer? Acho que eles fariam como todo mundo na empresa faz: eles ignorariam suas suges-tões.

Jason: If I were really patient and honest, they would trust me.
Se eu fosse muito paciente e honesto eles confiariam em mim.

Robert: You should definitely become the leader of this project. You'd be great at it!
Você certamente deveria se tornar o líder desse projeto. Você seria ótimo nisso!

Diálogo 03

🎧 **FAIXA 64**

Beth: Why are you so late? We've been waiting for an hour!
Por que você está tão atrasado? Estamos esperando há uma hora!

Dan: My alarm clock didn't go off. If it had gone off, I would have come on time. Has the boss arrived yet?

A Chave do Aprendizado da Língua Inglesa

Meu despertador não tocou. Se tivesse tocado, eu teria vindo na hora certa. O chefe já chegou?

Beth: No, he hasn't. If he had arrived and you weren't here, you know what would have happened.
Não chegou. Se ele tivesse chegado e você não estivesse aqui, você sabe o que teria acontecido.

Dan: Yeah, he would've told me off in front of everybody. That's so typical of him.
É, ele teria me dado uma bronca na frente de todo mundo. É a cara dele fazer isso.

Beth: Tell me about it! Well, are you ready to start? We're way behind schedule!
Nem me fale! Bem, está pronto para começar? Estamos bem atrasados!

3. Explicação dos Diálogos

1. Começamos com o diálogo 01, em que os amigos Mark e Pete estão conversando. Pete não está muito bem, pois está com dor de estômago. Lembre-se de que em Inglês usamos o verbo *have* (ter) e não *be* (ser, estar) para falar de doenças, então podemos *have a headache* (estar com dor de cabeça), *have a toothache* (estar com dor de dente), *have an earache* (estar com dor de ouvido), *have a sore throat* (estar com dor de garganta), e assim por diante. Alguns exemplos:

   He didn't come to class because he had a splitting headache.
   Ele não veio à aula, pois estava com uma dor de cabeça de rachar.

   "Where's Ann?" "Oh, she had a toothache and decided to go to the dentist."
   "Onde está Ana?" "Ah, ela teve dor de dente e decidiu ir ao dentista."

   I've been sneezing and I have a sore throat. I think I'm coming down with something.
   Estou espirrando e estou com dor de garganta. Acho que estou ficando doente.

2. Mark sugere que Pete vá ao médico e usa o verbo modal *should*, que nesse caso é usado para dar um conselho. Veja alguns exemplos nas formas afirmativa e negativa.

   You should study harder for the test.
   Você deveria estudar mais para a prova.

   He should hurry up or else he's going to miss the bus.
   Ele deveria se apressar senão vai perder o ônibus.

   They should stop eating sweets.
   Eles deveriam parar de comer doces.

   I shouldn't stay up late tonight because I have a test first thing tomorrow.
   Eu não deveria ficar acordado até tarde hoje, pois tenho uma prova amanhã cedo.

   You shouldn't eat so many hamburgers.
   Você não deveria comer tantos hambúrgueres.

She shouldn't talk to him anymore.
Ela não deveria falar mais com ele.

Temos também a forma do passado na forma afirmativa *should have* (deveria ter) e na forma negativa *shouldn't have* (não deveria ter). Alguns exemplos:

I should have studied harder for the test.
Eu deveria ter estudado mais para a prova.

He should have noticed that when he came in.
Ele deveria ter percebido isso quando ele entrou.

You shouldn't have said that to her.
Você não deveria ter dito isso a ela.

They shouldn't have stayed up so late.
Eles não deveriam ter ficado acordados até tarde.

3. Pete diz que se ele for ao médico, este vai dizer para ele parar de comer comida apimentada. Aqui temos o primeiro caso das frases condicionais, *the first conditional*. A frase condicional tem sempre duas orações: uma que expressa uma condição neste caso com a palavra *if* e a outra que expressa a consequência. A frase que expressa a condição tem a seguinte estrutura: *if + sujeito + verbo no presente*. Alguns exemplos:

If I study hard for the test,...
Se eu estudar muito para a prova,...

If you decide to travel with me,...
Se você decidir viajar comigo,...

If the weather is nice,...
Se o tempo estiver bom,...

If you're available,...
Se você estiver disponível,...

A segunda oração, que expressa a consequência, pode vir no presente, no futuro, no imperativo e com verbos modais.

... you will pass.
... você vai passar.

... make sure to have a passport.
... certifique-se de ter um passaporte.

... we may go to the beach.
... talvez vamos à praia.

... can you help me with these reports?
... você pode me ajudar com esses relatórios?

Pode-se também inverter a ordem das orações:

You will pass if you study hard for the test.
Você passará se estudar muito para a prova.

196 A Chave do Aprendizado da Língua Inglesa

Make sure to have a passport if you decide to travel with me.
Certifique-se de ter um passaporte se você decidir viajar comigo.

We may go to the beach if the weather is nice.
Talvez vamos à praia se o tempo estiver bom.

Can you help me with these reports if you're available?
Você pode me ajudar com estes relatórios se você estiver disponível?

4. Mark diz que se Pete passar mal ele não poderá ir ao jogo de futebol. Fazemos o futuro do verbo modal *can* (poder) com a expressão *be able to*, pois não podemos usar nem *will* nem *going to* para fazer o futuro de *can*.

I will be able to go to the party.
Eu poderei ir à festa.

You will be able to travel with us, right?
Você poderá viajar conosco, certo?

She will be able to speak English fluently if she studies hard.
Ela poderá falar Inglês fluentemente se ela estudar muito.

Na negativa usamos *won't be able to.*

He won't be able to come to the party.
Ele não poderá vir à festa.

We won't be able to help you.
Nós não poderemos te ajudar.

They won't be able to sing at the concert.
Eles não poderão cantar no show.

5. O primeiro diálogo é bem fácil e termina com Pete dizendo que é melhor ele não comer comida apimentada. Ele faz isso usando a expressão *had ('d) better* indicando que se ele não fizer (ou fizer) aquilo, algo ruim vai acontecer. Mais alguns exemplos:

You'd better tell him everything you know.
É melhor você contar para ele tudo o que você sabe.

It's getting late. I'd better go home.
Está ficando tarde. É melhor eu ir para casa.

It looks like rain. You'd better take your umbrela.
Parece que vai chover. É melhor você levar seu guarda-chuva.

A forma negativa é *had ('d) better not.*

You'd better not do that.
É melhor você não fazer isso.

She'd better not tell him anything.
É melhor ela não dizer-lhe nada.

They'd better not miss the train.
É melhor eles não perderem o trem.

6. No diálogo 02 temos os *co-workers* (colegas de trabalho) Jason e Robert falando da atitude de outro colega, o Chris. Aqui já temos alguns exemplos da *Second Conditional* que, como a *First Conditional*, tem duas orações, mas sua estrutura é um pouco diferente. A primeira oração tem a seguinte estrutura: *if + sujeito + verbo* no passado. Exemplos:

> If I had a driver's license...
> *Se eu tivesse uma carteira de motorista...*
>
> If he spoke French...
> *Se eu falasse francês...*
>
> If they took the train...
> *Se eles pegassem o ônibus...*

A outra oração pode vir com as formas *would* + verbo ou *could* + verbo:

> ... I would go by car.
> *... eu iria de carro.*
>
> ... he could travel to France.
> *... ele poderia viajar para a França.*
>
> ... they would get here around four.
> *... eles chegariam aqui lá pelas quatro.*

Neste caso a ordem das orações também não altera o sentido da frase.

> I would go by car if I had a driver's license.
> *Eu iria de carro se eu tivesse carteira de habilitação.*
>
> He could travel to France if he spoke French.
> *Ele poderia viajar para a França se falasse francês.*
>
> They would get here around four if they took the train.
> *Eles chegariam aqui lá pelas quatro se pegassem o trem.*

7. Na gramática normativa usamos *were* para todas as pessoas na segunda condicional do verbo *to be*: *If I were..., If you were..., If he were..., If she were..., If it were..., If we were..., If they were...* Porém, na linguagem oral podemos usar as formas: *If I was..., If he was..., If she was..., If it was...*

8. Jason diz que tentaria conversar com a sua equipe antes de fazer qualquer coisa. Podemos dizer "tentar fazer algo" de duas formas em Inglês: *try to do something* ou *try doing something*. Já vimos essas estruturas na Unidade 07 e vamos revisá-las nesta também. Essas duas formas têm usos diferentes.

> *Try to do something* indica que você está fazendo um esforço para realizar uma ação. Pode ser que consigamos ou não. Alguns exemplos:
>
> I tried to talk to him, but he wouldn't listen to me.
> *Tentei conversar com ele, mas ele não quis me escutar.*
>
> She will try to lift that box, but she won't be able to do it. It's too heavy.
> *Ela tentará levantar aquela caixa, mas não vai conseguir. É pesada demais.*

A Chave do Aprendizado da Língua Inglesa

He tried to watch that movie, but it was too bad.
Ele tentou assistir àquele filme, mas era ruim demais.

Try doing something indica que você vai fazer um teste para ver o que acontece. Exemplos:

If you want to speak English better, try listening to more authentic audio.
Se você quer falar Inglês melhor, tente escutar mais áudio autêntico.

If your girlfriend is angry at you, try sending her flowers.
Se sua namorada está brava com você, tente mandar flores para ela.

They tried talking to him personally, but they couldn't persuade him.
Eles tentaram falar com ele pessoalmente, mas não conseguiram persuadi-lo.

9. Chegamos na *Third Conditional*, a terceira condicional, no diálogo 03. Beth e Dan trabalham juntos. Dan está atrasado e justifica isso ao despertador que não tocou. Vejamos alguns exemplos:

If I had had a driver's license...
Se eu tivesse tido carteira de motorista...

If he had spoken French...
Se ele tivesse falado francês...

If they had taken the train...
Se eles tivessem pegado o trem...

A outra oração pode vir com as formas *would* + verbo ou *could* + verbo:

... I would have gone by car.
... eu teria ido de carro.

... he could have traveled to France.
... ele poderia ter viajado para a França.

... they would have gotten here around four.
... eles teriam chegado aqui lá pelas quatro.

Novamente, a ordem das orações também não altera o sentido da frase.

I would have gone by car if I had had a driver's license.
Eu teria ido de carro se eu tivesse tido carteira de motorista.

He could have traveled to France if he had spoken French.
Ele poderia ter viajado para a França se ele tivesse falado francês.

They would have gotten here around four if they had taken the train.
Eles teriam chegado aqui lá pelas quatro se tivessem pegado o trem.

Só Vou Se Você For... **199**

10. A contração *'d* pode ser *had* ou *would*. Mas como sabemos? Se depois de *'d* houver um particípio passado, é contração de *had*. Se houver um verbo no infinitivo, é de *would*. Exemplos:

he'd gone	ele tinha ido
he'd go	ele iria
I'd done	eu tinha feito
I'd do	eu faria
they'd seen	eles tinham visto
they'd see	eles veriam

Existem algumas orações condicionais que não seguem os três modelos apresentados. Tais orações não apresentam dificuldade, pois se parecem muito com o português. Exemplos:

What would you do now if it weren't raining?
O que você faria agora se não estivesse chovendo?

If she wants to go, she can go.
Se ela quiser ir, ela pode ir.

If I were rich, I could do many things.
Se eu fosse rico, eu poderia fazer muitas coisas.

If you had studied harder, you might have gotten a better grade.
Se você tivesse estudado mais, você poderia ter tirado uma nota melhor.

If you want to read the book, read it!
Se você quiser ler o livro, leia-o!

11. Muitas vezes a condição é implícita e é expressa com as conjunções *but* (mas) e *however* (porém).

I'd go with you, but right now I don't have the time.
Eu iria com você, mas agora não estou com tempo.

If I had the time, I'd go with you.
Se eu tivesse tempo, eu iria com você.

I'd love to stay longer, but I have to get up early tomorrow.
Adoraria ficar mais, mas tenho que levantar cedo amanhã.

If I didn't have to get up early tomorrow, I'd stay longer.
Se eu não tivesse que levantar cedo amanhã, eu ficaria mais.

I'd go with you, but I have to work.
Eu iria com você, mas tenho que trabalhar.

If I didn't have to work, I'd go with you.
Se eu não tivesse que trabalhar, eu iria com você.

200 A Chave do Aprendizado da Língua Inglesa

12. Também podemos fazer frases condicionais usando *unless* (a não ser que), *as long as* (contanto que) e *provided/providing* (*that*) (desde que).

> I'll see you tomorrow unless I have to travel.
> *Eu te verei amanhã a não ser que eu tenha que viajar.*

> I hate complaining. I wouldn't complain about something unless it was something really bad.
> *Odeio reclamar. Eu não reclamaria sobre algo a não ser que fosse algo muito ruim.*

> You can borrow this book as long as you return it by next week.
> *Você pode pegar este livro emprestado contanto que me devolta até a semana que vem.*

> Going to the concert is a good idea as long as there are places to sit.
> *Ir ao show é uma boa ideia contanto que tenha lugares para se sentar.*

> Providing the weather is good, we can go to the beach.
> *Desde que o tempo esteja bom, podemos ir à praia.*

> You can go out with your friends provided that you are back at 11.
> *Você pode sair com seus amigos desde que esteja de volta até às 11h.*

13. Beth diz que eles estão *way behind schedule* (atrasadíssimos com o cronograma). Aqui usamos *way* para dar ênfase a um adjetivo, geral, mas não exclusivamente, com a palavra *too*. Alguns exemplos:

> Slow down! You're going way too fast!
> *Devagar! Você está indo rápido demais!*

> Where is everybody? I've been waiting way too long.
> *Onde estão todos? Estou esperando há tempo demais.*

> I don't need all that. That's way too much!
> *Não preciso de tudo isso. É demais para mim!*

> After the third lap, she was way behind the other runners.
> *Depois da terceira volta, ela estava muito atrás dos outros corredores.*

> She spends way too much money on clothes.
> *Ela gasta muitíssimo dinheiro com roupas.*

4. Prática Oral: Questions and Answers

Este exercício é muito importante para o seu aprendizado, pois você vai praticar perguntas e respostas como na vida real. Primeiro, escute e leia silenciosamente, quantas vezes forem necessárias, para entender as perguntas e respostas. Depois escute o áudio, pause e repita em voz alta, bem devagar (não precisa ter pressa!). Faça este exercício sem se preocupar com as regras gramaticais, pois as coisas vão se encaixando com o tempo. *Are you ready? Let's do it!*

Só Vou Se Você For... **201**

Diálogo 01

🎧 **FAIXA 65**

1. How's Pete feeling today?
   Como Pete está se sentindo hoje?

   He doesn't feel very well today.
   Ele não se sente muito bem hoje.

2. What's the matter?
   Qual é o problema?

   He has a stomachache.
   Ele está com dor de estômago.

3. What does Mark tell him to do?
   O que Mark lhe diz para fazer?

   He tells him he should go to the doctor.
   Ele lhe diz que deveria ir ao médico.

4. What will happen if Pete goes to the doctor?
   O que acontecerá se Pete for ao médico?

   If he goes to the doctor, he will tell him not to eat spicy food.
   Se ele for ao médico, ele lhe dirá para não comer comida apimentada.

5. Does Pete like spicy food?
   Pete gosta de comida apimentada?

   Pete loves spicy food!
   Pete adora comida apimentada!

6. What will happen if he eats spicy food?
   O que acontecerá se ele comer comida apimentada?

   If he eats spicy food, he will be sick.
   Se ele comer comida apimentada, ele ficará doente.

7. What will happen if he's sick?
   O que acontecerá se ele ficar doente?

   If he's sick, he won't be able to go to the soccer game tomorrow.
   Se ele ficar doente, ele não poderá ir ao jogo de futebol amanhã.

8. What will happen if he doesn't go to the soccer game tomorrow?
   O que acontecerá se ele não for ao jogo de futebol amanhã?

   If he doesn't go to the soccer game tomorrow his coach will be very angry with him.
   Se ele não for ao jogo de futebol amanhã, seu técnico vai ficar muito bravo com ele.

9. Is he going to eat spicy food?
   Ele vai comer comida apimentada?

   No, he'd better not eat spicy food then.
   Não, é melhor ele não comer comida apimentada então.

Diálogo 02

🎧 **FAIXA 66**

1. Why is Jason angry?
   Por que Jason está bravo?

   He's angry because he just can't understand why Chris had to do that yesterday.
   Ele está bravo porque simplesmente não consegue entender porque Chris teve que fazer aquilo ontem.

2. Who is Chris?
   Quem é Chris?

   Chris is his co-worker.
   Chris é seu colega de trabalho.

3. What would he do if he were in charge of that project?
   O que ele faria se fosse responsável por esse projeto?

   If he were in charge of that project, he wouldn't react that way.
   Se ele fosse responsável por esse projeto, ele não reagiria dessa maneira.

4. What would he do?
   O que ele faria?

   He would try talking to his team before doing anything.
   Ele tentaria conversar com sua equipe antes de fazer algo.

5. Would his team really listen to everything he had to say?
   Sua equipe realmente escutaria tudo o que ele tinha para dizer?

   If he were really patient and honest, they would trust him.
   Se ele fosse realmente paciente e honesto, eles confiariam nele.

6. Would they ignore his suggestions?
   Eles ignorariam suas sugestões?

   They might ignore his suggestions.
   Talvez eles ignorariam suas sugestões.

7. What does Robert think Jason should do?
   O que Robert acha que Jason deveria fazer?

   He thinks Jason should become the leader of that project.
   Ele acha que Jason deveria se tornar o líder desse projeto.

   Does he think Jason would be good at it?
   Ele acha que Jason seria bom nisso?

   He actually thinks Jason would be great at it!
   Na verdade ele acha que Jason seria ótimo nisso!

Diálogo 03

FAIXA 67

1. Why's Dan so late?
   Por que Dan está tão atrasado?

   His alarm clock didn't go off.
   Seu despertador não tocou.

2. How long have they been waiting?
   Há quanto tempo eles estão esperando?

   They've been waiting for an hour!
   Eles estão esperando há uma hora!

3. What would have happened if the alarm clock had gone off?
   O que teria acontecido se o despertador tivesse tocado?

   If it had gone off, he would have come on time.
   Se tivesse tocado, ele teria chegado pontualmente.

4. Has the boss arrived yet?
   O chefe já chegou?

   No, he hasn't arrived yet.
   Não, ele não chegou ainda.

5. What would have happened if he had arrived and Dan wasn't there?
   O que teria acontecido se ele tivesse chegado e Dan não estivesse lá?

   He would've told Dan off in front of everybody.
   Ele teria dado uma bronca em Dan na frente de todos.

6. What does "tell off" mean?
   O que significa "tell off"?

   It means that the boss would talk to Dan very angrily because of something he had done.
   Significa que o chefe falaria com Dan com muita raiva por causa de algo que ele tinha feito.

7. Why is that typical of him?
   Por que isso é típico dele?

   Because he does that all the time.
   Porque ele faz isso o tempo todo.

5. Let's Practice

5.1. Complete as frases abaixo com uma palavra da lista. Algumas palavras podem ser usadas mais de uma vez.

> at — before — it — of — off — on — to — with

1. Hey, how's ____ going? I haven't seen you for ages!
2. I'm so sorry, but I won't be able ____ go to your party.
3. Why is he so angry ____ you? What have you done?
4. Who's in charge ____ the Marketing Department?
5. You have to think it over ____ making any decision.
6. You should've listened ____ me when I told you not to do that.
7. Having problems with math? Call Chuck, he's great ____ it!
8. She's never ____ time and I hate that!
9. She told you she'd come but never showed up? That's so typical ____ her.
10. My dad will surely tell me ____ if I don't take out the trash.

5.2. Traduza as seguintes frases para o português.

1. "I've lost my French book somewhere." "Have you found it?" "No, but if I find it, I will tell you."
2. What would you do if you found a wallet on the street?
3. I'd be very upset if you didn't go to my party.
4. Who would you vote for if there were an election tomorrow?
5. You might feel better if you did more physical activity.
6. I don't know what I would do if I were bitten by a snake.
7. If I'd known he was in the hospital, I would have gone to see him.
8. He would have said hello if he had seen you.
9. If you had gone to the party, you would have met lots of people.
10. Don't worry about me. If I had been hungry, I would have gotten something do eat.

5.3. Traduza as seguintes frases para o Inglês.

1. Se eu terminar meu trabalho a tempo, irei ao jogo de futebol.
2. Se eu vir o Henry, eu lhe direi o que você me contou.
3. Se nós não nos apressarmos, perderemos o trem.
4. Se eu fosse você, eu não faria isso.
5. Se hoje fosse feriado, eu iria à praia.
6. Se o tempo não estivesse tão frio, eu iria nadar.
7. Se eles trabalhassem aqui, eles poderiam tirar férias duas vezes no ano.
8. Se eu tivesse recebido sua mensagem, eu teria vindo imediatamente.
9. Se ele tivesse estudado mais, ele teria tirado notas melhores.
10. Se o tempo tivesse estado bom ontem, eu teria ido à praia.

6. Let's Listen!

6.1. David e Susan são casados e estão saindo de férias. Ao tentar sair da cidade, eles deparam com um congestionamento gigantesco. Escute o diálogo e responda às perguntas abaixo.

🎧 **FAIXA 68**

1. Susan está brava com David porque:
   a) Ele não trouxe água para a viagem.
   b) Ele se esqueceu do carregador do celular.
   c) Ele deveria ter pegado outra estrada.

2. David fica bravo consigo mesmo pois...
   a) Ele deveria saber que haveria congestionamentos.
   b) Ele se esqueceu de carregar o celular.
   c) Ele se esqueceu de trancar a porta dos fundos.

3. Susan diz que David deveria ter:
   a) Ligado para seus pais para avisar que estariam chegando.
   b) Pedido para os vizinhos colocarem comida para o cachorro.
   c) Ligado o rádio para saber sobre os congestionamentos.

4. O que teria acontecido se Susan tivesse ajudado David a fazer as malas?
   a) Ele não teria se esquecido de trancar a porta dos fundos.
   b) Ele teria tido tempo de escutar o rádio.
   c) Ele teria tido tempo de checar o aplicativo.

206 A Chave do Aprendizado da Língua Inglesa

5. Quando Susan decide ver um caminho pelo aplicativo:
    a) Ela decide parar em um posto de gasolina para abastecer.
    b) Ela descobre que a bateria do celular está acabando.
    c) Ela fica brava com David porque ele deveria ter trazido o carregador.

6. Finalmente eles têm duas opções:
    a) Voltar para casa ou passar em uma loja.
    b) Passar em uma loja ou seguir em frente.
    c) Seguir em frente e esperar que nada de ruim aconteça.

6.2. Escute o diálogo e complete as lacunas com as palavras e expressões da lista.

> at all — could've told — go back — had helped — had
> listened — should've known — should've taken —
> stop by — that's enough — would've had — would've
> helped — would've known — you've got to be

🎧 **FAIXA 68**

Susan: Why did you have to come this way? Look, it's not moving
_____. You _____ the other route.

David: Well, you _____ me! It's always my fault! I _____
there would be traffic jams everywhere...

Susan: If you _____ to the traffic report on the radio you
_____ where not to go!

David: Yeah, honey, but if you _____ me pack everything I
_____ time to listen to the radio. Also, if you had helped me check
the routes on that app this would have never happened.

Susan: If you had asked me, I _____ you! It's always the same thing.
You never ask for help, but when things go wrong, I'm the one to blame...

David: All right, _____. Let's just look at that app and see where we
can get off this road.

Susan: Damn, my phone's battery is dying. Let me use yours.

David: Mine's dying too. Do you have the charger?

Susan: I think I left it at home.

David: _____ kidding me! Now we either have to _____ or
_____ a store and get new ones. This is just what I needed!

Só Vou Se Você For... 207

7. Cantinho da Pronúncia

A Pronúncia da Contração de Will e Would

Nesta unidade vimos os três casos de frases condicionais e também que na linguagem oral costumamos usar as contrações dos verbos *will* e *would*. O importante é acostumar o ouvido para identificá-las em uma conversa.

🎧 FAIXA 69

Contrações com Will

I will. I'll

I'll be late if I don't hurry.
Vou me atrasar se eu não me apressar.

You will. you'll

If you don't study for the test you'll fail.
Se você não estudar para a prova você vai reprovar.

He will. he'll

He'll be very happy if you go to his party.
Ele ficará muito feliz se você for à sua festa.

She will. she'll

She'll be our English teacSher next year.
Ela será nossa professora de Inglês ano que vem.

It will. it'll

It'll come in handy if you can arrive a little earlier.
Virá a calhar se você puder chegar um pouco mais cedo.

We will. we'll

We'll help you if you help us.
Nós te ajudaremos se você nos ajudar.

They will. they'll

They'll be here in an hour if there isn't a traffic jam.

Eles estarão aqui em uma hora se não houver engarrafamento.

That will. that'll

That'll be all, thanks.
Isso é tudo, obrigado.

What will. what'll

What'll happen if I don't show up?
O que acontecerá se eu não aparecer?

Contrações com Would

I would. I'd

I'd do that if I were you.
Eu faria isso se fosse você.

You would. you'd

If she did that you'd be disappointed.
Se ela fizesse isso você ficaria decepcionado.

He would. he'd

He'd never do that if he had the choice.
Ele nunca faria isso se tivesse escolha.

She would. she'd

She'd be a good journalist if she wanted to.
Ela seria uma boa jornalista se ela quisesse.

It would. it'd

It'd be great if we could get tickets for the concert.

Seria ótimo se pudéssemos conseguir ingressos para o show.

We would. we'd

We'd like to travel to Paris next year.
Gostaríamos de viajar para Paris ano que vem.

They would. they'd

They'd come to the meeting if they could.
Eles viriam à reunião se pudessem.

That would. that'd

Would you like something to drink?
Gostaria de algo para beber?

That'd be lovely, thank you.
Isso seria adorável, obrigado.

8. Frases Prontas

Nesta unidade trazemos frases que são atemporais e são parte enraizada da cultura e do idioma: os provérbios. Em Inglês temos vários provérbios que têm correspondente em português, então vamos trabalhar com eles hoje.

∩ FAIXA 70

A blessing in disguise.
Há males que vêm para o bem.

A friend in need is a friend indeed.
É no momento de dificuldade que descobrimos os amigos de verdade.

Advice when most needed is least heeded.
Se conselho fosse bom ninguém dava, vendia.

All good things must come to an end.
Tudo que é bom dura pouco.

An ounce of prevention is worth a pound of cure./Prevention is better than cure.
É melhor prevenir do que remediar.

Appearances can be deceiving.
As aparências enganam.

Best to bend while it is a twig.
É de pequenino que se torce o pepino.

Better alone than in bad company.
Antes só do que mal acompanhado.

Birds of a feather, flock together.
Diga-me com quem andas que te direi quem és.

Business is business.
Amigos, amigos; negócios à parte.

Choose the lesser of two evils.
Dos males o menor.

Cobblers' children never wear shoes.
Em casa de ferreiro, espeto de pau.

Constant dripping wears away the stone.
Água mole em pedra dura tanto bate até que fura.

Don't put the cart before the horse.
Não coloque a carroça na frente dos bois.

Easy comes, easy goes.
O que vem fácil, vai fácil.

Every dog has his day.
Um dia é da caça e o outro é do caçador.

Every man for himself
and the devil take the hindmost.
Cada um por si e Deus por todos.

Haste makes waste.
A pressa é inimiga da perfeição.

He who laughs last, laughs best.
Quem ri por último ri melhor.

He who lives by the sword, dies by the sword.
Quem com ferro fere, com ferro será ferido.

If it ain't broke, don't fix it.
Não se mexe em time que está ganhando.

If you can't beat them, join them.
Se não pode vencê-los, junte-se a eles.

It's just water under the bridge.
Águas passadas não movem moinhos.

Laughter is the best medicine.
Rir é o melhor remédio.

Lies have short legs.
Mentira tem pernas curtas.

Make/do with what you have.
Quem não tem cão caça com gato.

Never put off till tomorrow what you can do today.
Não deixe para amanhã o que você pode fazer hoje.

Not all that glitters is gold.
Nem tudo que reluz é ouro.

Nothing ventured, nothing gained.
Quem não chora, não mama.

Once bitten, twice shy.
Gato escaldado tem medo de água fria.

People who live in glass houses, shouldn't throw stones.
Quem tem telhado de vidro não joga pedra no do vizinho.

Practice makes perfect.
A prática leva à perfeição.

Spare the rod and spoil the child.
Criança mimada, criança estragada.

The last will be first.
Os últimos serão os primeiros.

The leopard can't change its spots.
Pau que nasce torto nunca se endireita.

The more you get, the more you want.
Quanto mais se tem, mais se quer.

The remedy is worse than the disease.
O remendo ficou pior do que o soneto.

Two heads are better than one.
Duas cabeças pensam melhor do que uma.

United we stand, divided we fall.
A união faz a força.

Water dropping day by day wears the hardest rock away.
Água mole em pedra dura tanto bate até que fura.

Where there's a will there's a way.
Querer é poder.

While there is life, there is hope.
A esperança é a última que morre.

You can't please everyone.
Não se pode agradar a gregos e a troianos.

You get what you pay for.
O barato sai caro.

You reap what you sow.
Quem semeia vento, colhe tempestade.

9. Cantinho Cultural

Língua oficial

De acordo com o governo americano, não existe uma língua oficial nos Estados Unidos. Depois do Inglês, as línguas mais faladas são espanhol, chinês, francês e alemão. Aproximadamente 90% da população do país fala e entende pelo menos um pouco de Inglês, e os negócios são feitos em Inglês, em sua maior parte.

O IBGE americano estima que mais de 300 línguas sao faladas em território americano. Tais línguas são divididas em quatro categorias: espanhol; línguas indo-europeias, como alemão, iídiche, sueco, francês, italiano, português, russo, polonês, hindu, punjabi, grego e outras; línguas asiáticas e das ilhas do Pacífico, como chinês, coreano, japonês, tailandês, tâmil e outras; e uma categoria para línguas que não se encaixaram nas três anteriores, como húngaro, árabe, hebraico, línguas africanas e de povos indígenas das Américas do Norte, Central e Sul.

10. Real Life English

A Pronúncia de T*N em Inglês Americano

Há várias palavras com $T + vogal + N$ que têm uma pronúncia peculiar em Inglês americano. Vamos escutar a pronúncia padrão e depois como elas realmente são faladas no Inglês americano.

🎧 **FAIXA 71**

bitten *mordido*	fountain *fonte*
brighten *clarear*	gotten *conseguido*
Britain *bretanha*	kitten *gatinho*
button *botão*	Latin *latim, latino*
certain *certo*	Manhattan *bairro de Nova Iorque*
cotton *algodão*	mountain *montanha*
curtain *cortina*	rotten *podre*
eaten *comido*	satin *cetim*
flatten *achatar*	written *escrito*
forgotten *esquecido*	

Agora escute como elas são faladas com o som da vogal cortado. Escute e repita.

11. Revisão/Ditado

Escute as frases a seguir e escreva-as no seu caderno ou editor de texto.

🎧 **FAIXA 72**

1. _____
2. _____
3. _____
4. _____
5. _____
6. _____
7. _____
8. _____
9. _____
10. _____

12. Dicas de "Como Estudar Sozinho"

Vire criança!

Muito se diz por aí que as crianças têm uma habilidade inerente para aprender, mas esse mito já está sendo contestado há um tempo. Minha dica aqui é ter uma atitude "de criança" ao aprender um idioma.

Atenção, não estou dizendo para você sair fazendo birra porque não aprendeu a forma do passado de um verbo ou puxar o cabelo do seu colega de trabalho se ele não te emprestou aquele livro. Isso não!

Quando digo "atitude de criança" quero dizer aprender a levar as coisas menos a sério. As crianças cometem erros, aprendem com eles e isso se transforma em uma parte do aprendizado. Por isso, aprender "como criança" quer dizer não ter vergonha de errar e aprender a ter prazer enquanto se aprende.

Em vez de dizer "eu não sei", troque por "eu não aprendi ainda" e você vai ver como essa troca de palavras vai ajudar no seu desenvolvimento linguístico. Cometer erros virou um tabu para os adultos, com o significado de fracasso, incompetência e falta de capacidade. Com as crianças isso se torna toda uma experiência.

Então, divirta-se mais aprendendo. Errou? Veja como você pode transformar esse erro em um aprendizado. Errou na frente dos outros? Lembre-se: o que as pessoas pensam sobre você é problema delas, não seu.

Saia da zona de conforto *and have fun*!

Unidade 09

O Tal do Phrasal Verb

1. Objetivos da Unidade

Nesta unidade você vai:

- ✓ Aprender como usar os *phrasal verbs* separáveis e inseparáveis.
- ✓ Trabalhar com um diálogo contendo *phrasal verbs*.
- ✓ Fazer a prática oral do diálogo.
- ✓ Praticar vocabulário e estrutura com exercícios de fixação.
- ✓ Praticar a audição com um diálogo acadêmico.
- ✓ Aprender a pronúncia dos *phrasal verbs*.
- ✓ Aprender a contar histórias com frases prontas.
- ✓ Conhecer as cinco comidas americanas mais comuns.
- ✓ Como usar a palavra *ain't* em contextos informais.
- ✓ Melhorar sua audição e escrita com o ditado.
- ✓ Aprender a revisar os *phrasal verbs*.

A Chave do Aprendizado da Língua Inglesa

2. Diálogo-base

🎧 **FAIXA 73**

Tony is American and has a French friend, Nicole. Sometimes they meet to have a cup of coffee and talk.
Tony é americano e tem um amiga francesa, Nicole. Às vezes eles se encontram para tomar um café e conversam.

Tony: Hey, Nicole! How's it going?
Ei, Nicole! Como vão as coisas?

Nicole: Great, how are you doing?
Ótimas, como você está?

Tony: I'm doing fine, thanks. Hey, let me ask you something. You lived in San Francisco for a while, right? You studied in an English school there?
Estou bem, obrigado. Ei, deixa eu te perguntar uma coisa. Você morou em São Francisco um tempo, certo? Você estudou em uma escola de Inglês lá?

Nicole: Yes, I did. I lived there for three months.
Sim, estudei. Morei lá por três meses.

Tony: So, what was a typical day like there?
Então, como era um dia típico lá?

Nicole: Well, I would wake up around 7 a.m. Honestly, I would get up at 7:30 because I was so lazy.
Bem, eu acordava lá pelas sete da manhã. Na verdade, eu me levantava às sete e meia porque eu tinha muita preguiça.

Tony: I know what that's like!
Sei bem como é isso!

Nicole: After that I would eat breakfast and wait for my ride to pick me up and drop me off at school.
Depois disso eu tomava café da manhã e esperava minha carona me pegar e me deixar na escola.

Tony: Oh wow, you didn't have to catch the bus?
Nossa, você não tinha que pegar ônibus?

Nicole: No, I was lucky. I had a friend who worked close to the school. She would take me there every day.
Não, eu tive sorte. Tinha uma amiga que trabalhava perto da escola. Ela me levava lá todos os dias.

Tony: So, how did you get around the city when you were not studying?
Então, como você andava na cidade quando não estava estudando?

Nicole: I would normally just walk around or catch a bus. You don't need a car in San Francisco.
Eu normalmente ia a pé ou pegava um ônibus. A gente não precisa de carro em São Francisco.

Tony: That's cool. Did you do anything else fun while you were there?
Que legal. Você fez algo de divertido enquanto estava lá?

Nicole: Oh, of course! I took part in some meetings about activism since my job in my country was in this area. We used to give away blankets to homeless people at night. It was great because I really got on well with everyone in the program and I was able to build up some good relationships in my limited time there. Sometimes you have to put up with some really obxinous people, but that comes with the territory.
Ah, claro! Participei de algumas reuniões sobre ativismo já que o meu trabalho no meu país era nessa área. A gente doava cobertores para os sem-teto à noite. Foi ótimo, pois eu realmente me dava bem com todo mundo no programa e consegui construir bons relacionamentos no pouco tempo que eu tinha lá. Às vezes você tem que aguentar gente bem desagradável, mas são ossos do ofício.

Tony: Wow! I will have to look into more about San Francisco for sure. I hear it's an amazing but expensive city. Did you run out of money while you were there?
Nossa! Vou ter que pesquisar mais sobre São Francisco com certeza. Ouvi dizer que é uma cidade incrível, mas cara. Você ficou sem dinheiro enquanto estava lá?

> **Nicole:** Almost! It was crazy expensive and I had to get by with a limited budget. But I survived and I would have no problem going back there again.
> *Quase! Era caríssimo, e eu tinha que me virar com um orçamento limitado. Mas eu sobrevivi e não teria nenhum problema em voltar lá novamente.*

3. Explicação do Diálogo-base

Nesta unidade vamos estudar os *phrasal verbs*. Você já deve ter deparado com eles, e hoje vamos estudá-los com um pouco mais de atenção. *Let's do this!*

1. Tony e Nicole estão conversando. Eles se cumprimentam, e Tony lhe pergunta sobre sua rotina diária quando estudava Inglês em São Francisco. Ela diz que acordava, *she would wake up*, lá pelas 7 da manhã. Aqui temos o primeiro *phrasal verb*: *wake up*. Os *phrasal verbs* são verbos formados por um verbo principal e mais uma ou duas partículas.

   Temos alguns tipos de *phrasal verbs*. O primeiro é o que chamamos de *phrasal verbs* separáveis, em que podemos colocar o objeto (um nome, substantivo ou pronome oblíquo) depois da partícula ou entre o verbo e a partícula. Alguns exemplos:

   To pick something up = *pegar algo*

   I picked up the book.
   Eu peguei o livro. [Aqui o objeto, *the book*, vem depois da partícula *up*.]
   I picked the book up.
   Eu peguei o livro. [Aqui o objeto, *the book*, vem entre o verbo, *pick*, e a partícula, *up*.]

   Nas frases acima as duas formas estão corretas. Preste atenção ao usar os pronomes *me, you, him, her, it, us* e *them*. Eles sempre estão entre o verbo e a partícula.

   I picked *it* up.
   Eu o peguei. [o livro]
   ~~I picked up it.~~ = incorreto

2. No caso de *wake up* ele é separável quando acordamos alguém, *we wake somebody up*. Exemplos:

   Stop making noise! You're going to wake up your brother.
   Pare de fazer barulho! Você vai acordar seu irmão.

   Também poderíamos dizer: You're going to wake your brother up.

   Se usarmos o pronome *him* para substituir *your brother*, temos que colocá-lo entre o verbo e a partícula:

   You're going to wake him up.
   Você vai acordá-lo.

O Tal do Phrasal Verb **219**

3. O *phrasal verb get up* (levantar-se) não precisa de objeto. Alguns exemplos:

> What time do you usually get up?
> *Que horas você geralmente se levanta?*
>
> I have to get up really early every day.
> *Tenho que me levantar muito cedo todos os dias.*

4. Nicole diz que depois de tomar café da manhã ela esperava sua carona para pegá-la e deixá-la na escola. Já vimos o *phrasal verb pick up* acima e agora temos *drop off*, que significa deixar alguém ou algo em algum lugar. Ele também é um *phrasal verb* separável. Alguns exemplos:

> Can you drop off this book at Sue's house?
> *Você pode deixar este livro na casa da Sue?*
>
> Can you drop this book off at Sue's house?
> *Você pode deixar este livro na casa da Sue?*
>
> Se quisermos usar o pronome *it* para substituir *this book*: *Can you drop **it** off at Sue's house?*

Nicole diz que participou de algumas reuniões sobre ativismo onde eles doavam cobertores para os mais necessitados. Aqui temos *give away*, que é um *phrasal verb* separável. Alguns exemplos:

> That company gave away thousands of original software.
> *Aquela empresa doou milhares de programas originais.*
>
> I gave most of my books away when I moved.
> *Doei a maioria dos meus livros quando me mudei.*

Give away também pode significar que você não consegue segurar uma emoção ou sentimento ou até mesmo guardar um segredo.

> She tried to smile, but her voice gave her away.
> *Ela tentou sorrir, mas sua voz a denunciou.*
>
> Don't worry. She won't give you away.
> *Não se preocupe. Ela não vai contar seu segredo.*

5. Nicole também diz que se dava muito bem com todos no programa. Aqui ela usa *get on*, que é inseparável. Alguns exemplos:

> My brother and I don't get on.
> *Meu irmão e eu não nos damos bem.*
>
> I need to introduce you to my cousin. I think you'd get on.
> *Preciso te apresentar para o meu primo. Acho que vocês se dariam bem.*
>
> Those boys get on well most of the time.
> *Aqueles meninos se dão bem na maior parte do tempo.*
>
> He's always gotten on well with his sister.
> *Ele sempre se deu bem com sua irmã.*

A Chave do Aprendizado da Língua Inglesa

6. Nicole também diz que conseguiu formar bons relacionamentos, apesar do tempo limitado que ela teve. Neste caso ela usou *build up*, que é usado quando construímos algo gradualmente e é separável.

> These leg exercises are very good for building strength up.
> *Estes exercícios de perna são muito bons para ajudar no fortalecimento.*

> He's built up his family's grocery store into a huge supermarket chain.
> *Ele transformou a vendinha da sua família em uma grande rede de supermercados.*

7. Embora Nicole tenha se dado bem com todos no programa de ajuda aos sem--teto, ela teve que aguentar, aturar pessoas bem desagradáveis, mas que são ossos do ofício. Em Inglês, *it comes with the territory*. Aqui usamos o *put up with*, que é inseparável (o objeto sempre vai depois da partícula). Alguns exemplos:

> How could you put up with him for so long?
> *Como você conseguiu suportá-lo tanto tempo?*

> I won't put up with your bad behavior anymore.
> *Não vou mais aturar seu mau comportamento.*

8. Tony fica bem interessado nesse programa e diz que vai ter que pesquisar mais sobre São Francisco. Aqui usamos *look into*, que nunca se separa. Alguns exemplos:

> I e-mailed the principal about an issue and he promised to look into it.
> *Mandei um e-mail para o diretor sobre um problema, e ele prometeu averiguar.*

> Police are looking into the disappearance of two young brothers.
> *A polícia está investigando o desaparecimento de dois irmãos pequenos.*

> They are looking into the possible causes of that accident.
> *Estão investigando as possíveis causas daquele acidente.*

9. Dizem que São Francisco é uma cidade incrível, porém cara. Tony pergunta a Nicole se ela ficou sem dinheiro lá e usa *run out of*. Geralmente usamos este *phrasal verb* com as palavras *money* (dinheiro), *time* (tempo), *ideas* (ideias), *supplies* (suprimentos), *gas* (gasolina), entre outras. Alguns exemplos:

> They ran out of money and had to cancel their trip.
> *Eles ficaram sem dinheiro e decidiram cancelar a viagem.*

> I'd been thinking for hours and had run out of ideas.
> *Eu estava pensando há horas e minhas ideias já tinham acabado.*

> Let's get down to business! We're running out of time!
> *Vamos começar a trabalhar! O tempo está acabando!*

> He ran out of gas in the middle of nowhere.
> *Ele ficou sem gasolina no meio do nada.*

O Tal do Phrasal Verb **221**

10. Nicole concorda que São Francisco é uma cidade muito cara e que ela teve que se virar com um orçamento limitado. Aqui ela usa *get by*, que não precisa de objeto. Alguns exemplos:

> I don't make a lot of money, but I get by.
> *Eu não ganho muito dinheiro, mas me viro.*

> Sometimes I have to get by on very little.
> *Às vezes tenho que me virar com muito pouco.*

> I don't know how she gets by on so little money.
> *Não sei como ela se vira com tão pouco dinheiro.*

EXTRA PHRASAL VERBS

Vamos ver mais alguns exemplos de *phrasal verbs* separáveis e não separáveis.

🎧 **FAIXA 74**

Separáveis

1. **Call (something) off** — *cancelar (algo)*
   We had to call off the meeting.
   Tivemos que cancelar a reunião.
   It started to rain, so they called the game off.
   Começou a chover, então cancelaram o jogo.

2. **Write (something) down** — *anotar (algo)*
   I need to write this down or else I'll forget.
   Tenho que anotar isso, senão vou esquecer.
   Did you write down his address?
   Você anotou o endereço dele?

3. **Try (something) out** — *testar, experimentar algo*
   We're going to try out that new Indian restaurant tonight.
   Vamos experimentar aquele novo restaurante indiano hoje à noite.
   I just bought a new computer and I'm going to try it out now.
   Acabei de comprar um computador novo e vou testá-lo agora.

4. **Let (someone) down** — *decepcionar alguém*
   I never thought he'd let me down, but he did.
   Nunca pensei que ele fosse me decepcionar, mas me decepcionou.
   She really let him down when she forgot about his birthday.
   Ela realmente o decepcionou quando se esqueceu de seu aniversário.

5. **Put (something) away** — *guardar (algo) em seu devido lugar*
   What a mess! Put away your toys right now!
   Que bagunça! Guarde seus brinquedos imediatamente!

222 A Chave do Aprendizado da Língua Inglesa

Let me call you back. I just have to put my groceries away.
Eu ligo para você mais tarde. Só tenho que guardar minhas compras.

6. **Turn (somebody/something) down** — *recusar (alguém/algo)*

Did he really turn down that invitation?
Ele realmente recusou aquele convite?

She's sad because she's been turned down for another job.
Ela está triste, pois não foi selecionada para outro emprego.

7. **Figure (something/someone) out** — *entender (algo/alguém)*

I can't figure out how to do it.
Não consigo entender como fazer isso.

He just couldn't figure his wife out.
Ele simplesmente não conseguia entender sua esposa.

8. **Tell (somebody) off** — *dar uma bronca (em alguém)*

The English teacher is always telling students off for being late.
O professor está sempre dando bronca nos alunos por chegarem atrasados.

He's always getting told off in class for speaking too much.
Ele sempre leva bronca na aula por falar muito.

9. **Check (somebody/something) out** — *verificar, averiguar (alguém/algo)*

The police are checking out his story to see if it adds up.
A polícia está checando sua história para ver se faz sentido.

Companies usually check employees out before they are hired.
As empresas geralmente verificam a ficha dos empregados antes de contratá-los.

10. **Find (something) out** — *descobrir (algo); ficar sabendo de algo*

Don't worry. They'll never find out your secret.
Não se preocupe. Eles nunca descobrirão seu segredo.

He was furious when he found out she'd been lying to him all this time.
Ele ficou furioso quando descobriu que ela estava mentindo para ele esse tempo todo.

∩ FAIXA 75

Inseparáveis

1. **Come across (something)** — *encontrar (algo) por acaso*

I came across an old book I'd been looking for.
Encontrei por acaso um livro que eu estava procurando.

He came across a few problems while trying to launch that project.
Ele encontrou alguns problemas enquanto tentava lançar aquele projeto.

2. **Look after (something/someone)** — *cuidar de (algo/alguém)*

I need to look after my baby brother this evening.
Preciso cuidar do meu irmão caçula hoje à noite.

My sister will look after the apartment while I'm away.
Minha irmã vai cuidar do apartamento enquanto eu estiver fora.

3. **Break down** — *enguiçar, quebrar*

I'm sorry I'm late. The car broke down.
Desculpe o atraso. O carro enguiçou.

Please, call this number in case the dishwasher breaks down again.
Por favor, ligue para este número caso a lava-louça quebre novamente.

4. **Cut down on** (**something**) — *reduzir (algo)*

You really need to cut down on carbs if you want to lose weight.
Você realmente precisa reduzir o carboidrato se quiser perder peso.

I've spent too much money this month. I need to cut down.
Gastei dinheiro demais este mês. Preciso fazer uns cortes.

5. **Settle down** — *assentar-se, sossegar*

What he really wanted was to get married and settle down.
O que ele realmente queria era se casar e sossegar.

She decided to travel for a year before settling down with a career.
Ela decidiu viajar por um ano antes de se decidir por uma carreira.

6. **Go off** — *tocar (despertador); explodir (bomba)*

My alarm clock goes off every morning at six.
Meu despertador toca todas as manhãs às seis.

The bomb went off and a lot of people got hurt.
A bomba explodiu e muitas pessoas ficaram feridas.

7. **Hold on** — *esperar*

Can you hold on a second?
Pode esperar um minuto?

Let's hold on for a few minutes and see if anyone else is coming.
Vamos esperar alguns minutos e ver se mais alguém vai chegar.

8. **Catch on** — *"pegar", ser popular; entender*

That song really caught on during the summer.
Aquela música realmente pegou durante o verão.

I didn't catch on at first.
A princípio não entendi.

9. **Come over** — *ir à casa de alguém*

Why don't you come over for a drink?
Por que você não vem aqui em casa para a gente tomar uma bebida?

Come over to my place and we'll discuss it.
Venha aqui em casa e vamos discutir isso.

10. **Fall through** — *dar errado, falhar*

Our plans to go to the beach fell through.
Nossos planos de ir à praia deram errado.

A Chave do Aprendizado da Língua Inglesa

> Our party for next Saturday fell through.
> *Nossa festa para o sábado que vem "furou".*

4. Prática Oral: Questions and Answers

Este exercício é muito importante para o seu aprendizado, pois você vai praticar perguntas e respostas como na vida real. Primeiro, escute e leia silenciosamente, quantas vezes forem necessárias, para entender as perguntas e respostas. Depois escute o áudio, pause e repita em voz alta, bem devagar (não precisa ter pressa!). Faça este exercício sem se preocupar com as regras gramaticais, pois as coisas vão se encaixando com o tempo. *Are you ready? Let's do it!*

🎧 **FAIXA 76**

1. Where did Nicole live for a while?
    Onde Nicole morou por um tempo?

    She lived in San Francisco for a while.
    Ela morou em São Francisco por um tempo.

2. Did she study in an English school there?
    Ela estudou em uma escola de Inglês lá?

    Yes, she did.
    Sim, estudou.

3. How long did she live there?
    Quanto tempo ela morou lá?

    She lived there for three months.
    Ela morou lá por três meses.

4. What time would she wake up on a typical day?
    Que horas ela acordava em um dia típico?

    She'd wake up around 7 a.m.
    Ela acordava lá pelas sete da manhã.

5. What time would she actually wake up?
    Que horas ela acordava realmente?

    She'd actually wake up around 7:30.
    Ela acordava lá pelas 7:30.

6. Why would she wake up at this time?
    Por que ela acordava a essa hora?

    Because she was so lazy.
    Porque ela estava com muita preguiça.

7. What would she do afterwards?
    O que ela fazia depois disso?

    She'd eat breakfast and wait for her ride to pick her up and drop her off at school.
    Ela tomava café da manhã e esperava sua carona buscá-la e deixá-la na escola.

O Tal do Phrasal Verb   225

8. Didn't she have to catch the bus?
   Ela não tinha que pegar ônibus?

   No, she was lucky.
   Não, ela tinha sorte.

9. Why was she lucky?
   Por que ela tinha sorte?

   She had a friend who worked close to the school.
   Ela tinha uma amiga que trabalhava perto da escola.

10. How did she get around the city when she was not studying?
    Como ela se locomovia pela cidade quando não estava estudando?

    She'd normally just walk around or catch a bus.
    Ela normalmente caminhava ou pegava um ônibus.

11. According to Nicole, do you need a car in San Francisco?
    De acordo com Nicole, você precisa de carro em São Francisco?

    No, according to Nicole you don't need a car in San Francisco.
    Não, de acordo com Nicole, você não precisa de carro em São Francisco.

12. Did she do anything else while she was there?
    Ela fez outra coisa enquanto esteve lá?

    Yes, she took part in some meetings about activism.
    Sim, ela participava de reuniões sobre ativismo.

13. Was she familiar with this topic?
    Ela conhecia bem este assunto?

    Yes, her job in her country was in this area.
    Sim, seu emprego no seu país era nesta área.

14. What did they use to do?
    O que eles costumavam fazer?

    They used to give away blankets to homeless people at night.
    Eles costumavam doar cobertores para pessoas sem-teto à noite.

15. Why was it great?
    Por que era ótimo?

    It was great because she really got on well with everyone in the program.
    Era ótimo porque ela se dava muito bem com todos no programa.

16. What was she able to do?
    O que ela era capaz de fazer?

    She was able to build up some good relationships.
    Ela era capaz de construir bons relacionamentos.

17. Did she have a lot of time?
    Ela tinha muito tempo?

    No, her time was limited.
    Não, seu tempo era limitado.

18. Was everybody nice in the program?
    Todos eram simpáticos no programa?

No, she had to put up with some really obnoxious people.
Não, ela tinha que tolerar algumas pessoas bem desagradáveis.

19. What does "it comes with the territory" mean?
O que significa "it comes with the territory"?

It means that this situation is expected to happen.
Significa que espera-se que esta situação aconteça.

20. What will Tony look into?
O que Tony vai pesquisar?

He will look into more about San Francisco.
Ele vai pesquisar mais sobre São Francisco.

21. Is it a cheap city?
É uma cidade barata?

No, it's an expensive city.
Não, é uma cidade cara.

22. Did Nicole run out of money while she was there?
Nicole ficou sem dinheiro enquanto estava lá?

She almost ran out of money while she was there.
Ela quase ficou sem dinheiro enquanto estava lá.

23. Did she have a lot of money?
Ela tinha muito dinheiro?

No, she had to get by with a limited budget.
Não, ela tinha que se virar com um orçamento limitado.

24. What does "get by" mean?
O que "get by" significa?

It means to have just enough money to live on.
Significa ter somente o dinheiro suficiente para viver.

25. Would she have any problem going back there again?
Ela teria problema em voltar lá novamente?

No, she would have no problem going back there again.
Não, ela não teria nenhum problema em voltar lá novamente.

5. Let's Practice

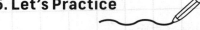

5.1. Complete as frases abaixo com as palavras da lista. Algumas palavras podem ser usadas mais de uma vez.

> away — into — off — on — out — up — by

1. Hey, are you going to work? Can you drop me _____ near the drugstore?
2. I'm picking you _____ at 5, so be ready.
3. What time do you usually get _____ every morning?
4. I have too many winter clothes. I think I'll just give some of them _____.
5. I love where I work because I get _____ with everybody.
6. We've built _____ a very strong relationship throughout the years.
7. I'm sick and tired of Tim. I can't put _____ with him any longer!
8. Police are looking _____ the cause of her death.
9. Have you ever run _____ of gas on the road?
10. I don't make a lot of money. Just enough to get _____.

5.2. Traduza as seguintes frases para o português.

1. We need to get by on what we earn every month.
2. Let's get down to work! We're running out of time.
3. Shouldn't the teachers be looking into the causes of so many students getting bad grades?
4. I can't put up with him anymore. He's so obnoxious!
5. They've build up a very strong relationship throughout the years.
6. They got on really well with the other kids at school.
7. You have clothes that don't fit you anymore? Just give them away.
8. I have to drop this package off at the post office this afternoon.
9. Your toys are all over the floor. Pick them up!
10. I got up really late this morning.

5.3. Traduza as seguintes frases para o Inglês.

1. Ela sempre se levantava na mesma hora todos os dias.
2. Você pode me buscar no trabalho hoje?
3. Eu posso lhe deixar na escola se você quiser.
4. Eu vou doar alguns livros velhos que não uso mais.
5. Eles sempre se deram bem com seus companheiros de trabalho (co-workers).
6. Construímos uma forte amizade durante todos esses anos.
7. Não suporto minha professora de Inglês. Ela é extremamente desagradável.
8. Não tenho certeza disso, mas posso investigar isso para você.
9. Fiquei sem gasolina virando a esquina.
10. Só tenho dinheiro suficiente para me virar até o fim do mês.

6. Let's Listen!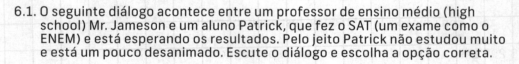

6.1. O seguinte diálogo acontece entre um professor de ensino médio (high school) Mr. Jameson e um aluno Patrick, que fez o SAT (um exame como o ENEM) e está esperando os resultados. Pelo jeito Patrick não estudou muito e está um pouco desanimado. Escute o diálogo e escolha a opção correta.

🎧 FAIXA 77

1. Patrick fez o SAT e está:
   a) Chateado, pois tinha estudado muito e não foi bem.
   b) Decepcionado, pois seus pais estão tristes com ele.
   c) Deprimido porque não foi muito bem.

2. Patrick foi mal no SAT porque:
   a) Teve uns brancos, não revisou muita coisa e sua mãe ficou doente.
   b) Perdeu o foco, teve uns brancos e não conseguiu lembrar coisas simples.
   c) Perdeu o foco, não revisou muita coisa e foi a muitas festas.

3. Patrick tenta usar como desculpa o fato de que:
   a) Tinha ficado doente uns meses atrás e não conseguiu estudar.
   b) Já estava cheio de estudar e pretendia arranjar um trabalho.
   c) Teve que ajudar seu pai na loja e não teve tempo de estudar.

4. O professor Bergman disse que tinha:
   a) Avisado a Patrick e a seus alunos exatamente o que ia cair na prova.
   b) Avisado a Patrick para focar seus estudos nas matérias que ele mais tinha dificuldade.
   c) Avisado a Patrick e a seus amigos que a revisão seria muito importante para ir bem nesse exame.

O Tal do Phrasal Verb **229**

5. Patrick diz que de agora em diante:
   a) Não vai mais fazer esse exame, pois quer tirar um tempo para pensar na vida.
   b) Vai tentar arranjar um emprego, pois quer ganhar dinheiro e começar a curtir a vida.
   c) Vai estudar mais para tentar fazer o exame em uma outra oportunidade.

6.2. Escute o diálogo novamente e preencha as lacunas com as combinações de palavras da lista. Use a tradução para entender melhor o texto.

> **blanked out** (*deu um branco*) — **do well** (*ir bem*) — **get a job** (*conseguir um emprego*) — **give up** (*desistir*) — **had been** (*tinha sido/estado*) — **had never studied** (*nunca tinha estudado*) — **I've had enough of** (*já estou cheio de*) — **make it** (*conseguir, "chegar lá"*) — **not really** (*não muito*) — **over and over** (*muitas e muitas vezes*) — **pretty good** (*muito bom*) — **pull it off** (*conseguir ter sucesso*) — **studied hard** (*estudou muito*)

🎧 **FAIXA 77**

Mr. Jameson: Hey, Patrick, did you _____ on your SAT?

Patrick: Well, you know, Mr. Jameson, _____. I'm a little depressed.

Mr. Jameson: Oh yeah? Why? You _____ during the school year, didn't you? Your grades weren't the best, but they were _____.

Patrick: Yeah, but I don't know. I guess I just lost focus. I _____ a few times and I couldn't remember very simple things. Also, I hadn't reviewed some subjects, so...

Mr. Jameson: I remember warning you and your friends _____ again to review all subjects...

Patrick: We know you did, but I thought I'd be able to _____. In my defence you know I _____ very sick a few months ago...

Mr. Jameson: Yes, but that's no excuse!

Patrick: Yeah, I know. I just didn't have time to review everything. Unfortunately, there were questions about things I _____ before.

Mr. Jameson: But you got a lot of answers right, didn't you?

Patrick: Yes, I did. But I don't think I did very well.

Mr. Jameson: Will your parents be disappointed if you don't _____?

Patrick: Yeah, they will. But I know I have no chance.

Mr. Jameson: Well, what are you going to do now?

Patrick: I don't know. I haven't thought about it yet. I think I'll just try and _____ somewhere, make some money and start enjoying life. _____ studying.

Mr. Jameson: Well, I wouldn't _____ that easily and I think your parents aren't going to like to hear that.

Patrick: Yeah, let's see how it goes.

7. Cantinho da Pronúncia

A Pronúncia dos *Phrasal Verbs*

Muitos *phrasal verbs* têm uma forma de substantivo, ou seja, a forma do verbo é usada como substantivo e nesse caso a ênfase nas palavras muda. Quando pronunciamos o *phrasal verb* a ênfase é na partícula, como *up, out, over, off, down* etc.

Agora quando pronunciamos o substantivo a ênfase é na forma verbal. Vejamos por exemplo *work out* (de malhar, exercitar-se na academia). Ele tem a forma *workout*, que quer dizer uma sessão de exercícios, treino.

Escute as duas frases com atenção:

∩ FAIXA 78

I worked **OUT** like crazy yesterday.
Eu malhei como louco ontem.

I heard you had a great **WORK**out yesterday.
Ouvi dizer que você teve um ótimo treino ontem.

Perceberam que na primeira frase a ênfase vai no *out*, e não no *worked,* e que na segunda frase o substantivo formado por *work + out* tem sua ênfase na palavra *work*?

Escute e leia mais alguns exemplos com *phrasal verbs* e suas formas de substantivos.

Tune UP x TUNE-up

My car's been acting up lately. It has to be tuned **up** soon.
Meu carro tem estado estranho ultimamente. Tem que ser revisado em breve.

I can't go to the game with you guys tomorrow. My car needs a **tune**-up and I have to take it to the shop.
Não posso ir ao jogo com vocês amanhã. Meu carro precisa de uma revisão e tenho que levá-lo à oficina.

O Tal do Phrasal Verb 231

Sign UP x SIGN-up

Did you hear there's a free French course on campus this term? Have you signed up for it yet?
Ouviu dizer que tem um curso de francês grátis no campus este semestre? Já se matriculou?

No, not yet! Where's the course sign-up?
Não, ainda não! Onde faz a matrícula do curso?

Cover UP x COVER-up

The police will never find out who did it. The murderers covered it up really well.
A polícia nunca vai descobrir quem fez. Os assassinos encobriram [o crime] muito bem.

Did you hear about the cover-up? It's all over the news!
Você ficou sabendo sobre a encobrimento do crime? Está em todos os noticiários!

Hand OUT x HANDout

We were waiting for the teacher to hand out the final papers.
Estávamos esperando o professor entregar os trabalhos finais.

The high point of that talk was that the lecture had some interesting handouts.
O ponto alto daquela palestra foi que o palestrante tinha folhetos para acompanhar bem interessantes.

Leave OVER x LEFTover

We were eating turkey for three days in a row because a lot of it was left over on Thanksgiving.
Ficamos comendo peru por três dias, pois sobrou muito no dia de Ação de Graças.

What did we eat for lunch yesterday? We ate leftovers for lunch yesterday.
O que comemos de almoço ontem? Comemos as sobras no almoço ontem.

Drop OUT x DROPout

He's led this erratic life for a long time. It all started when he dropped out of high school at seventeen.
Ele leva essa vida desregrada faz tempo. Tudo começou quando ele abandonou o ensino médio aos dezessete anos.

I didn't know he was a high school dropout.
Eu não sabia que ele era desistente do ensino médio.

Let DOWN x LETdown

I thought she was a real friend, but she really let me down.
Achei que ela era uma amiga verdadeira, mas ela me decepcionou muito.

We didn't expect that to happen. It was a big letdown for all of us.
Não esperávamos que aquilo acontecesse. Foi uma decepção e tanto para todos nós.

Mix UP x MIX-up

I'm never going back to that bar. They always mix up my orders.
Nunca mais volto àquele bar. Eles sempre confundem meus pedidos.

Sorry about the mix-up. We'll get your package ready right away.
Desculpe pela confusão. Vamos preparar seu pacote imediatamente.

8. Frases Prontas

Contando Histórias em Inglês

Muitas vezes temos que contar histórias em Inglês e para colorir nossa narrativa podemos usar expressões fixas que ajudam e muito na nossa fala. Vamos aprender algumas bem interessantes.

🎧 FAIXA 79

Did I ever tell you about the time...?
Já te contei da vez que...?

Did I ever tell you what happened...?
Já te contei o que aconteceu...?

That reminds me of the time I...
Isso me lembra da vez que...

Funny you should mention that, because I remember...
Engraçado você mencionar isso, porque eu me lembro...

Something similar happened to me.
Algo parecido aconteceu comigo.

I'll never forget the time...
Nunca vou me esquecer da vez...

You're never going to believe what happened.
Você nunca vai acreditar o que aconteceu.

Well, what happened was...
Bom, o que aconteceu foi que...

You should have seen...
Você deveria ter visto...

This was back in 1992.
Isso aconteceu lá em 1992.

O Tal do Phrasal Verb   233

I was on my way to...
Eu estava indo para...

I was coming back from...
Eu estava voltando de...

When all of a sudden...
Quando de repente...

You can guess what I felt like.
Você deve imaginar como me senti.

Well, I found out that...
Bom, eu descobri que...

I noticed...
Eu percebi...

As soon as he arrived...
Assim que ele chegou...

He tried to find out...
Ele tentou descobrir...

He went on to say that...
Ele continuou dizendo que...

Anyway, as I was saying...
Enfim, como eu estava dizendo...

To get back to the story...
Voltando à história...

From out of nowhere...
E do nada...

Can you imagine that?
Consegue imaginar isso?

And then it hit me...
E daí me deu um clique...

It happened so fast.
Aconteceu muito rápido.

How was I supposed to know?
Como eu ia saber?

Wait. It gets worse...
Calma que piora...

Then on top of that...
E ainda por cima...

Well, luckily...
Bem, por sorte...

And then, by some miracle...
E então, como que por milagre...

Eventually I got very tired and...
Eventualmente eu acabei ficando muito cansado e...

To make a long story short...
Para encurtar a história...

In a nutshell...
Resumidamente...

What happened in the end was...
O que aconteceu no final foi...

9. Cantinho Cultural

A Comida Americana

Devido aos filmes e às séries estamos sempre em contato com o que os americanos comem e lá o lema é *the bigger the better* (quanto maior melhor), ou seja, os pratos e as porções são realmente grandes.

Eu me surpreendi em Boston uma vez quando pedi uma porção de carne e veio literalmente um quilo de carne com um acompanhamento de *corn bread* (broa de milho). Então se você for pedir algo para comer, prepare-se para receber um prato bem grande.

Elaboramos uma lista com cinco pratos bem típicos dos Estados Unidos (que eu já provei e recomendo).

1. **Burgers.** O bom e velho hambúrguer. Atualmente os garçons geralmente perguntam se você quer queijo no hambúrguer ou não, devido a pessoas com restrições à lactose. E ele vem aberto para você colocar sua própria maionese, ketchup ou mostarda.

2. **Corn dogs.** São salsichas grandes empanadas e fritas. É um parente do *hot dog* (cachorro-quente), que geralmente é somente o pão e a salsicha. Você escolhe colocar os molhos e acompanhamentos que quiser.

3. **Spare ribs.** São as costelinhas de porco, servidas com o osso e com molho barbecue em cima. Se estiver comendo sozinho, peça meia porção porque é um prato grande!

4. **Pizza!** Pode ser invenção dos italianos, mas a boa pizza americana se come com a mão e vem com vários recheios. Está nos EUA? Tem que comer pizza!

5. **Shepherd's pie.** Esta torta (também chamada de *cottage pie*) é uma delícia! É feita basicamente com um refogado de carne e ervilha e coberta com um purê de batata e levado ao forno.

10. Real Life English

O Uso da Palavra *Ain't*

Não é raro as pessoas me perguntarem o que significa a palavra *ain't*. Muitos dizem que essa é uma palavra que se deve evitar, pelo fato de ser informal. Essa palavra tem um longo histórico de controvérsias.

Muitas pessoas têm essa palavra como característica de alguém sem estudo ou com baixo nível intelectual. Mas é curioso que, mesmo assim, ela nunca foi completamente banida ou esquecida... muito pelo contrário, cada vez mais e mais pessoas usam. É bom saber que de fato essa é uma palavra informal e que se deve evitar em certas ocasiões.

Mas isso não significa que se deve ignorar essa palavra ou não se deve aprendê-la, afinal, como eu disse, seu uso está se tornando mais comum na língua Inglesa usada no dia a dia.

A princípio *ain't* era simplesmente a abreviação de *are not*. Mas essa palavra pode ser usada também para as outras variantes do verbo *to be* na forma negativa *is not* e *am not*.

Alguns exemplos:

🎧 **FAIXA 80**

> You should break up with that girl, clearly you ain't happy.
> *Você devia terminar com aquela garota, claramente você não está feliz.*
>
> School's been so boring since our teacher Julia left. This new one ain't as nice as her.
> *A escola tem sido chata desde que nossa professora Julia foi embora. Essa nova não é tão legal quanto ela.*
>
> I won't do what you say. You ain't my boss.
> *Eu não vou fazer o que você diz. Você não é meu chefe.*
>
> You can go to the restaurant by yourself, I ain't hungry.
> *Você pode ir sozinho ao restaurante. Eu não estou com fome.*

Mas o uso da palavra *ain't* não se restringe apenas ao verbo *to be*. Também podemos aplicar com o verbo *to have* no sentido negativo. Note que quando se usa o verbo *to get* no mesmo sentido de *to have*, *ain't* também pode ser aplicado.

I can't hang out with you guys. I ain't got money.
Não posso sair com vocês. Eu não tenho dinheiro.

He ain't lazy, he just ain't got nothing to do.
Ele não é preguiçoso, ele só não tem nada para fazer.

You ain't seen nothing yet.
Você ainda não viu nada.

A palavra *ain't* é muito usada em músicas. Veja alguns exemplos:

- ✓ "Ain't it fun" [Paramore].
  Não é divertido?
- ✓ "Ain't it funny" [Jennifer Lopez].
  Não é engraçado?
- ✓ "If I ain't got you" [Alicia Keys].
  Se eu não tenho você
- ✓ "Ain't no mountain high enough" [Marvin Gaye].
  Não há montanha alta o suficiente
- ✓ "Ain't been done" [Jessie J].
  Não foi feito
- ✓ "This Ain't A Love Song" [Bon Jovi].
  Essa não é uma canção de amor
- ✓ "It Ain't Over 'til It's Over" [Lenny Kravitz].
  Não acabou até estar acabado
- ✓ "Ain't No Sunshine" [Michael Jackson].
  Não é dia de sol

Lembre-se: Você não precisa usar a palavra *ain't*, mas é bom reconhecê-la para sua compreensão. Bons estudos!

O Tal do Phrasal Verb 237

11. Revisão/Ditado

Escute as frases a seguir e escreva-as no seu caderno ou editor de texto.

🎧 **FAIXA 81**

1. _____
2. _____
3. _____
4. _____
5. _____
6. _____
7. _____
8. _____
9. _____
10. _____

12. Dicas de "Como Estudar Sozinho"

Como aprender os Phrasal Verbs

Sim, aprender os *phrasal verbs* é trabalhoso, mas é bem possível! Vou lhe contar como eu fiz (e ainda faço) para aprender e memorizar os *phrasal verbs* que eu encontro nas minhas leituras, nos filmes e nas séries que assisto.

1. Sempre que encontrar um *phrasal verb* novo, que você ainda não está familiarizado, pare e anote a frase na qual ele está inserido.

2. Vá para um dicionário (físico ou *online*) e tente achar mais exemplos com esse *phrasal verb*. Muitas vezes eles têm diversos significados, então vale a pena pesquisar e ver qual se encaixa no contexto.

3. Escreva a frase de exemplo do dicionário no seu caderno (ou editor de texto).

4. Tente escrever uma frase que seja relevante para você usando o *phrasal verb*. Por exemplo: se for *run out of* (ficar sem), você pode relatar o dia que a gasolina acabou no meio da estrada com a frase: *I ran out of gas on the road*; ou quando você estava com aquele prazo bem apertado e estava ficando sem tempo com: *I was running out of time during that project*.

5. Você vai ver que esse tipo de prática vai deixar você mais antenado quando for encontrando esses *phrasal verbs*.

6. Você pode também fazer frases oralmente e se tiver alguém para ajudar (um professor ou alguém que tenha um bom domínio do Inglês), é ainda melhor.

Há centenas de *phrasal verbs,* e decorar listas não é uma opção, então tente sempre aprendê-los dentro do contexto. Conforme você for aprimorando sua audição e sua leitura, eles vão começar a fazer parte ativa do seu vocabulário.

 Veja uma lista de *phrasal verbs* separáveis e inseparáveis (com exemplos e tradução) no **Vocabulary Galore**!

Unidade

10

Liberdade de Expressão

1. Objetivos da Unidade

Nesta unidade você vai:

- ✓ Aprender o que são os *idioms*.
- ✓ Fazer a prática oral do diálogo-base (com *idioms*).
- ✓ Praticar vocabulário e audição com as novas estruturas.
- ✓ Aprender os três tipos de entonação em Inglês.
- ✓ Aprender a reclamar e a se desculpar com as frases prontas.
- ✓ Aprender como é o feriado de *Thanksgiving* nos Estados Unidos.
- ✓ Aprender a usar as contrações *shoulda, coulda, woulda.*
- ✓ Descobrir como usar vídeos para aprender idiomas.

2. Diálogo-base

🎧 **FAIXA 82**

Jason and Tyler are friends and they're talking in the garage at Jason's house.
Jason e Tyler são amigos e estão conversando na garagem da casa do Jason.

Jason: Hey, Tyler, can you give me a hand with these boxes?
Ei, Tyler, pode me dar uma mão com estas caixas?

Tyler: Yeah, of course. Are you seriously trying to move all of this by yourself?
Sim, claro. Está mesmo tentando mexer em tudo isso sozinho?

Jason: My mom has been on my back asking me to get a job or do something instead of just hanging around. So I decided to start throwing away some old stuff.
Minha mãe está no meu pé me pedindo para arranjar um trabalho ou fazer algo em vez de só ficar sem fazer nada. Então decidi começar a jogar algumas coisas fora.

Tyler: Any luck on the job search?
Tem tido sorte na busca do emprego?

Jason: I've had a couple of interviews, but nothing promising so far. It's a pain in the neck not having something to do to be honest. It's cool waking up late and all of that, but I really do think it's time to get down to business and find a real job.

Tive algumas entrevistas, mas nada promissor até agora. É muito chato não ter algo para fazer, para ser honesto. É legal acordar tarde e tudo isso, mas eu realmente acho que é hora de meter a mão na massa e encontrar um trabalho de verdade.

Tyler: Yeah, I know what you mean. Your mom has a heart of gold and of course only wants the best for you.
Sim, eu sei o que você quer dizer. Sua mãe tem um coração de ouro e é claro que só quer o melhor para você.

Jason: Oh, totally. I know that. I am just getting tired of her bugging me all the time.
Com certeza. Eu sei disso. Só estou ficando cansado de ela me encher o tempo todo.

Tyler: So any ideas of what you want to do now for a job?
Então, alguma ideia sobre com o que você quer trabalhar?

Jason: I've been kicking around the idea of getting my MBA. Sounds cliché at his point, but maybe it would be good for me. I also thought about taking up cooking. I really do like the idea of being a chef one day.
Tenho brincado com a ideia de fazer um MBA. Parece clichê neste ponto, mas talvez seria bom para mim. Também pensei em começar a aprender a cozinhar. Gosto muito da ideia de ser um chef algum dia.

Tyler: Well, these do seem to be two completely different areas, you know? Maybe you could mix both of your ideas together and go into managing restaurants or something like that?
Bem, estas parecem mesmo ser duas áreas completamente diferentes, sabe? Talvez você poderia misturar essas duas ideias suas e entrar na gerência de restaurantes ou algo do tipo?

Jason: True. Never thought of that before. I'm having mixed feelings about studying again. I just graduated and I'm so burned out on school. I might feel like a fish out of water in a professional kitchen too. Oh man, I don't know.
Verdade. Nunca tinha pensado nisso antes. Estou dividido sobre voltar a estudar de novo. Acabei de me formar e estou tão cansado da escola. Pode ser que eu me sinta um peixe fora d'água em uma cozinha profissional também. Ah cara, não sei.

Tyler: Dude, seriously, you can cook a mean lasagna. Just stick to what you do well and I'm sure everything will work out eventually.
Cara, é sério, você faz uma lasanha muito boa. Só foca no que você faz bem e tenho certeza de que tudo vai dar certo no final.

Jason: Yeah, you're are right. I just have to get my head around all of this so I can get a better idea. Probably it's not a good thing just to jump into something without looking.
Sim, você está certo. Só preciso entender mais sobre tudo isso para ter uma ideia melhor. Provavelmente não é uma coisa boa entrar de cabeça em algo sem pesquisar.

Tyler: Yep, but don't get cold feet and end up being a couch potato all summer!
É, mas não perca a coragem e acabe ficando deitado no sofá o verão inteiro!

3. Explicação Diálogo-base

Nesta última unidade vamos aprender o que são os *idioms*, as famosas expressões idiomáticas. As expressões idiomáticas, na maior parte das vezes, não podem ser interpretadas literalmente, pois seu sentido é figurado.

Um exemplo: se dissermos que está *raining cats and dogs*, isso não significa que estão caindo gatos e cachorros do céu. Quer dizer que está chovendo muito. Em português também temos inúmeras expressões idiomáticas, como "arrebentar a boca do balão", "tirar seu cavalinho da chuva", entre outras.

Vamos explicar as expressões idiomáticas do diálogo.

1. Jason começa pedindo a Tyler para dar uma mão para ele. Aqui temos uma expressão idiomática que tem a mesma forma e o mesmo sentido em português: *give somebody a hand* (dar uma mão para alguém). Alguns exemplos:

   > These boxes look heavy. Let me give you a hand.
   > *Estas caixas parecem pesadas. Deixe-me lhe dar uma mão.*

   > I'll be glad to give you a hand with your homework.
   > *Vou ficar feliz em poder te dar uma mão com sua tarefa.*

2. Jason diz que a mãe dele está no pé dele, ou seja, sempre criticando de maneira muito chata. Em Inglês a expressão é *be on somebody's back* (estar em cima das costas de alguém). Alguns exemplos:

   > My manager's on my back again about those reports.
   > *Meu gerente está no meu pé novamente sobre aqueles relatórios.*

   > His wife is always on his back about something.
   > *Sua mulher está sempre no seu pé com alguma coisa.*

3. Jason diz que é *a pain in the neck* não ter nada para fazer. *A pain in the neck* é algo ou alguém muito chato, tipo a dor de um torcicolo (dor no pescoço). Temos também a expressão mais vulgar *a pain in the ass*. Exemplos:

   > That girl's such a pain in the neck.
   > *Aquela menina é muito chata.*

   > This English homework is really a pain in the neck.
   > *Esta tarefa de Inglês é realmente muito chata.*

4. Jason também diz que é legal acordar tarde, mas que ele precisa *get down to business* e encontrar um emprego. *Get down to business* quer dizer começar a fazer algo de maneira séria, "meter a mão na massa".

   > Now that everybody's been introduced, let's get down to business.
   > *Agora que todos já foram apresentados, vamos começar a trabalhar.*

   > We don't have much time so we'd better get down to business.
   > *Não temos muito tempo então vamos arregaçar*
   > *as mangas e começar a trabalhar.*

Liberdade de Expressão **243**

5. Tyler diz que a mãe de Jason tem um *heart of gold*, um coração de ouro, pois ela é muito bondosa. Aqui temos uma expressão que tem a mesma forma em português e em Inglês: *have a heart of gold* (ter um coração de ouro). Alguns exemplos:

> He would do anything for anyone. He has a heart of gold.
> *Ele faria tudo por alguém. Ele tem um coração de ouro.*
>
> Think she has a heart of gold? You just don't know her yet.
> *Acha que ela tem um coração de ouro? Você*
> *simplesmente não a conhece ainda.*

6. Devido à sua mãe ficar no seu pé, Jason está considerando a ideia de fazer um MBA, considerando os prós e contras de tomar essa decisão. Em Inglês usamos o *phrasal verb kick around* (discutir, pensar, considerar) e palavras como *ideas* (ideias), *names* (nomes), *plots* (tramas), entre outras. Vejamos alguns exemplos:

> Why don't we get together and kick this idea around?
> *Por que não nos juntamos e discutimos essa ideia?*
>
> They were kicking some names around to be part of the committee.
> *Estavam considerando alguns nomes para fazer parte do comitê.*
>
> The studio executives were kicking around some plots for the new
> adventure movie.
> *Os produtores estavam discutindo algumas tramas para o novo filme de aventura.*

7. Jason está meio confuso sobre o que vai fazer da vida e também pensou em *taking up cooking*. Usamos o *phrasal verb take up + verbo –ing* para indicar que alguém se interessa em começar a fazer uma atividade. No caso de Jason, ele considerou começar a aprender a cozinhar e virar um *chef* algum dia. Mais alguns exemplos com *take up doing something* (se interessar por fazer algo).

> My daughter took up painting, but soon lost interest.
> *Minha filha começou a pintar, mas logo perdeu o interesse.*
>
> He needs to lose weight so he took up jogging as a way to exercise.
> *Ele precisa perder peso então começou a correr como forma de se exercitar.*

8. Tyler sugere que Jason junte a ideia de ter o MBA com a ideia de cozinhar e trabalhe com a gerência de um restaurante. Jason tem *mixed feelings* sobre isso. *To have mixed feelings about something* significa que algo tem um lado bom e outro ruim. Aqui o lado bom é ter outra oportunidade de crescimento profissional, mas o lado ruim é que ele acabou de se formar e está *burned out* (estafado, estressado) com a faculdade. Mais alguns exemplos:

> I had mixed feelings when I left home. I was happy I could do whatever I
> wanted, but I also had to pay bills and things like that.
> *Eu fiquei confuso quando saí de casa. Estava feliz, pois podia fazer o que*
> *quisesse, mas também tinha que pagar contas e coisas assim.*
>
> I have mixed feelings about this movie. I love the soundtrack, but I
> totally hate the story.
> *Gosto e não gosto deste filme. Adoro a trilha sonora,*
> *mas odeio completamente a história.*

A Chave do Aprendizado da Língua Inglesa

9. Jason também disse que se sentiria um peixe fora d'água, *a fish out of water* (literalmente), em uma cozinha profissional. Aqui temos outra expressão idiomática que tem a mesma forma em português e em Inglês: *to feel/be like a fish out of water* (sentir-se/ser um peixe fora d'água).

> I dressed up for the party. As it turns out, it was a casual party and I felt like a fish out of water.
> *Eu me produzi para a festa. O que aconteceu foi que era uma festa casual e eu me senti um peixe fora d'água.*

> Everybody in my classroom had cells phones but me. I really felt like a fish out of water.
> *Todos na minha classe tinham celulares, menos eu. Eu realmente me sentia um peixe fora d'água.*

10. Tyler diz que Jason faz uma *mean lasagna*. Aqui *mean* quer dizer muito bom, e não seu significado habitual, "malvado". Ele também diz para Jason continuar fazendo o que ele faz bem. Neste caso ele usa a expressão *stick to doing something*, continuar a fazer algo. Podemos também usar *stick to something* (ater-se com algo):

> You don't like Spanish? Stick to studying French and you'll be alright.
> *Não gosta de espanhol? Continue estudando francês que vai dar tudo certo.*

> You'd better stick to your plan. Don't change it.
> *É melhor você se ater a seu plano. Não o mude.*

11. Tyler diz que se Jason continuar fazendo o que faz bem, tudo vai dar certo no final. Aqui ele usa o *phrasal verb work out* (dar certo) e o falso cognato *eventually*, que não significa "eventualmente", e sim "no final das contas", "no final da história". Mais alguns exemplos com *eventually*.

> He's been reluctant, but I think he will do it eventually.
> *Ele tem estado relutante, mas acho que no final vai acabar fazendo.*

> If you keep trying you will find a job eventually.
> *Se você continuar tentando você vai acabar encontrando um trabalho.*

12. Jason diz que precisa pensar com mais cuidado na ideia de virar profissional de restaurante. Nessa frase ele usa a expressão *get one's head around something*. Veja outros exemplos:

> The teacher tried to explain the uses of the Present Perfect so many times, but I just can't get my head around them.
> *O professor tentou explicar os usos do Present Perfect tantas vezes, mas não consegui entender muito bem.*

> I just can't get my head around these tax forms. I've been struggling with them since yesterday.
> *Não consigo entender direito estes formulários de imposto de renda. Estou penando com eles desde ontem.*

Liberdade de Expressão **245**

13. Jason também diz que não vai entrar de cabeça em algo sem investigar antes. Aqui ele usa o *phrasal verb jump into something* (literalmente, pular para dentro de algo). Mais alguns exemplos:

> You shouldn't jump into investing all your money at once.
> *Você não deveria se precipitar e investir todo o seu dinheiro de uma vez.*

> She jumped into organizing the event without asking anybody first.
> *Ela mergulhou na organização do evento sem perguntar a ninguém antes.*

14. Tyler concorda com isso, mas diz para ele não desistir da ideia. Aqui ele usa a expressão *have cold feet* (desistir, desanimar, ficar com medo). Também existe a forma *get cold feet*, que é usada com o mesmo significado. Exemplos:

> He's getting married next week and his fiancée hopes he doesn't have cold feet.
> *Ele vai se casar na semana que vem e sua noiva espera que ele não desista.*

> I was going to skydive, but I got cold feet.
> *Eu ia pular de paraquedas, mas fiquei com medo.*

15. Tyler diz para Jason não desistir e virar um *couch potato* o verão todo. Um *couch potato* é uma pessoa que fica deitada assistindo TV e comendo o dia inteiro. Alguns exemplos:

> You should stop being a couch potato and start exercising every now and then.
> *Você deveria parar de ser tão preguiçoso e começar a se exercitar de vez em quando.*

> I don't want you to become those couch potatoes everyone talks about.
> *Não quero que você se torne aquelas pessoas preguiçosas de quem todo mundo fica falando.*

4. Prática Oral: Questions and Answers

Este exercício é muito importante para o seu aprendizado, pois você vai praticar perguntas e respostas como na vida real. Primeiro, escute e leia silenciosamente, quantas vezes forem necessárias, para entender as perguntas e respostas. Depois escute o áudio, pause e repita em voz alta, bem devagar (não precisa ter pressa!). Faça este exercício sem se preocupar com as regras gramaticais, pois as coisas vão se encaixando com o tempo. *Are you ready? Let's do it!*

🎧 **FAIXA 83**

1. What does Jason ask Tyler?
   O que Jason pergunta ao Tyler?

   He asks him if he can give him a hand with those boxes.
   Ele lhe pergunta se pode lhe dar uma mão com aquelas caixas.

246 A Chave do Aprendizado da Língua Inglesa

2. What's Jason's mom been asking him to do?
O que a mãe de Jason tem pedido para ele fazer?

She's been asking him to get a job or something.
Ela tem pedido para ele conseguir um emprego ou algo do tipo.

3. What's Jason been doing lately?
O que Jason tem feito ultimamente?

He's been hanging around.
Ele tem ficado sem fazer nada.

4. What does "hanging around" mean?
O que "hanging around" significa?

It means he's doing nothing.
Significa que ele não está fazendo nada.

5. What did he decide to do?
O que ele decidiu fazer?

He decided to start throwing away some old stuff.
Ele decidiu começar a jogar algumas coisas fora.

6. Has Jason had any luck on the job search?
Jason tem tido sorte na procura de emprego?

He's had a couple of interviews, but nothing promising so far.
Ele teve algumas entrevistas, mas nada promissor até agora.

7. What does he think it's a pain in the neck?
O que ele acha que é muito chato?

He thinks that not having something to do is a pain in the neck.
Ele acha que não ter algo para fazer é muito chato.

8. Does he think it's cool waking up late?
Ele acha que é legal acordar tarde?

Yes, he thinks it's cool waking up late.
Sim, ele acha que é legal acordar tarde.

9. What does he really think?
O que ele realmente acha?

He really thinks it's time to get down to business and find a real job.
Ele realmente acha que é hora de meter a mão na massa e encontrar um emprego de verdade.

10. Why does Tyler think Jason's mom has a heart of gold?
Por que Tyler acha que a mãe de Jason tem um coração de ouro?

He says she has a heart of gold because she only wants the best for him.
Ele diz que ela tem um coração de ouro, pois ela só quer o melhor para ele.

11. What's Jason getting tired of?
Do que Jason está se cansando?

He's getting tired of her bugging him all the time.
Ele está se cansando de ela ficar lhe enchendo o tempo todo.

Liberdade de Expressão **247**

12. Does Jason have any ideas on what he wants to do now for a job?
Jason tem alguma ideia do que ele quer fazer agora com relação a trabalho?

He's been kicking around the idea of getting his MBA.
Ele tem considerado a ideia de fazer um MBA.

13. What did he also think about doing?
O que ele também pensou em fazer?

He also thought about taking up cooking.
Ele também pensou em começar a cozinhar.

14. Why does he want to take up cooking?
Por que ele quer começar a cozinhar?

He does like the idea of being a chef one day.
Ele realmente gosta da ideia de ser chef algum dia.

15. Does Tyler think they're different areas?
Tyler acha que são áreas diferentes?

Yes, he thinks they're two completely different areas.
Sim, ele acha que são duas áreas completamente diferentes.

16. What does he suggest Jason to do?
O que ele sugere que Jason faça?

He suggests him to mix both of his ideas together and go into managing restaurants.
Ele lhe sugere misturar as duas ideias e entrar no ramo de gerência de restaurantes.

17. Had Jason ever thought of that before?
Jason já tinha pensado nisso antes?

No, he'd never thought of that before.
Não, ele nunca tinha pensado nisso antes.

18. Why does he have mixed feelings about studying again?
Por que ele tem dúvidas sobre estudar novamente?

He just graduated and is burned out on school. Also, he might feel like a fish out of water in a professional kitchen too.
Ele acabou de se formar e está cansado de escola. Pode ser que ele também se sinta como um peixe fora d'água em uma cozinha profissional.

19. Does Jason cook a good lasagna?
Jason faz uma boa lasanha?

Yes, he cooks a mean lasagna.
Sim, ele faz uma lasanha ótima.

20. What does Tyler tell him to do?
O que Tyler diz para ele fazer?

He tells him to stick to what he does well.
Ele lhe diz para se ater ao que ele faz bem.

A Chave do Aprendizado da Língua Inglesa

21. What's he sure of?
Do que ele tem certeza?

He's sure everything will work out eventually.
Ele tem certeza de que tudo vai dar certo no final.

22. Does Jason already have a better idea about all of this?
Jason já tem uma ideia melhor sobre tudo isso?

Not yet. He still has to get his head around all of this so he can get a better idea.
Ainda não. Ele ainda tem que entender tudo isso para que ele possa ter uma ideia melhor.

23. What does Tyler finally say?
O que Tyler diz no final?

He tells him to not get cold feet.
Ele lhe diz para não "amarelar".

24. What does "get cold feet" mean?
O que significa "get cold feet"?

It means to lose interest or become frightened of doing something.
Significa perder interesse ou se apavorar em fazer algo.

25. What's a couch potato?
O que é um couch potato?

A couch potato is someone who watches a lot of TV and probably doesn't do much exercise.
Um couch potato é alguém que assiste muita TV e provavelmente não faz muito exercício.

5. Let's Practice

5.1. Complete as frases abaixo com as palavras da lista.

> around — back — business — got — hand — hanging
> — kicking — mixed — pain — take

1. I thought about hitchhiking in Europe all by myself, but then I _____ cold feet.

2. My supervisor asked me to be part of a groundbreaking project, so I still need to get my head _____ the whole concept before I accept it.

3. I have _____ feelings about moving back to my parents' home. On one hand, I won't have to pay rent. On the other hand, I won't be as free as I am right now.

4. My dad's retired now so he's decided to _____ up studying a new language to keep his brain active.

Liberdade de Expressão 249

5. I still don't know where I'm going on my vacation. I'm ____ around the idea of traveling across America by train. What do you think?

6. Guys, we have a very tight deadline, so let's get down to ____.

7. Waking up before 6 a.m. to go to work is a real ____ in the neck. I hate it.

8. "Hey, what are you doing?" "Nothing, just ____ around and watching TV."

9. My boss has been on my ____ because I need to hand in a very important report by lunchtime.

10. Do you need some help with those boxes? I can give you a ____ if you want.

5.2. Leia as frases e escolha a alternativa que melhor descreve a situação.

1. Peter's been kicking around the idea of opening his own business soon.
   a) He thinks that opening his own business soon is not a good idea.
   b) He's been thinking about opening his own business soon.
   c) He gave up on the idea of opening his on business.

2. My mom was carrying a lot of bags so I decided to give her a hand. She was glad I did.
   a) My mom was having trouble carrying a lot of bags so I helped her.
   b) My mom is very independent and doesn't want anybody to help her.
   c) I decided to help my mom, but she said she didn't want anybody to help her.

3. "Why's your mom on your back all the time?" "She just found out my grades were very low, now she wants to make sure I study all the time."
   a) My mom wants me to clean the house every day.
   b) My mom doesn't care about my school grades.
   c) My mom's worried that I'm not studying enough.

4. I can't get my head around this new education program.
   a) However hard I try, I can't understand the new education program.
   b) I have completely understood the new education program.
   c) People have been talking a lot about the new education program.

5. I have mixed feeling about working here. On the one hand, it's really close to my house and I can walk to work. On the other hand, my boss is very obnoxious and doesn't care about anyone's feelings.
   a) My boss is a very generous person and all the employees like him.
   b) I have very deep and loving feelings about my boss.
   c) Sometimes I like working here and sometimes I don't.

6. I'm not doing anything tonight. I think I'm just going to hang around at home and have some beers. Want to come by later?
   a) I want to have a relaxing and fun evening at home.
   b) I have a lot of things to do tonight so I won't be able to go out.
   c) You should come by tonight because I need some help with my homework.

A Chave do Aprendizado da Língua Inglesa

7. Having to get up at 6 a.m. is a real pain in the neck.
   a) I don't mind having to get up at 6 a.m.
   b) I love having to get up at 6 a.m.
   c) I hate having to get up at 6 a.m.

8. All right, everybody. We should get down to business because there's a lot to be done.
   a) We have the choice to start working later on.
   b) We should start working right now.
   c) We should have stopped working a long time ago.

9. "Why did you decide to take up cooking?" "Well, I needed to do something that didn't involve numbers, as I'm an accountant."
   a) I decided to take up cooking because I was tired of only working with numbers.
   b) Working with numbers is one my favorite things in the world.
   c) I should have taken up cooking a long time ago because my therapist suggested it.

10. Have you heard what happened to Debbie? Her fiancé got cold feet and canceled their wedding. Poor Debbie!
    a) Debbie's fiancé was excited to get married.
    b) Debbie's fiancé was scared of getting married.
    c) Debbie's fiancé had already been married.

5.3. Traduza as seguintes frases para o português.

1. Could you give me a hand with my homework? I can't get my head around that math problem.

2. My boss's been on my back lately. He wants me to take a position abroad but I have mixed feelings about it.

3. Want to come by and hang around later on? There's some beer in the fridge and we can final kick around that idea of backpacking through Europe.

4. Mark's such a pain in the neck. He keeps talking on and on about all the places he's traveled to.

5. ... then the boss came into the room and said, "You guys, let's get down to business because those reports aren't going to write themselves"...

6. I've been kicking around the idea of taking up cooking in my free time. What do you think?

7. He was really burned out on work so his doctor advised him to take up painting or some very relaxing activity.

8. I've been having mixed feeling about taking up painting. On the one side, I think it's very relaxing. On the other side, I also think it's a waste of time.

Liberdade de Expressão **251**

9. Oh my goodness! I'm so bad at math! I can't get my head around this problem and, to make matters worse, the teacher's been on my back!

10. I had agreed to make a speech at the conference, but at the last minute I got cold feet and said I couldn't do it.

6. Let's Listen!

6.1. Leo e Rachel estão em uma festa com alguns amigos, mas seu amigo Fred não está lá. Escute o diálogo e escolha a resposta correta.

🎧 **FAIXA 84**

1. Rachel pergunta a Leo:
   a) Se seu amigo Fred vai demorar para chegar.
   b) Por que seu amigo Fred ainda não chegou.
   c) Se seu amigo Fred já chegou.

2. Leo acha que Fred:
   a) Não vai aparecer.
   b) Está estacionando o carro.
   c) Ainda está no trânsito.

3. Fred:
   a) É um cara quieto e reservado.
   b) É bem polêmico e gosta de se meter na vida dos outros.
   c) Só bebe refrigerante, pois tem problemas com a bebida.

4. Ross:
   a) Namorou Rachel na faculdade.
   b) Fez faculdade com Leo e Rachel.
   c) Já teve problemas com Fred, então eles não se dão bem.

5. Leo e Rachel decidem:
   a) Não convidar Ross e Fred para a mesma festa.
   b) Reatar o namoro que tiveram durante a faculdade.
   c) Ir embora de táxi, pois está chovendo.

6.2. Agora escute o diálogo novamente e preencha as lacunas com as palavras da lista.

> afraid — all — because — eight — hand — literally — lot — neck
> — party — seen — show — talkative — this — totally

🎧 **FAIXA 84**

Leo: Hey, Rachel! Can you give me a _____ with these bottles?

Rachel: Sure! Have you _____ Fred? Do you know if he's arrived yet?

252 A Chave do Aprendizado da Língua Inglesa

Leo: I don't think so. To tell you the truth, I don't think he's going to ____ up.

Rachel: Really? Why's that?

Leo: You know Fred. He's really shy and reserved, doesn't like crowds and stuff.

Rachel: But there are only ____ of us!

Leo: I know, but remember that Ross is here. Fred's a little ____ of him. Don't forget that Ross is very ____, controversial and is so nosy all the time.

Rachel: You're probably right. The only time I saw Fred being aggressive to someone was when Ross asked him a very indiscrete and ironic question. ____ of a sudden you could hear Fred yelling at Ross: "____ is none of your damn business!". Everyone was really shocked ____ Fred is always very calm and poised. That was the first time I saw Ross ____ speechless. He ____ deserved it, though.

Leo: That explains a ____. Ross can be a real pain in the ____ when he wants to. Next time let's remember not to invite both of them to the same ____.

Rachel: We should probably do that. All right, let me get down to business and get the appetizers ready.

7. Cantinho da Pronúncia

A Entonação em Inglês

A entonação nada mais é do que a melodia da língua, com partes, *pitches*, que sobem e descem de acordo com o que você quer e vai dizer. Na língua oral a entonação é uma substituta para a pontuação.

Sabe quando você está lendo e vê vírgulas, pontos finais etc? Então, na linguagem falada a entonação faz esse papel: mostra para quem está ouvindo se fazemos uma pausa, se já paramos de falar, se fazemos uma pergunta e se até mesmo estamos bravos, surpresos, sarcásticos, interessados ou desinteressados.

Temos basicamente três tipos de entonação em Inglês: *falling intonation, rising intonation* e *non-final intonation*. Vamos estudar cada uma delas agora.

Liberdade de Expressão **253**

Falling Intonation

Na *falling intonation* nós baixamos a voz no final da frase, sendo usada em alguns casos:

🎧 **FAIXA 85**

1. **Frases afirmativas.**

   My name is Adir.
   Meu nome é Adir.

   Nice to meet you.
   Prazer em lhe conhecer.

   Have a good night.
   Tenha uma boa-noite.

   I'm going outside.
   Vou lá para fora.

   I'll be back in an hour.
   Volto dentro de uma hora.

2. **Perguntas que começam com pronomes interrogativos, como** *what* **(o que),** *where* **(onde),** *when* **(quando),** *why* **(por que),** *how* **(como) e** *who* **(quem).**

   What are you doing?
   O que você está fazendo?

   Where are you going?
   Aonde você foi?

   Why did you leave?
   Por que você saiu?

   When's your birthday?
   Quando é seu aniversário?

   How are you doing?
   Como você está?

   Who told you that?
   Quem te disse isso?

Rising Intonation

A entonação crescente, a *rising intonation*, ocorre em perguntas que são respondidas com sim ou não, *yes or no*, geralmente começadas com os verbos auxiliares *do, does, did, can, could, should, to be* etc. Escute e leia alguns exemplos:

Did you go to school yesterday?
Você foi à escola ontem?

Does he know about it?
Ele está sabendo disso?

Can you call me tomorrow?
Pode me ligar amanhã?

Is the movie good?
O filme é bom?

Is that it?
É só isso?

Perceba que todas as perguntas acima são respondidas com sim ou não, *yes or no*, e não pedem uma informação específica. Compare a *rising intonation* com as *yes/no questions* e a *falling intonation* com as *question words*.

Do you teach?
Você ensina?

What do you teach?
O que você ensina?

Did you see the movie?
Você viu o filme?

When did you see the movie?
Quando você viu o filme?

Do you know that girl?
Você conhece aquela menina?

How do you know that girl?
Como você conhece aquela menina?

Did you buy a new car?
Você comprou um novo carro?

What kind of car did you buy?
Que tipo de carro você comprou?

Perceba que a primeira pergunta é respondida com sim ou não e tem a *rising intonation*, entonação crescente; e a segunda pergunta contém um pronome interrogativo, que pede uma informação específica, e por isso tem entonação decrescente, *falling intonation*.

Non-final Intonation

A *non-final intonation* acontece quando a ênfase não acontece exatamente no final da frase e provoca uma mistura de *rising* e *falling intonations*.

A *non-final intonation* é usada com pensamentos incompletos, quando não terminamos de expressá-los e levantamos o tom da voz para indicar que há mais coisas que queremos dizer, por exemplo, quando dizemos "quando eu a vi..." ou "se eu estudar bastante...". Tais frases precisam de um complemento.

I bought the book.
Comprei o livro.

I bought the book, but I haven't read it.
Comprei o livro, mas não o li.

I finished school.
Terminei de estudar.

When I finished school, I moved to New York.
Quando terminei de estudar, me mudei para Nova Iorque.

I'll study hard.
Estudarei bastante.

If I study hard, I'll get an A.
Se eu estudar bastante, vou tirar um A.

I'm going inside.
Vou entrar.

I'm going inside, to get something to drink.
Vou entrar, para pegar algo para beber.

Usamos também a *non-final intonation* com palavras e expressões que fazem a introdução de uma frase, por exemplo, *as a matter of fact/actually* (na verdade), *as far as I'm concerned* (no que se refere a mim, na minha opinião), *in my opinion* (na minha opinião), *if you don't mind* (se você não se importa), *by the way* (a propósito), entre outras. Perceba como a entonação sobe no início da frase (*rising intonation*) e desce no final (*falling intonation*).

Ouça e leia alguns exemplos:

Actually, I thought the movie was pretty good.
Na verdade, achei que o filme foi muito bom.

By the way, how did you know I was here?
A propósito, como você sabia que eu estava aqui?

In my opinion, she's not coming back.
Na minha opinião, ela não vai voltar.

As a matter of fact, I do know the answer.
Na verdade, eu realmente sei a resposta.

As far as I'm concerned, you did great.
No que se refere a mim, você foi ótimo.

Outro caso em que a *non-final intonation* é usada é com séries de palavras ligadas semanticamente, ou seja, com o mesmo grupo de significados. A entonação sobe na primeira palavra da lista e só desce no último item. Ouça e leia alguns exemplos:

I like strawberries, bananas, grapes and oranges.
Gosto de morangos, bananas, uvas e laranjas.

I'm taking English, French, biology and math.
Estou cursando Inglês, francês, biologia e matemática.

He left work, came home, had dinner and went to bed.
Ele saiu do trabalho, chegou em casa, jantou e foi dormir.

256 A Chave do Aprendizado da Língua Inglesa

Para terminar usamos a *non-final intonation* quando oferecemos uma escolha entre duas coisas. Exemplos:

Do you want to go out or stay home?
Quer sair ou ficar em casa?

Is your birthday in March or in April?
Seu aniversário é em março ou abril?

Do you speak Spanish or French?
Você fala espanhol ou francês?

Is his name Michael or Mitchell?
O nome dele é Michael ou Mitchell?

Would you like soup or salad?
Você gostaria de sopa ou salada?

É claro que dependendo de como falamos ou expressamos nossas emoções pronunciaremos as palavras e daremos ênfase de forma diferente. Lembre-se, o segredo para dominar a pronúncia e a entonação em Inglês é ouvir, ouvir, ouvir e ouvir mais um pouco.

8. Frases Prontas

Reclamando e se Desculpando

Geralmente nos desculpamos quando quebramos alguma regra ou fazemos algo que é ruim para a outra pessoa. Existem várias maneiras de se desculpar em Inglês.

🎧 FAIXA 86

I'm sorry.
Desculpe./Sinto muito.

I'm terribly/awfully sorry for...
Sinto muitíssimo [por]...

I'm sorry. I didn't realize...
Desculpe. Não percebi que...

I owe you an apology.
Eu te devo um pedido de desculpas.

I can't tell you how sorry I am.
Não consigo expressar o quanto eu sinto.

Please accept my apologies for...
Por favor, aceite minhas desculpas por...

Please excuse my son.
Por favor, desculpe meu filho.

Liberdade de Expressão 257

I'd like to apologize for...
Gostaria de me desculpar por...

I'm sorry. I didn't mean to...
Desculpe. Não tive a intenção de...

I shouldn't have done that.
Eu não deveria ter feito isso.

It was not my intention to...
Não foi minha intenção...

This won't happen again.
Isso não vai acontecer de novo.

Please forgive me.
Por favor, me perdoe.

Sorry about that.
Desculpe por isso.

My mistake.
Eu errei.

I had that wrong.
Eu errei/confundi isso.

Oh, my bad.
Ah, foi mal.

My fault, bro.
Foi mal, cara.

Você pode dizer que está tudo bem com as seguintes expressões:

That's all right.
Está tudo bem.

That's OK.
Está tudo bem.

I understand.
Eu entendo.

You don't have anything to apologize for.
Você não tem nada pelo que se desculpar.

I wouldn't worry about that.
Eu não me preocuparia com isso.

It can happen to anyone.
Pode acontecer com qualquer pessoa.

It's not your fault.
Não é culpa sua.

Don't worry about it.
Não se preocupe com isso.

> Forget it.
> *Esquece isso.*
>
> No problem.
> *Não tem problema.*
>
> It doesn't really matter.
> *Isso não importa realmente.*

9. Cantinho Cultural

O Feriado de Ação de Graças

O Dia de Ação de Graças, *Thanksgiving*, começou na região da Nova Inglaterra, nos Estados Unidos, em 1621, um ano depois da chegada dos colonos ingleses. Os indígenas que ali habitavam ensinaram os colonos a pescar, caçar e cultivar milho, abóbora, entre outras coisas. Depois de um inverno muito rigoroso e de colheitas escassas, em 1621 eles tiveram uma ótima colheita de milho. O governador então decidiu juntar os colonos e os indígenas (aproximadamente 90 pessoas na época) para dar graças, *give thanks*, a essa colheita.

Porém o feriado de Ação de Graças só foi instituído em 1863, pelo presidente Abraham Lincoln, e sempre cai na 4ª quinta-feira de novembro. Esse feriado é celebrado com o tradicional peru assado, purê de batata com *gravy* (molho feito com caldo de carne), molho de *cranberry* (um tipo de fruta vermelha), batata-doce e geralmente se serve a famosa torta de abóbora.

Liberdade de Expressão **259**

10. Real Life English

Shoulda, Woulda, Coulda

Em Inglês temos várias contrações com sujeito e verbo (I'm, you've, he'll, they'd etc.), entre verbo e *not* (don't, doesn't, can't, won't, shouldn't etc.) e temos também as contrações entre os verbos modais *should, would* e *could* e o verbo auxiliar *have*. Vejamos alguns exemplos sem as contrações.

🎧 **FAIXA 87**

> I should have done this earlier.
> *Eu deveria ter feito isso antes.*
>
> You would have told me, wouldn't you?
> *Você teria me dito, não?*
>
> He could have gotten killed in that accident.
> *Ele poderia ter sido morto naquele acidente.*

> Podemos fazer a contração desses verbos modais da seguinte forma:

> I should've done this earlier.
> You would've told me, wouldn't you?
> He could've gotten killed in that accident.

> Em Inglês falado as formas *should've, would've* e *could've* às vezes se transformam em *shoulda, woulda* e *coulda*. Note que a pronúncia do som "a" final é mais fraca. Lembre-se de que essas formas são típicas da conversação e não devem ser escritas em textos mais formais. Vamos praticar!

> I shoulda done this earlier.
> You woulda told me, wouldn't you?
> He coulda gotten killed in that accident.

Vamos praticar agora as três formas juntas.

🎧 **FAIXA 88**

> 1. I should have called him
>   *Eu deveria ter ligado para ele.*
>   I **should've** called him.
>   I **shoulda** called him.
>
> 2. You should have brought her a gift
>   *Você deveria ter trazido um presente para ela.*
>   You **should've** brought her a gift.
>   You **shoulda** brought her a gift.

3. She could have come by bus
Ela poderia ter vindo de ônibus.
She **could've** come by bus.
She **coulda** come by bus.

4. It could have been worse
Poderia ter sido pior.
It **could've** been worse.
It **coulda** been worse.

5. We would have been more careful
Nós teríamos tido mais cuidado.
We **would've** been more careful.
We **woulda** been more careful.

6. It would have been great to see you
Teria sido ótimo lhe ver.
It **would've** been great to see you.
It **woulda** been great to see you.

A expressão *shoulda, coulda, woulda* indica que alguém se arrependeu de algo ou que fica dando desculpas. Alguns exemplos:

I need pro-active people, not those who shoulda, coulda, woulda.
Preciso de pessoas pró-ativas, não aquelas que ficam dando desculpas.

I should've told her that I loved her, but shoulda, coulda, woulda won't help me now.
Eu deveria ter dito que a amava, mas ficar arrependido não vai adiantar agora.

I'm tired of your shoulda, coulda, woulda. Get your act together!
Estou cansado das suas desculpas. Entre na linha!

11. Revisão/Ditado

Escute as frases a seguir e escreva-as no seu caderno ou editor de texto.

🎧 **FAIXA 89**

1. _____
2. _____
3. _____
4. _____
5. _____
6. _____
7. _____
8. _____
9. _____
10. _____

12. Dicas de "Como Estudar Sozinho"

Usando vídeo para aprender Inglês

Trabalhar com as legendas em Inglês é bem vantajoso porque permite escutar e ler o Inglês mais natural, sem a edição linguística que os cursos em vídeos têm. Se você já conhece a trama da história, fica mais fácil prever o significado das palavras e vai se acostumando com o vocabulário, pois os escritores tendem a repetir expressões que os personagens usam.

Há também um outro uso para as legendas em Inglês. Suponha que você assista a um filme brasileiro, em DVD ou serviço de *streaming*, e esse filme tem a opção de legenda em Inglês. Já tentou fazer isso? Eu acredito que é um exercício muito interessante, dado que você pratica o inverso: ouve em português e lê em inglês.

Vamos um pouco mais além! Assista a um filme em um idioma que não seja nem português nem Inglês, um filme em alemão ou turco, por exemplo. Coloque a legenda em Inglês e você vai trabalhar uma parte do seu cérebro até então meio adormecida. É, sim, cansativo e é também muito bom para fazer aquele *brain workout* (exercício cerebral) para deixar-nos mais alerta. Se não conseguir assistir ao filme todo, pare, descanse e depois retome.

Para terminar, transforme a legenda em Inglês em sua aliada. Assista às suas séries preferidas uma vez, depois assista-as novamente. Pare o episódio, anote a palavra nova ou expressão no seu caderno. Procure mais exemplos em dicionários e no Google. Tudo com muita calma, não adianta ter pressa. A persistência é melhor do que a velocidade.

Vocabulary Galore!

Irregular Verbs Galore!

Em vez de termos uma lista alfabética dos verbos irregulares, vamos aprendê-los agrupados em categorias. A primeira forma é o infinitivo, a segunda é o passado simples e a terceira é o particípio passado.

🎧 FAIXA 90

1. A letra D vira T

bend	bent	bent	*curvar-se*
build	built	built	*construir*
lend	lent	lent	*emprestar*
send	sent	sent	*enviar/mandar*
spend	spent	spent	*gastar*

2. Verbos have e make

have/has	had	had	*ter*
make	made	made	*fazer*

3. Terminação regular no Inglês americano e irregular no Inglês britânico

burn	burned/burnt	burned/burnt	*queimar*
dwell	dwelled/dwelt	dwelled/dwelt	*morar*
learn	learned/learnt	learned/learnt	*aprender*
smell	smelled/smelt	smelled/smelt	*cheirar*
spell	spelled/spelt	spelled/spelt	*soletrar*
spill	spilled/spilt	spilled/spilt	*derramar*
spoil	spoiled/spoilt	spoiled/spoilt	*estragar*

4. Terminação AY vira AID

lay	laid	laid	*colocar/pôr*
pay	paid	paid	*pagar*
say	said	said	*dizer*

5. EE + consoante (p, d, l, t) = EPT

creep	crept	crept	*rastejar*
feed	fed	fed	*alimentar*
feel	felt	felt	*sentir*
keep	kept	kept	*manter*
leave	left	left	*deixar/partir*
meet	met	met	*encontrar/conhecer*
sleep	slept	slept	*dormir*
sweep	swept	swept	*varrer*
weep	wept	wept	*chorar*

6. Pronúncia diferente da mesma vogal, terminação em D ou T

deal	dealt	dealt	lidar
dream	dreamt*	dreamt*	sonhar
hear	heard	heard	ouvir
leap	leapt	leapt	pular
mean	meant	meant	significar/querer
read	read	read	ler

 *Forma no Inglês britânico. Temos a forma *dreamed* no Inglês americano.

7. ELL vira OLD

sell	sold	sold	vender
tell	told	told	contar/dizer

8. Terminações OUGHT ou AUGHT

bring	brought	brought	trazer
buy	bought	bought	comprar
catch	caught	caught	pegar
fight	fought	fought	lutar
seek	sought	sought	lutar
teach	taught	taught	ensinar
think	thought	thought	pensar

9. As três formas são iguais

bet	bet	bet	apostar
bid	bid	bid	fazer um lance
broadcast	broadcast	broadcast	transmitir
burst	burst	burst	estourar
cost	cost	cost	custar
cut	cut	cut	cortar
fit	fit	fit	caber
hit	hit	hit	acertar/bater
hurt	hurt	hurt	machucar
let	let	let	deixar/permitir
put	put	put	colocar
quit	quit	quit	parar/deixar
set	set	set	fixar
shut	shut	shut	fechar
spread	spread	spread	espalhar

A Chave do Aprendizado da Língua Inglesa

10. **Letra O (som longo) + terminação em** *–en*

awake	awoke	awoken	*acordar*
break	broke	broken	*quebrar*
choose	chose	chosen	*escolher*
freeze	froze	frozen	*congelar*
speak	spoke	spoken	*falar*
steal	stole	stolen	*roubar*
wake	woke	woken	*acordar*
weave	wove	woven	*tecer*

11. **Letra O (som longo) + letra I (som curto) +** *–en*

arise	arose	arisen	*levantar*
drive	drove	driven	*dirigir*
ride	rode	ridden	*cavalgar*
rise	rose	risen	*subir*
write	wrote	written	*escrever*

12. **Terminação** *–en*

beat	beat	beaten	*bater*
bid	bade	bidden	*dar adeus*
bite	bit	bitten	*morder*
eat	ate	eaten	*comer*
fall	fell	fallen	*cair*
forbid	forbad(e)	forbidden	*proibir*
forget	forgot	forgotten	*esquecer*
forgive	forgave	forgiven	*perdoar*
get	got	gotten	*conseguir*
give	gave	given	*dar*
hide	hid	hidden	*esconder*
lie	lay	lain	*deitar-se*
see	saw	seen	*ver*
shake	shook	shaken	*chacoalhar*
take	took	taken	*pegar/levar*

Vocabulary Galore! 267

13. Padrão EAR, ORE, ORN

bear	bore	born	*segurar*
swear	swore	sworn	*jurar/xingar*
tear	tore	torn	*rasgar*
wear	wore	worn	*usar/vestir*

14. Passado OW, particípio OWN

blow	blew	blown	*soprar*
draw	drew	drawn	*desenhar*
fly	flew	flown	*voar*
grow	grew	grown	*crescer*
know	knew	known	*saber/conhecer*
throw	threw	thrown	*atirar/jogar*

15. Passado regular, particípio regular ou irregular

show	showed	*showed/shown*	*mostrar*
sow	sowed	*sowed/sown*	*semear*
mow	mowed	*mowed/mown*	*cortar grama*
swell	swelled	*swelled/swollen*	*inchar*
sew	sewed	*sewed/sewn*	*costurar*
shine	shone/shined	*brilhar/lustrar*	*lustrar*

16. Somente muda a vogal do meio, terminação continua igual

dig	dug	dug	*cavar*
stick	stuck	stuck	*enfiar/colar*
spin	spun	spun	*rodar*
sting	stung	stung	*picar*
strike	struck	struck	*atingir*
swing	swung	swung	*rodar*
hang	hung	hung	*pendurar*
slide	slid	slid	*deslizar*
light	lit	lit	*iluminar*
shoot	shot	shot	*atirar*

17. Padrão I, OU, OU

bind	bound	bound	juntar/encadernar
find	found	found	encontrar/achar
grind	ground	ground	moer
wind	wound	wound	dar corda

18. Padrão EE, E, E

bleed	bled	bled	sangrar
feed	fed	fed	alimentar
flee	fled	fled	fugir
lead	led	led	levar/conduzir
speed	sped	sped	agilizar/acelerar

19. Padrão I, A, U

begin	began	begun	começar
drink	drank	drunk	beber
ring	rang	rung	tocar o telefone
shrink	shrank	shrunk	encolher
sing	sang	sung	cantar
sink	sank	sunk	afundar
spin	span	spun	rodar
spring	sprang	sprung	saltar
swim	swam	swum	nadar

20. Infinitivo e particípio iguais

come	came	come	vir
become	became	become	tornar-se
run	ran	run	corer

21. De tudo um pouco

be (am/is/are)	was/were	been	ser/estar
do	did	done	fazer
go	went	gone	ir
hold	held	held	segurar
lie	lay	lain	deitar-se
lose	lost	lost	perder
sit	sat	sat	sentar-se
stand	stood	stood	ficar em pé
understand	understood	understood	entender
win	won	won	vencer/ganhar

Phrasal Verbs Galore!

Phrasal Verbs Separáveis

Aqui temos uma lista com alguns *phrasal verbs* separáveis bem úteis para você melhorar seu vocabulário. Dica de estudo: Procure mais frases de exemplo e anote no seu caderno de vocabulário. Atenção às abreviações abaixo.

> **s.t. = something** (*algo*)
> **s.o. = someone** (*alguém*)

Ask s.o. over. *convidar alguém para ir à sua casa.*
He asked us over, but we couldn't go.
Ele nos convidou para ir à sua casa, mas não pudemos ir.

Block s.t. out. *bloquear algo (luz, barulho).*
That tree in front of our house blocks out a lot of light.
Essa árvore na frente da nossa casa bloqueia muita luz.

Blow s.t. out. *apagar.*
He blew out all the 95 candles on his birthday cake.
Ele apagou as 95 velas no seu bolo de aniversário.

Blow s.t. up. *explodir; encher (de ar); aumentar (tamanho).*
Terrorists blew up the French embassy.
Terroristas explodiram a embaixada francesa.

You need to blow up those balloons before you hang them up.
Você precisa encher esses balões antes de pendurá-los.

They had blown up the picture to make it a poster.
Eles tinham aumentado a foto para torná-la um cartaz.

Bring s.t. about. *causar, ocasionar.*
The government needs to spend more money on education to bring about change.
O governo precisa gastar mais dinheiro com a educação para promover a mudança.

Bring s.o/s.t. back. *trazer alguém/algo de volta.*
They always bring me back something nice when they go abroad.
Eles sempre me trazem algo bonito quando vão para o exterior.

Bring s.o. down. *deprimir.*
That song always brings me down.
Aquela música sempre me deprime.

Bring s.t. out. *lançar, apresentar.*
Next year they're going to bring out a new car model to compete with Ford.
Ano que vem eles vão lançar um novo modelo de carro para competir com a Ford.

Bring s.o. up. *educar, criar.*
He was brought up by his grandmother.
Ele foi criado pela sua avó.

Bring s.t. up. *mencionar.*
I hate to bring this up, but you still owe me money.
Odeio mencionar isso, mas você ainda me deve dinheiro.

Burn s.t. down. *destruir (pelo fogo).*
The entire building was burned down in 30 minutes.
O prédio inteiro foi destruído pelo fogo em 30 minutos.

A Chave do Aprendizado da Língua Inglesa

Call s.o. back. *retornar a ligação.*
Can you call back after lunch?
Pode retornar a ligação depois do almoço?

Call s.t. off. *cancelar.*
They had to call off the game because of bad weather.
Eles tiveram que cancelar o jogo por causa do mau tempo.

Call s.o. up. *ligar, telefonar.*
A friend of yours called up while you were out.
Um amigo seu ligou enquanto você estava fora.

Carry on s.t. *continuar.*
Just carry on with what you were doing.
Simplesmente continue com o que você estava fazendo.

Carry s.t. out. *realizar (um experimento).*
An investigation is being carried out right now.
Uma investigação está sendo realizada neste momento.

Charge s.t. up. *carregar (com eletricidade).*
The phone's not going to work because it's not charged up.
O telefone não vai funcionar, pois não está carregado.

Cheer s.o. up. *animar.*
He always cheers me down when I'm feeling sad.
Ele sempre me anima quando estou me sentindo triste.

Clean s.o/s.t. up. *limpar (completamente), organizar.*
I need to clean up my room before my mom arrives.
Preciso limpar meu quarto antes que minha mãe chegue.

Clear s.t. up. *esclarecer.*
That case was never cleared up.
Aquele caso nunca foi esclarecido.

Close s.t. down. *fechar (algo para sempre).*
Did you know they closed down the factory?
Sabia que eles fecharam a fábrica para sempre?

Come off s.t. *sair (da superfície).*
However hard I tried, the chewing gum wouldn't come off.
Por mais que eu tentasse, o chiclete não saía.

Come up with s.t. *criar, inventar.*
We need to come up with a plan to sell more books.
Precisamos inventar um plano para vender mais livros.

Count on s.o./s.t. *contar com.*
I wouldn't count on him if I were you.
Eu não contaria com ele se eu fosse você.

Cover s.o./s.t. up. *cobrir, abafar.*
It was a scandal, but the company managed to cover the whole thing up.
Foi um escândalo, mas a empresa conseguiu abafar a coisa toda.

Cross s.t. out. *riscar (algo que está escrito).*
Cross out the old address and write the new one.
Risque o endereço velho e escreva o novo.

Cut s.t. down. *reduzir.*
How can you cut down the risk of hepatitis?
Como se consegue reduzir o risco de hepatite?

Vocabulary Galore! 271

Cut s.t. off. *retirar algo (com corte).*
She had to cut off all her hair.
Ela teve que cortar todo o seu cabelo.

Cut s.t. out. *recortar.*
Can you cut that article out the magazine please?
Você pode recortar o artigo da revista, por favor?

Do s.t. over. *refazer algo.*
My paper was not very good, so I had to do it over.
Meu trabalho não estava muito bom, então tive que refazê-lo.

Do s.t./s.o. up. *enfeitar.*
She had done herself up to go to that party.
Ela tinha se enfeitado para ir àquela festa.

Dream s.t. up. *inventar.*
She's been dreaming up ways to improve her sales.
Ela tem inventado maneiras de melhorar suas vendas.

Drink s.t. up. *beber tudo.*
Come on, everybody, drink it up!
Vamos lá, pessoal, bebam tudo!

Drop s.o./s.t. off. *deixar.*
Can you drop this package off at the post office?
Pode deixar este pacote no correio?

Drop out of s.t. *parar de cursar.*
He dropped out of high school at seventeen.
Ele abandonou o ensino médio aos dezessete anos.

Empty s.t. out. *esvaziar.*
The boss told us to empty out our desks and leave.
O chefe disse para esvaziarmos nossas mesas e irmos embora.

Figure s.t./s.o. out. *entender.*
The police had to figure out the connection between the two crimes.
A polícia teve que entender a conexão entre os dois crimes.

Fill s.t. in. *preencher (lacunas).*
Listen to the dialogue and fill in the blanks.
Escute o diálogo e preencha as lacunas.

Fill s.t. out. *preencher (ficha, formulário).*
I wonder if it will take me long to fill out this application form.
Será que vou demorar muito para preencher esta ficha?

Fill s.t. up. *encher (completamente).*
Fill up your glasses and let's make a toast!
Encham seus copos e façamos um brinde!

Find s.t. out. *descobrir.*
They will never find out the truth about what happened.
Eles nunca descobrirão a verdade sobre o que aconteceu.

Follow through with s.t. *terminar.*
Before you start a new project, you need to follow through with the current one.
Antes de começar um novo projeto, você precisa terminar o atual.

Get s.t. across. *comunicar.*
She was trying to get across how much she loved him.
Ela estava tentando expressar o quanto ela o amava.

A Chave do Aprendizado da Língua Inglesa

Give s.t. away. *doar*.
I'm going to give away lots of winter clothes.
Vou doar muitas roupas de inverno.

Give s.t. back. *devolver*.
He had to give back what he had taken.
Ele teve que devolver o que tinha pegado.

Give s.t. out. *fornecer, dar*.
Their office gives out financial counseling for college students.
Seu escritório fornece aconselhamento financeiro para alunos de faculdade.

Give s.t. up. *desistir*.
He had to give up his job to take care of his mother.
Ele teve que desistir do seu emprego para cuidar de sua mãe.

Go after s.t/s.o. *ir atrás*.
You should go after him and tell him how sorry you are.
Você deveria ir atrás dele e dizer-lhe o quanto você sente por isso.

Go along with s.t. *concordar*.
I think I would tend to go along with what he's saying.
Acho que provavelmente eu concordaria com o que ele está dizendo.

Hand s.t. in. *entregar*.
Did you hand in your term paper yet?
Já entregou seu trabalho semestral?

Hand s.t. out. *distribuir*.
Rick helped hand out the tests.
Rick ajudou a distribuir os testes.

Hang s.t. up. *pendurar algo*.
Can you help me hang up this portrait, please?
Pode me ajudar a pendurar este quadro, por favor?

Help s.o. out. *dar uma mão*.
Manny came to help us out because we were too busy at the store.
Manny veio nos ajudar, pois estávamos ocupados demais na loja.

Hold s.t. on. *segurar*.
She held on tightly to his waist because she was scared.
Ela segurou com força na cintura dele, pois estava com medo.

Keep s.t./s.o. away. *manter longe*.
If you're trying to lose weight, you should keep away from fried food.
Se você está tentando perder peso, deveria se manter longe de comida frita.

Keep s.t. on. *ficar com (roupa)*.
Keep your jacket on, it's really cold today.
Fique de jaqueta, está muito frio hoje.

Keep up with s.o./s.t. *acompanhar*.
I can't keep up with them. They walk too fast.
Não consigo acompanhá-los. Eles andam muito rápido.

Lay s.o. off. *demitir*.
That company had to cut back production and lay off hundreds of workers.
Aquela empresa teve que reduzir a produção e demitir centenas de trabalhadores.

Lay s.t. out. *gastar*.
They had already laid out a large sum of money.
Eles já tinham gastado uma boa quantia de dinheiro.

Leave s.t. on. *deixar ligado.*
I wonder who left the TV on.
Quem será que deixou a TV ligada?

Leave s.t. out. *omitir.*
You should never leave out such important details.
Você nunca deveria omitir detalhes tão importantes.

Let s.o. down. *decepcionar.*
She let me down when she said she hadn't done what I asked.
Ela me decepcionou quando me disse que não tinha feito o que eu tinha pedido.

Let s.t./s.o. in. *deixar entrar.*
Please let me in, it's too cold out here!
Por favor, deixe-me entrar, está frio demais aqui fora!

Let s.t./s.o. out. *deixar sair.*
We had to let the dog out because it was barking too much.
Tivemos que deixar o cachorro sair, pois estava latindo demais.

Light s.t. up. *iluminar.*
Fireworks were lighting up the sky.
Fogos de artifício estavam iluminando o céu.

Look s.t. s.o. over. *examinar.*
I was just looking over those leaflets when he arrived.
Estava só examinando aqueles folhetos quando ele chegou.

Look s.t. up. *procurar (livro de referência).*
I had to look up that word because I didn't know what it meant.
*Tive que procurar aquela palavra
no dicionário, pois não sabia o que significava.*

Look s.o. up. *visitar.*
Look me up if you're ever in town.
Visite-me quando você estiver aqui na cidade.

Move s.t. around. *mudar de lugar.*
We moved the furniture around for more space.
Mudamos os móveis de lugar para ter mais espaço.

Pass s.t. out. *distribuir, passar.*
The teacher was passing out the tests when the principal knocked on the door.
O professor estava entregando as provas quando o diretor bateu na porta.

Pass s.t./s.o. up. *deixar passar.*
How could you possibly pass up an opportunity like that?
Como você pôde deixar passar uma oportunidade como essa?

Pay s.o. back. *devolver (dinheiro).*
Can you lend me 50 bucks? I'll pay you back next week.
Pode me emprestar 50 dólares? Devolvo-lhe na semana que vem.

Pick s.t. out. *escolher.*
Have you seen the awful dress she picked out for the wedding?
Viu o vestido horrível que ela escolheu para o casamento?

Point s.t. out. *ressaltar.*
He pointed out the best beaches in San Diego.
Ele ressaltou as melhores praias em San Diego.

Put s.t. away. *guardar.*
Kids, put your toys away before we have dinner.
Crianças, guardem seus brinquedos antes de jantarmos.

Put s.t. off. *adiar.*
Stop putting off what you must do.
Pare de adiar o que você deve fazer.

Put s.t. on. *colocar (roupa).*
Put on a jacket. It's cold outside.
Coloque uma jaqueta. Está frio lá fora.

Put s.t. together. *montar, juntar.*
At first we had to put together a set of guidelines to start working.
No início tivemos que juntar uma série de diretrizes para começar a trabalhar.

Put s.t. up. *erguer, erigir.*
My dad was in the back yard putting up a fence.
Meu pai estava no quintal erguendo uma cerca.

Run into s.o. *encontrar por acaso.*
I ran into your sister at the supermarket.
Encontrei sua irmã por acaso no supermercado.

See s.t. through. *terminar.*
Having coming this far, I was bent to see things through.
Tendo chegado até aqui, eu estava determinado a terminar as coisas.

Set s.t. off. *causar, ser o estopim.*
The elections set off a series of protests.
As eleições causaram uma série de protestos.

Set s.t. up. *montar.*
We need to set up the tables and chairs for the party.
Precisamos montar as mesas e cadeiras para a festa.

Show s.t. off. *exibir.*
He likes to show off his singing skills.
Ele gosta de exibir suas habilidades de cantor.

Shut s.t. off. *desligar.*
How do I shut off this car alarm?
Como desligo o alarme deste carro?

Start s.t. over. *recomeçar.*
I lost track of what I was doing, so I had to start over.
Perdi a conta do que estava fazendo, então tive que recomeçar.

Stick to/with s.t. *manter-se, ater-se a.*
We should stick with/to the original plan.
Deveríamos manter o plano original.

Straighten s.t. up. *arrumar.*
We have to straighten up the house before our parentes arrive.
Precisamos arrumar a casa antes de nossos pais chegarem.

Switch s.t. on. *ligar.*
Switch all the lights on because it's too dark.
Acenda todas as luzes porque está escuro demais.

Take s.t. back. *levar de volta.*
I need to take those books back to the library.
Preciso levar esses livros de volta para a biblioteca.

Take s.t. in. *entender.*
I'm not sure how much of the lecture he took in.
Não sei quanto da palestra ele entendeu.

Vocabulary Galore! 275

Take s.t. off. *tirar.*
Take off your shoes before you enter.
Tire seus sapatos antes de entrar.

Take s.o. on. *contratar.*
How many people did they take on last month?
Quantas pessoas eles contrataram no mês passado?

Take s.t. out. *retirar.*
We're not allowed to take out books from the library anymore.
Não podemos mais retirar livros da biblioteca.

Talk s.o. into. *convencer, persuadir.*
He talked me into taking a German course with him.
Ele me convenceu a fazer um curso de alemão com ele.

Talk s.t. over. *discutir.*
This is a very pressing issue and we need to talk it over right away.
Este é um assunto urgente e precisamos discuti-lo imediatamente.

Team up with s.o. *aliar-se a.*
They teamed up with the other group for better results.
Eles se aliaram ao outro grupo para resultados melhores.

Tear s.t. down. *demolir.*
I still don't know why they had to tear down that building.
Ainda não sei por que eles tiveram que demolir aquele prédio.

Tear s.t. up. *rasgar, destruir.*
She tore up all the fotos of her old boyfriend.
Ela rasgou todas as fotos do seu ex-namorado.

Think back on s.t. *lembrar-se.*
I've been trying to think back on what happened, but I just can't.
Estive tentando me lembrar do que aconteceu, mas simplesmente não consigo.

Think s.t. over. *refletir.*
I can't decide now. I need to think it over first.
Não consigo decidir agora. Preciso refletir antes.

Throw s.t. out/away. *jogar fora.*
Throw all those old newspapers out.
Jogue fora todos aqueles jornais velhos.

Touch s.t. up. *retocar.*
Let's touch up the paint before we paint the house.
Vamos retocar a pintura antes de vender a casa.

Try s.t. on. *experimentar.*
I love this blouse, let me try it on.
Adorei esta blusa, deixe-me experimentá-la.

Try s.t. out. *testar.*
I've bought some new running shoes and I'm dying to try them out.
Comprei uns novos tênis de corrida e estou doido para experimentá-los.

Turn s.t. down. *recusar.*
How could she turn down such an amazing job?
Como ela pôde recusar um emprego tão incrível?

Turn s.t. in. *entregar.*
He turned in his resignation to the president of the company.
Ele entregou sua carta de demissão para o presidente da empresa.

Turn s.t. into. *transformar.*
He turned his house into a big gym.
Ele transformou sua casa em uma academia gigante.

Turn s.t. off. *desligar.*
Did you remember to turn off the computers before you left?
Você se lembrou de desligar os computadores antes de sair?

Turn s.t. on. *ligar.*
I forgot to turn on the alarm before I left.
Eu me esqueci de ligar o alarme antes de sair.

Use s.t. up. *usar tudo.*
I've used up all my vacation days.
Já gastei todos os meus dias de férias.

Wake s.o. up. *acordar.*
You should wake him up otherwise he'll oversleep.
Você deveria acordá-lo, senão ele vai perder a hora.

Work s.t. off. *liberar, pagar.*
I had to work off my debts.
Tive que pagar minhas dívidas trabalhando.

I usually work off my anger by going for a run.
Geralmente libero minha raiva ao correr.

Work s.t. out. *resolver.*
I've been thinking hard, but I still can't work out what to do.
Estive pensando muito, mas ainda não consigo resolver o que fazer.

Write s.t. down. *anotar.*
I should write down your phone number because I'm pretty sure I'm going to forget it.
Eu deveria anotar seu número de telefone, pois tenho toda a certeza de que vou esquecer.

Phrasal Verbs Inseparáveis

Os *phrasal verbs* inseparáveis não levam objeto e, portanto, não se separam. Aqui temos uma lista com alguns *phrasal verbs* inseparáveis bem úteis. Bons estudos!

Blow up. *explodir.*
The pot blew up, wrecking the whole kitchen.
A panela explodiu, estragando a cozinha toda.

Break down. *enguiçar.*
My car broke down on the way to the office.
Meu carro enguiçou indo para o escritório.

Break out. *irromper, começar.*
They got married and two weeks later the war broke out.
Eles se casaram, e duas semanas depois a guerra começou.

Call back. *retornar a ligação.*
I waited for awhile, but he never called back.
Esperei um tempo, mas ele acabou não ligando.

Catch on. *"pegar", ser popular; entender.*
Listening to the blues has really caught on lately.
Escutar blues realmente pegou ultimamente.

He didn't catch on at first.
Ele não entendeu de início.

Clear up. *limpar (tempo).*
It's supposed to clear up tonight.
O tempo deve limpar hoje à noite.

Vocabulary Galore! 277

Close down. *fechar.*
Factories are closing down all over the country.
Fábricas estão fechando por todo o país.

Come about. *acontecer.*
How did the whole thing come about?
Como a coisa toda aconteceu?

Come along. *acompanhar.*
I'm going to the bakery. You can come along if you want.
Estou indo à padaria. Você pode me acompanhar se quiser.

Come back. *voltar.*
When's he going to come back to Brazil?
Quando ele vai voltar para o Brasil?

Come in. *entrar.*
Come in, everybody's waiting for you.
Entre, todos estão esperando por você.

Come off. *soltar.*
I pulled at the drawer, and the handle came off.
Puxei a gaveta, e a maçaneta soltou.

Come out. *aparecer.*
It eventually came out that she had been married before.
No final apareceu que ela tinha sido casada antes.

Come up. *surgir.*
She's hoping a new vacancy will come up at the local college.
Ela está esperando que uma nova vaga surja na faculdade local.

Drop by/in. *"aparecer", visitar inesperadamente.*
Feel free to drop by/in anytime.
Fique à vontade para aparecer sempre que quiser.

Eat out. *comer fora.*
What do you say we eat out tonight?
O que acha de comermos fora hoje à noite?

End up. acabar (*fazendo algo*).
If you keep doing that you'll end up getting caught.
Se você continuar fazendo isso você vai acabar sendo pego.

Find out. *descobrir.*
She eventually found out what had happened.
No final ela descobriu o que tinha acontecido.

Follow through. *terminar, concluir.*
She's tired of helping him because he never follows through.
Ela está cansada de ajudá-lo, pois ele nunca termina nada.

Get ahead. *progredir.*
If you want to get ahead in your job, start working harder.
Se você quiser progredir no seu trabalho, comece a trabalhar mais.

Get along. *dar-se bem.*
My sister and I don't get along.
Minha irmã e eu não nos damos bem.

Get by. *sobreviver, virar-se.*
My French isn't very good, but I get by.
Meu francês não é muito bom, mas eu me viro.

A Chave do Aprendizado da Língua Inglesa

Get together. *encontrar-se.*
Let's get together for lunch sometime.
Vamos nos encontrar para almoçar dia desses.

Get up. *levantar-se.*
What time do you usually get up?
Que horas você geralmente se levanta?

Go off. *explodir, tocar.*
I was at school when the bomb went off.
Eu estava na escola quando a bomba explodiu.

I didn't hear the alarm go off so I overslept.
Não ouvi o despertador tocar, então perdi a hora.

Go on. *continuar.*
Go on, I'm listening.
Continue, estou escutando.

Go out. *sair.*
I was so tired I didn't feel like going out last night.
Eu estava tão cansado que não estava a fim de sair ontem à noite.

Go over. *ter sucesso.*
Last night's play went over very well.
A peça de ontem à noite teve bastante sucesso.

Go up. *subir.*
Gas prices have gone up a lot recently.
Preços da gasolina subiram muito recentemente.

Grow up. *crescer.*
Where did you grow up?
Onde você cresceu?

Hold on. *esperar.*
Let's hold on for just a minute, then we can go.
Vamos esperar só mais um minuto, depois podemos ir.

Keep away. *ficar longe.*
I told you to keep away, but you won't listen.
Eu lhe disse para ficar longe, mas você não me escuta.

Keep on. *continuar.*
Keep on studying like that and you'll be fluente in no time.
Continue estudando assim e você será fluente rapidinho.

Keep up. *acompanhar.*
He walks too fast, I can't keep up.
Ele anda rápido demais, não consigo acompanhar.

Lie down. *deitar-se.*
I wasn't feeling very well, so I lay down.
Eu não estava me sentindo muito bem, então me deitei.

Look out. *ter cuidado.*
You need to look out when you come home late at night.
Você precisa ter cuidado quando chegar em casa tarde da noite.

Make up. *fazer as pazes.*
You should forget your differences and make up.
Vocês deveriam esquecer suas diferenças e fazer as pazes.

Pay off. *valer a pena.*
All those sleepless nights studying will pay off in the end.
Todas essas noites sem dormir estudando vão acabar valendo a pena.

Pick up. *melhorar.*
They'll only let him out of the hospital after his health has picked a bit.
Só vão deixá-lo sair do hospital depois que sua saúde tiver melhorado um pouco.

Run out. *acabar.*
I returned to Brazil from South Africa after my money ran out.
Voltei ao Brasil vindo da África do Sul depois que meu dinheiro acabou.

Show up. *aparecer.*
He was supposed to come, but he never showed up.
Era para ele vir, mas ele acabou não aparecendo.

Sign up. *matricular-se.*
There's a new Italian course on campus. Do you know where I can sign up?
Tem um curso novo de italiano no campus. Você sabe onde posso me matricular?

Sit down. *sentar-se.*
Would you like to sit down?
Gostaria de se sentar?

Slip up. *errar.*
These figures don't make sense. I wonder if we slipped up somewhere.
Esses números não fazem sentido. Será que erramos em algum lugar?

Stand up. *ficar em pé.*
We need to stand up when the principal arrives.
Precisamos nos levantar quando o diretor chegar.

Take off. *decolar.*
The plane blew up right after it took off.
O avião explodiu logo depois de decolar.

Turn out. *comparecer.*
Hundreds of people turned out at the party.
Centenas de pessoas compareceram à festa.

Wake up. *acordar.*
I woke up really late this morning.
Eu acordei bem tarde hoje de manhã.

Watch out. *ter cuidado.*
You'd better watch out when you cross the street.
É melhor você ter cuidado quando atravessar a rua.

Work out. *funcionar, treinar.*
Will this ever work out?
Será que isso algum dia vai funcionar?

I work out at the gym three times a week.
Treino na academia três vezes por semana.

Idioms Galore!

A dime a dozen. *muito comum, "às pencas".*
Singers like him are a dime a dozen.
Cantores como ele têm "às pencas" por aí.

A sight for sore eyes. *alguém muito bonito ou algo que dá prazer ver, um colírio para os olhos.*
Seeing her bring a tray with cold beers was a sight for sore eyes.
Vê-la trazer uma bandeja com cervejas geladas foi um colírio para os olhos.

A Chave do Aprendizado da Língua Inglesa

A weight off one's shoulders. *um alívio, (tirar) um peso das costas.*
If you could take care of the kids this afternoon, that would be a weight off my shoulders.
Se você pudesse cuidar das crianças hoje à tarde, você tiraria um peso das minhas costas.

Around the clock. *sem parar, 24 horas por dia.*
He's been workiong around the clock because he's saving up to buy a house.
Ele tem trabalhado sem parar porque está economizando para comprar uma casa.

At a loss for words. *sem palavras.*
He was so disappointed to see her leave that he was at a loss for words.
Ele ficou tão decepcionado em vê-la ir embora que ficou sem palavras.

At first blush. *em primeiro lugar, considerando os primeiros fatos.*
At first blush I thought he was a great guy, then I saw how he treated the waiter at the restaurant and I changed my mind.
A princípio eu achei que ele era um cara ótimo, então eu vi como ele tratou o garçom no restaurante e mudei de ideia.

At the eleventh hour/Down to the wire. *nos 45 do segundo tempo.*
She handed in her term paper at the eleventh hour.
Ela entregou seu trabalho semestral aos 45 do segundo tempo.

We had very little time to get the place decorated for the party, and that meant working right down to the wire.
Tivemos pouquíssimo tempo de decorar o local para a festa, e isso significou trabalhar até o último momento.

Back to the drawing board. *de volta à estaca zero. We should go back to the drawing board* with this project. It had many flaws that went unnoticed.
Deveríamos voltar à estaca zero com este projeto. Havia muitas falhas que passaram despercebidas.

Ballpark figure. *valor aproximado, estimativa.*
Can anyone give me a ballpark figure on the number of schools in this state?
Alguém pode me dar uma estimativa do número de escolas neste estado?

Beat the odds. *desafiar as probabilidades.*
That boy beat the odds and won a chess championship only having played a couple of times.
Aquele menino desafiou as probabilidades e ganhou um campeonato de xadrez só tendo jogado algumas vezes.

Beat to the punch. *fazer algo antes que alguém.*
I planned to write a book about using the new software program, but someone else beat me to the punch.
Planejei escrever um livro sobre como usar o programa, mas alguém foi mais rápido que eu.

Bite the hand that feeds you. *cuspir no prato que comeu.*
He left the company after being trained up for three years. Talk about biting the hand that feeds you!
Ele saiu da empresa depois de ser treinado por três anos. Isso que é cuspir no prato que comeu.

Break the news. *dar uma notícia (geralmente ruim).*
I wonder who's going to break the news of his wife's accident.
Quem será que vai dar a notícia do acidente de sua esposa.

Call the shots. *mandar, ser o chefe.*
No company can be successful when there are too many people calling the shots.
Nenhuma empresa tem sucesso quando existem muitas pessoas mandando.

Catch in the act. *pegar em flagrante, "pegar no pulo".*
If you're speeding and a police officer catches you in the act, you'll get a ticket.
Se você estiver dirigindo rápido e um policial lhe pegar em flagrante, você vai levar uma multa.

Vocabulary Galore! **281**

Comes with the territory. *ossos do ofício.*
When you're a teacher, working on the weekends to correct tests and plan lessons comes with the territory.
Quando se é professor, trabalhar no fim de semana para corrigir provas e planejar aulas são ossos do ofício.

Cracked up to be. *tudo o que dizem por aí.*
Frankly, this movie isn't all it's cracked up to be. I really don't know what the fuss is all about.
Francamente, este filme não é tudo o que dizem por aí. Realmente não sei o porquê do alvoroço todo.

Cut-and-dried. *decidido, sem abertura para mudanças.*
Even though they reached a compromisse, that deal is not cut-and-dried yet.
Embora eles tenham chegado em um consenso, esse acordo ainda não está fechado.

Cut corners. *economizar.*
We couldn't get the money we needed to open our company, so we had to cut corners to make things work.
Não conseguimos o dinheiro que precisávamos para abrir nossa empresa, então tivemos que economizar para fazer as coisas funcionarem.

Cut some slack. *dar uma folga, "largar do pé" de alguém.*
Kids, I'm going to cut you all some slack today because it's the last day of classes.
Crianças, vou dar uma folga para vocês hoje porque é o último dia de aula.

Cut to the chase. *ir direto ao assunto.*
OK, let me cut to the chase and tell you exactly what happened, with no further ado.
OK, deixe-me ir direto ao assunto e lhe contar exatamente o que aconteceu, sem mais delongas.

Don't hold your breath. *Pode esperar sentado.*
"Jim was supposed to rake the leaves at the front door yesterday." "Oh, don't hold your breath. He never does what he says he will."
"Era para o Jim ter varrido as folhas da porta da frente ontem." "Ah, pode esperar sentado. Ele nunca faz o que diz que vai fazer."

Eat one's heart out. *morrer de inveja.*
Eat your heart out! I'm going to Paris all expenses paid.
Morra de inveja! Vou para Paris com tudo pago.

Etched in stone. *gravado em pedra, certo.*
The deal isn't etched in stone yet, but we're hoping to sign the contract really soon.
O acordo ainda não está gravado em pedra, mas esperamos assinar o contrato muito em breve.

Face the music. *enfrentar a realidade, as consequências.*
Mark broke a window and now he's going to have to face the music when his parents get home.
Mark quebrou uma janela e agora vai ter que enfrentar as consequências quando seus pais chegarem em casa.

Fat chance. *de jeito nenhum.*
Fat chance I'm going to get up at six a.m. to help you clean your house.
De jeito nenhum que eu vou me levantar às seis da manhã para te ajudar a limpar a casa.

Get a word in edgeways. *conseguir falar.*
She was talking so much that no one could get a word in edgeways.
Ela estava falando tanto que ninguém mais teve a oportunidade de falar.

Get in the way. *atrapalhar.*
They'd almost reached an agreement, but some minor details got in the way.
Eles tinham quase chegado a um acordo, mas alguns pequenos detalhes atrapalharam.

282 A Chave do Aprendizado da Língua Inglesa

Get it out of your system. *extravasar.*
When you're too angry about something, going for a walk can help you get it out of your system.
Quando você está bravo demais com algo, fazer uma caminhada pode ajudar a extravasar.

Get off someone's back. *largar do pé de alguém.*
I wish you would just get off my back about losing weight.
Eu gostaria que você largasse do meu pé sobre eu perder peso.

Get straight to the point. *ir direto ao ponto.*
I'm sorry, but I have two appointments to get to. Can you get straight to the point?
Desculpe, mas ainda tenho que ir a dois compromissos. Você pode ir direto ao assunto?

Get the picture. *entender a situação.*
As soon as I saw them together I got the picture.
Assim que eu os vi juntos eu entendi a situação.

Get the runaround. *ser enrolado (por alguém).*
The reporter tried to get a clear answer from the mayor regarding his stance on the scandal, but he just got the runaround.
O repórter tentou conseguir uma resposta clara do prefeito com relação à sua opinião sobre o escândalo, mas ele só foi enrolado.

Get up on the wrong side of the bed. *acordar de mau humor.*
What's gotten over him? He must've gotten up on the wrong side of the bed.
O que deu nele? Deve ter acordado de mau humor.

Go postal. *perder a cabeça, ficar louco.*
He went postal when he found out his brother had dented his car.
Ele ficou louco quando soube que seu irmão tinha amassado seu carro.

Go with the flow. *seguir o fluxo, fazer o que os outros estão fazendo.*
Sometimes you just need to go with the flow and let things happen naturally.
Às vezes você só precisa seguir o fluxo e deixar as coisas acontecerem naturalmente.

Have a blast. *divertir-se muito.*
We had a blast at the party last night.
Nós nos divertimos muito na festa ontem à noite.

Have a change of heart. *mudar de atitude (geralmente de uma atitude negativa para uma positiva).*
After talking to you I had a change of heart and called him to say I was sorry.
Depois de conversar com você eu mudei de atitude e liguei para ele para me desculpar.

Have it coming. *merecer.*
She had it coming when she started to talk to him like that.
Ela mereceu [a bronca] quando começou a falar com ele daquele jeito.

Have the last laugh. *ter sucesso (depois de adversidades).*
She was fired last year, but she had the last laugh because she was hired a month later at twice the salary.
Ela foi demitida ano passado, mas não foi ruim, pois ela foi contratada um mês depois com o dobro do salário.

Have the time of one's life. *divertir-se muito.*
The kids had the time of their lives on their trip to Disney.
As crianças se divertiram muito na viagem para a Disney.

Have to hand it to someone. *ter que admitir algo, dar a mão à palmatória.*
I have to hand it to you: she was really a very dishonest person.
Tenho que admitir para você: ela era uma pessoa muito desonesta.

Have your cake and eat it too. *ter tudo na vida.*
Some people say you can't have your cake and eat it too, but I totally disagree.
Algumas pessoas dizem que não se pode ter tudo na vida, mas eu discordo.

Vocabulary Galore! **283**

Hit a snag. *enfrentar uma dificuldade.*
We'd hit a snag with that project and we didn't know what to do.
Tínhamos enfrentado uma dificuldade com aquele projeto e não sabíamos o que fazer.

Hit the big time. *ser muito famoso.*
She finally hit the big time playing a drug addict in that movie.
Ela finalmente ficou muito famosa fazendo o papel de uma drogada naquele filme.

Hit the books. *estudar.*
I really have to hit the books this afternoon because I have a very hard test tomorrow.
Tenho que estudar muito hoje à tarde porque tenho uma prova muito difícil amanhã.

Hit the ceiling. *ficar muito bravo.*
They really hit the ceiling when they found out what had happened.
Eles ficaram bem bravos quando descobriram o que tinha acontecido.

Hitch a ride. *pegar carona.*
Do you think it's too dangerous to hitch a ride around Europe?
Você acha que é muito perigoso pegar carona pela Europa?

In a heartbeat. *rapidamente, imediatamente.*
If I could, I'd go back to college in a heartbeat.
Se eu pudesse, eu voltaria para a faculdade imediatamente.

It's high time. *já passou da hora.*
It's high time you moved out of your parents' house.
Já passou da hora de você sair da casa dos seus pais.

Jump down someone's throat. *ficar muito bravo com alguém.*
You don't need to jump down my throat just because I haven't mowed the lawn.
Você não precisa ficar tão bravo comigo porque eu não cortei a grama.

Keep one's eyes on the prize. *manter o foco no resultado desejado.*
If you think that project is too big and difficult, keep your eyes on the prize. It'll pay off eventually.
Se você acha que esse projeto é muito grande e difícil, mantenha o foco. No final vai compensar.

Land a job. *conseguir um emprego.*
He landed a fantastic job at that marketing agency.
Ele conseguiu um emprego fantástico naquela agência de marketing.

Look like a million bucks. *estar muito bonito.*
I love your dress, you look like a million bucks!
Adorei seu vestido, você está linda!

Look like something the cat dragged in. *estar com a aparência horrível.*
He looks like something the cat dragged in. He must've been out partying last night.
Ele está acabado. Deve ter saído para a farra ontem à noite.

Lose a step. *perder o jeito de fazer algo, "perder a mão".*
She used to be a great cook, but I think she has lost a step.
Ela era uma ótima cozinheira, mas acho que perdeu o jeito.

Make a killing. *ganhar muito dinheiro.*
He made a killing when he sold his company for 3 million dollars.
Ele ganhou muito dinheiro quando vendeu sua empresa por 3 milhões de dólares.

Make ends meet. *ter condições de pagar as contas.*
After Jack lost his job he's been having a hard time making end meets.
Depois que Jack perdeu o emprego ele tem tido dificuldade em pagar as contas.

Make small talk. *conversar sobre amenidades.*
Making small talk is a very important skill at social gatherings.
Conversar sobre amenidades é uma habilidade muito importante em encontros sociais.

A Chave do Aprendizado da Língua Inglesa

Nip it in the bud. *cortar pela raiz.*
We were really excited about that project, but the manager nipped it in the bud.
Estávamos muito animados com aquele projeto, mas o gerente cortou a ideia no início.

Off base. *errado.*
You're way off base if you think I'm going out with that jerk again.
Você está completamente enganado se acha que vou sair com aquele idiota novamente.

Off the hook. *ficar sem ser punido.*
Thanks for getting me off the hook, man. Last thing I wanted to do was to attend that meeting.
Obrigado por ter me livrado dessa, cara. A última coisa que eu queria era ir àquela reunião.

Off the top of your head. *de cabeça.*
I can't think of how many students I've already taught off the top of your head.
Não consigo lembrar de cabeça para quantos alunos eu já lecionei.

On pins and needles. *ansioso.*
I've been on pins and needles all day, waiting for that phone call.
Estive ansioso o dia inteiro esperando aquela ligação.

On such short notice. *em prazo tão curto, em cima da hora.*
I didn't time to prepare for the meeting because it was called on such short notice.
Não tive tempo de me preparar para a reunião porque fui convocada muito em cima da hora.

On the fence. *indeciso, "em cima do muro".*
I've been on the fence about traveling to Rio de Janeiro. They say it's really dangerous.
Estou em cima do muro sobre viajar para o Rio de Janeiro. Dizem que é muito perigoso.

On the house. *por conta da casa.*
You don't have to pay for these beers, they're on the house.
Você não precisa pagar estas cervejas, são por conta da casa.

Pound the pavement. *procurar emprego.*
I spent three months pounding the pavement after the company I worked for closed.
Passei três meses procurando emprego depois que a empresa onde eu trabalhava fechou.

Preach to the choir. *chover no molhado, repetir algo óbvio.*
You don't have to convince me that your course is good because I already know that. You're just preaching to the choir.
Você não tem que me convencer que seu curso é bom porque eu já sei disso. Você está chovendo no molhado.

Pull the plug. *acabar (com um projeto).*
They had to pull the plug on that project because we run out of money.
Tivemos que abortar aquele projeto, pois ficamos sem dinheiro.

Pull oneself together. *recompor-se.*
Please, pull yourself together. You're embarrassing us.
Por favor, recomponha-se. Você está nos envergonhando.

Put all your eggs in one basket. *arriscar tudo de uma vez.*
My mom always told me not to put all my eggs in one basket, and that I should invest in different areas.
Minha mãe sempre me disse para não arriscar tudo de uma só vez e para investir em áreas diferentes.

Put the cart before the horse. *colocar o carro na frente dos bois.*
Looking for an apartment in another city before getting the job is putting the cart before the horse, isn't it?
Procurar um apartamento em outra cidade antes de conseguir o emprego é colocar o carro na frente dos bois, não?

Put your foot down. *insistir em uma opinião.*
My dad wanted me to go to Law School, but I put my foot down and took Psychology.
Meu pai queria que eu fizesse Direito, mas eu insisti e fiz Psicologia.

Quick on the uptake. *rápido para aprender.*
Just because she's not quick on the uptake doesn't mean that she's stupid.
Só porque ela não aprende rápido não significa que ela seja inepta.

Raise the bar. *aumentar o nível de exigência.*
Just when they were getting used to their tasks, the boss raised the bar and now they have
to perform better.
*Justo quando eles estavam se acostumando com suas tarefas, o chefe ficou mais exigente, e
agora eles têm que ter um desempenho melhor.*

Right as rain. *sentindo-se bem.*
She broke her foot, but after a few weeks resting she was right as rain.
Ela quebrou o pé, mas depois de algumas semanas descansando ela estava nova em folha.

Ring a bell. *fazer lembrar.*
The name "Laneford". does it ring a bell?
O nome "Laneford" te lembra alguma coisa?

Rob Peter to pay Paul. *desvestir um santo para vestir outro.*
Borrowing money to pay your bills is robbing Peter to pay Paul.
Pegar dinheiro emprestado para pagar suas contas é desvestir um santo para vestir outro.

Rock the boat. *tumultuar uma situação.*
Everything was all right, then she came, said she was pregnant and that rocked the boat.
Tudo estava bem, então ela chegou, disse que estava grávida e isso tumultuou a situação.

Running on fumes. *extremamente cansado.*
Man, I'm running on fumes here. I just have to get home and go to sleep.
Cara, estou cansadíssimo. Só tenho que ir para casa e dormir.

Save someone's skin/neck/bacon. *salvar a pele de alguém.*
He saved my neck because he held my arm before I fell off the stairs.
Ele salvou minha pele, pois segurou meu braço antes de eu cair da escada.

Separate the wheat from the chaff. *separar o joio do trigo.*
When it comes to music, time will separate the wheat from the chaff.
Quando se trata de música, o tempo separará o joio do trigo.

Shape up or ship out! *Melhore ou vá embora!*
OK, Johnny, we've had enough. You'd better shape up or ship out.
OK, Johnny, já deu. É melhor você melhorar ou então vá embora.

Spread like wildfire. *alastrar-se rapidamente.*
They caught him cheating on his wife and rumors spread like wildfire.
Pegaram-no traindo a mulher, e os boatos se alastraram rapidamente.

Stand a chance. *ter (alguma) chance de.*
Do you think they stand a chance of winning the championship after having practiced so
little?
Você acha que eles têm chance de ganhar o campeonato depois de ter praticado tão pouco?

Take a back seat. *deixar de participar gradualmente em uma atividade.*
They had enough people working on that project so I decided to take a back seat.
*Eles tinham gente suficiente trabalhando naquele projeto, então decidi me afastar um
pouco.*

A Chave do Aprendizado da Língua Inglesa

Take sides. *tomar partido.*
It's not wise to take sides in a couple's argument.
Não é muito sábio tomar partido na briga de um casal.

The whole nine yards. *tudo, o pacote completo.*
When you sign up for a language course at that school, they will show you how everything works, classes, the lab, the whole nine yards.
Quando você se matricula naquela escola de idiomas, eles lhe mostram como tudo funciona, as aulas, o laboratório, o pacote todo.

Throw in the towel. *desistir, "jogar a toalha".*
He couldn't stand her foul mood anymore, so he threw in the towel and left.
Ele não conseguia mais suportar o mau humor dela, então ele jogou a toalha e foi embora.

Tie the know/Get hitched. *casar-se.*
Did you know he's tying the know this weekend?
Você sabia que ele vai se casar este fim de semana?

Tie up loose ends. *aparar as arestas, refinar os detalhes.*
I finished writing the book, now I just need to tie up some loose ends.
Terminei de escrever o livro, agora só preciso aparar as arestas.

To the letter. *à risca.*
The cake didn't turn out that well because she didn't follow the recipe to the letter.
O bolo não ficou tão bom, pois ela não seguiu a receita à risca.

Turn a blind eye. *fazer vista grossa.*
How can you turn a blind eye to all those dishonest things he's been doing?
Como você pode fazer vista grossa com todas essas coisas desonestas que ele tem feito?

Until hell freezes over. *para sempre, o quanto você quiser.*
You can talk until hell freezes over. You won't make me change my mind.
Você pode falar o quanto você quiser. Você não vai me fazer mudar de ideia.

Until the cows come home. *por muito tempo.*
I could be complaining about this until the cows come home, but it wouldn't solve a thing.
Eu podia ficar reclamando por muito tempo, mas não adiantaria nada.

Until you are blue in the face. *até cansar.*
You can tell him to clean up his room until you're blue in the face and he still won't do it.
Você pode pedir até cansar para que ele limpe seu quarto, mesmo assim ele não vai fazer.

Waste your breath/time. *gastar saliva/perder tempo.*
Don't waste your time talking to him. He won't listen to you.
Não perca seu tempo falando com ele. Ele não vai te escutar.

Without a hitch. *impecável, sem problema nenhum.*
We were expecting some hiccups, but everything went off without a hitch.
Estávamos esperando alguns probleminhas, mas tudo saiu impecável.

Work out some kinks. *consertar algumas imperfeições.*
We're going to launch the new software as soon as we work out some kinks.
Vamos lançar o novo programa assim que consertarmos algumas imperfeições.

Vocabulary Galore! 287

Collocations Galore!

Nesta parte temos mais de 300 *collocations* com alguns verbos bem comuns e usados em Inglês. Bons estudos!

Break
break a code. (*decifrar um código*)
break a contract. (*romper um contrato*)
break a habit. (*romper um hábito*)
break a promise. (*quebrar uma promessa*)
break a record. (*quebrar um recorde*)
break an agreement. (*romper um acordo*)
break the bank. (*custar muito caro*)
break the ice. (*quebrar o gelo*)
break the law. (*infringir a lei*)
break the monotony. (*quebrar a monotonia*)
break the news. (*dar uma notícia* [ruim])
break the rules. (*quebrar as regras*)
break the silence. (*quebrar o silêncio*)
break your word. (*não cumprir sua palavra*)

Catch
catch a ball. (*pegar uma bola*)
catch a bus. (*pegar um ônibus*)
catch a chill. (*pegar um resfriado*)
catch a cold. (*pegar um resfriado*)
catch a film. (*assistir a um filme, pegar um cinema*)
catch a glimpse of. (*conseguir vislumbrar*)
catch a thief. (*pegar um ladrão*)
catch a whiff of. (*cheirar*)
catch at a good/bad moment. (*pegar em um bom/mau momento*)
catch fire. (*pegar fogo*)
catch hold of something. (*pegar algo*)
catch red-handed. (*pegar em flagrante*)
catch sight of. (*conseguir ver*)
catch someone's attention. (*chamar a atenção de alguém*)
catch someone's eye. (*chamar a atenção de alguém*)
catch the flu. (*pegar uma gripe*)
catch your breath. (*recuperar o fôlego*)

Do
do 10 miles. (*andar 10 milhas* [carro])
do a calculation/sum. (*fazer um cálculo/ uma soma*)
do a crossword. (*fazer palavras cruzadas*)
do a favor. (*fazer um favor*)
do as you please. (*fazer o que quiser*)
do badly on. (*ir mal em* [prova])
do business. (*fazer negócios*)
do damage. (*causar dano*)
do drugs. (*usar drogas*)
do good. (*fazer bem*)
do harm. (*fazer mal*)
do homework. (*fazer os deveres de casa*)
do someone good. (*fazer bem a alguém*)
do the dishes. (*lavar a louça*)
do the ironing. (*passar a roupa*)
do the laundry. (*lavar roupa*)
do time. (*cumprir pena* [prisão])
do well on. (*ir bem em* [prova])
do wonders for. (*fazer maravilhas em*)
do your best. (*fazer o seu melhor*)
do your hair. (*arrumar o cabelo*)
do your job. (*fazer seu trabalho*)
do your nails. (*fazer as unhas*)
do your work. (*fazer seu trabalho*)
do your worst. (*fazer seu pior*)

Get
get a feeling. (*ter um pressentimento*)
get a grade. (*tirar uma nota* [escola])
get a grant. (*conseguir um subsídio*)
get a job. (*conseguir um emprego*)
get a joke. (*entender uma piada*)
get a letter. (*receber uma carta*)
get a presente. (*ganhar um presente*)
get a shock. (*levar um choque*)
get advice. (*receber conselho*)
get angry. (*ficar bravo*)
get bored. (*ficar entediado*)
get caught. (*ficar preso*)
get cold. (*ficar frio*)
get dressed. (*vestir-se*)
get drunk. (*ficar bêbado*)
get going. (*ir embora*)
get help. (*conseguir ajuda*)
get home. (*chegar em casa*)
get hot. (*ficar quente*)
get hurt. (*machucar-se*)
get killed. (*ser morto*)
get lost. (*perder-se*)
get married. (*casar-se*)
get nowhere. (*não chegar a lugar nenhum*)
get pleasure. (*ter prazer*)
get some clothes. (*comprar roupas*)
get some exercise. (*exercitar-se*)
get some information. (*receber informações*)
get someone's attention. (*chamar a atenção de alguém*)
get started. (*começar*)
get stuck. (*ficar preso*)
get the chance. (*ter a chance*)
get the door. (*atender à porta*)
get the flu. (*pegar uma gripe*)
get the impression. (*ter a impressão*)
get the message. (*entender a mensagem*)
get the phone. (*atender ao telefone*)
get trouble. (*encrencar-se*)
get upset. (*ficar aborrecido*)
get wet. (*ficar molhado*)

A Chave do Aprendizado da Língua Inglesa

Give

give a call. (*fazer uma ligação*)
give a chance. (*dar uma chance*)
give a description. (*dar uma descrição*)
give a hand. (*dar uma mão, ajudar*)
give a party. (*dar uma festa*)
give a performance. (*fazer um show*)
give a sign. (*dar um sinal*)
give a smile. (*dar um sorriso*)
give a talk. (*dar uma palestra*)
give a try. (*tentar*)
give a wave. (*acenar*)
give advice. (*dar conselho*)
give an account. (*relatar*)
give control. (*dar controle*)
give directions. (*mostrar o caminho*)
give examples. (*dar exemplos*)
give instructions. (*dar instruções*)
give it some thought. (*pensar um pouco*)
give it to somebody straight. (*ser direto com alguém*)
give more details. (*dar mais detalhes*)
give orders. (*dar ordens*)
give permission. (*dar permissão*)
give to charity. (*doar para caridade*)

Go

go back to sleep. (*voltar para a cama*)
go bad/sour. (*estragar, azedar* [alimento])
go bald. (*ficar careca*)
go deaf. (*ficar surdo*)
go for a swim. (*ir nadar*)
go for a walk. (*fazer uma caminhada*)
go mad. (*enlouquecer*)
go on a trip. (*fazer uma viagem*)
go shopping. (*fazer compras*)
go smoothly. (*ir bem*)
go swimming. (*ir nadar*)
go to church. (*ir à igreja*)
go to school. (*ir à escola*)
go to sleep. (*ir dormir*)
go to work. (*ir trabalhar*)
go well. (*ir bem*)
go white. (*embranquecer* [cabelo])
go wild. (*enlouquecer*)

Have

have a baby. (*ter um bebê*)
have a bath. (*tomar um banho*)
have a broken leg. (*estar com a perna quebrada*)
have a cigarette. (*fumar um cigarro*)
have a drink. (*tomar uma bebida*)
have a good time. (*divertir-se*)
have a haircut. (*cortar o cabelo*)
have a headache. (*estar com dor de cabeça*)
have a Holiday. (*tirar férias*)
have a job. (*ter um emprego*)
have a look. (*dar uma olhada*)
have a party. (*fazer uma festa*)
have a plan. (*ter um plano*)
have a result. (*ter um resultado*)
have a seat. (*sentar-se*)
have a shower. (*tomar um banho*)
have a sleep. (*dormir*)
have a smoke. (*fumar*)
have a swim. (*nadar*)
have a talk. (*ter uma conversa*)
have a walk. (*fazer uma caminhada*)
have an accident. (*sofrer um acidente*)
have an effect. (*ter um efeito*)
have an idea. (*ter uma ideia*)
have an operation. (*fazer uma operação*)
have breakfast. (*tomar café da manhã*)
have company. (*ter companhia*)
have dessert. (*comer sobremesa*)
have dinner. (*jantar*)
have guests. (*ter convidados*)
have had enough of something. (*estar cheio de algo*)
have lunch. (*almoçar*)
have news. (*ter notícias*)
have permission. (*ter permissão*)
have problems. (*ter problemas*)
have something done. (*mandar fazer algo*)
have something ready. (*ter algo pronto*)
have the ability to. (*ter a habilidade de*)
have the chance. (*ter a chance*)
have the courtesy of. (*ter a cortesia de*)
have the right. (*ter direito*)
have treatment. (*fazer um tratamento*)
have trouble doing something. (*ter dificuldade em fazer algo*)
have what it takes. (*ter o que é necessário*)

Keep

keep a diary. (*manter um diário/registro*)
keep a record. (*manter um registro*)
keep a seat. (*guardar um lugar*)
keep a secret. (*guardar segredo*)
keep an eye on. (*ficar de olho em*)
keep animals. (*criar animais*)
keep busy. (*manter-se ocupado*)
keep going. (*continuar indo*)
keep guard. (*ficar de guarda*)
keep it together. (*manter-se controlado*)
keep on doing something. (*continuar fazendo algo*)
keep on file. (*ter algo arquivado*)
keep one's appointments. (*cumprir seus compromissos*)
keep out of trouble. (*manter-se longe de problemas*)
keep quiet. (*ficar quieto*)
keep right/left. (*manter à direita/esquerda*)
keep somebody waiting. (*deixar alguém esperando*)
keep still. (*ficar parado*)
keep under control. (*manter sob controle*)

keep under observation. (*ficar sob observação*)
keep within budget. (*ficar dentro do orçamento*)
keep your job. (*manter seu emprego*)

Make
make a choice. (*fazer uma escolha*)
make a comment. (*fazer um comentário*)
make a decision. (*tomar uma decisão*)
make a difference. (*fazer a diferença*)
make a mess. (*fazer uma bagunça*)
make a mistake. (*cometer um erro*)
make a noise. (*fazer barulho*)
make an effort. (*fazer esforço*)
make furniture. (*fazer móveis*)
make money. (*ganhar dinheiro*)
make progress. (*progredir*)
make room. (*abrir espaço*)
make trouble. (*causar problema*)
make a fortune. (*ganhar uma fortuna*)
make a joke. (*fazer uma piada*)
make a journey. (*fazer uma viagem*)
make a move. (*tomar uma atitude*)
make a payment. (*fazer um pagamento*)
make a phone call. (*fazer uma ligação*)
make a plan. (*fazer um plano*)
make a point. (*expressar uma opinião*)
make a profit. (*ter lucro*)
make a promise. (*fazer uma promessa*)
make a remark. (*fazer uma observação*)
make a reservation. (*fazer uma reserva*)
make a sound. (*fazer um som*)
make a speech. (*fazer um discurso*)
make a suggestion. (*fazer uma sugestão*)
make a visit. (*fazer uma visita*)
make amends. (*fazer as pazes*)
make an enquiry. (*fazer uma pesquisa*)
make an excuse. (*dar uma desculpa*)
make arrangements. (*fazer planos*)
make believe. (*fingir*)
make friends. (*fazer amigos*)
make love. (*fazer amor*)
make money. (*ganhar dinheiro*)
make sure. (*certificar-se*)
make your bed. (*arrumar sua cama*)

Set
set a challenge. (*dar um desafio*)
set a date/time. (*marcar uma data/hora*)
set a fashion. (*ditar moda*)
set a goal. (*fixar um objetivo*)
set a pattern. (*estabelecer um padrão*)
set a precedente. (*abrir um precedente*)
set a standard. (*estabelecer um padrão*)
set a task. (*designar uma tarefa*)
set a tone. (*dar/marcar o tom*)
set a trap. (*armar uma armadilha/cilada*)
set a trend. (*ditar tendência*)
set a value. (*fixar um valor*)

set an example. (*dar um exemplo*)
set an objective. (*fixar um objetivo*)
set conditions. (*estipular condições*)
set criteria. (*definir critérios*)
set free. (*libertar*)
set guidelines. (*definir diretrizes*)
set homework. (*dar tarefa de casa*)
set in motion. (*colocar em movimento*)
set limits. (*impor limites*)
set loose. (*libertar*)
set on fire. (*atear fogo*)
set rates. (*fixar taxas*)
set rules. (*definir regras*)
set something right. (*consertar algo*)
set standards. (*definir padrões*)
set targets. (*definir metas*)
set the agenda. (*definir a pauta*)
set the price. (*fixar o preço*)
set the stage. (*criar condições*)
set the table. (*arrumar a mesa*)
set your mind on. (*fixar a mente em*)

Take
take (a) vacation. (*tirar férias*)
take a break. (*fazer um intervalo*)
take a bus. (*pegar um ônibus*)
take a cab/taxi. (*pegar um táxi*)
take a class. (*fazer uma aula*)
take a course. (*fazer um curso*)
take a deep breath. (*respirar fundo*)
take a look. (*dar uma olhada*)
take a nap. (*tirar um cochilo*)
take a picture/photo. (*tirar uma foto*)
take a plane. (*pegar um voo*)
take a pulse. (*verificar o pulso*)
take a seat. (*sentar-se*)
take a shoe size. (*calçar*)
take a shower. (*tomar banho*)
take a statement. (*tomar nota de uma declaração*)
take a test. (*fazer uma prova*)
take a walk. (*fazer uma caminhada*)
take ages/forever. (*levar muito tempo*)
take as a compliment. (*tomar como um elogio*)
take control. (*tomar controle*)
take courage/guts. (*tomar coragem*)
take interest in. (*interessar-se por*)
take medication. (*tomar medicação*)
take notes. (*tomar notas*)
take notice. (*perceber*)
take offence. (*ofender-se*)
take pleasure in. (*ter prazer em*)
take pride in. (*orgulhar-se de*)
take samples. (*recolher amostras*)
take seriously. (*levar a sério*)
take some time. (*levar um tempo*)
take the blame. (*levar a culpa*)
take the credit. (*levar o crédito*)
take the lead. (*liderar*)

Respostas

Unidade 01

5.1.
1. Jim gets *up* very early, but he doesn't go *to* bed very late.
2. Does he usually post updates *on* his blog?
3. I love having a large cup *of* coffee in the morning.
4. What time do you leave home *for* work?
5. I don't like to listen *to* the news. it's so depressing!
6. I usually get *to/off* work at 7.30.
7. Jim doesn't eat dessert because he's *on* a diet.
8. I'm hungry! Do you want to get something *to* eat?
9. Jim gets *to/off* work at 5 p.m. every day.
10. Jim goes to the gym and works *out* three times a week.

5.2.
1. What time do you usually *go* to bed at night?
2. Jim starts *working* at 3.15.
3. I always *take* a shower in the morning.
4. "What do you usually *wear* to work?" "Me? A jeans and a shirt."
5. Jim *gets* to work around 7.30.
6. Wait a minute. I need to check if someone *texted* me.
7. I like to *watch* TV in the evening after a stressful day at work.
8. *Turn* off the lights and let's go to bed.
9. She *goes* to the gym three times a week.
10. What time do you *have* lunch every day?

5.3.
1. Do you get up very early?
2. What time do you have lunch?
3. Do you get to work early?
4. He gets home vert late.
5. I get off/leave work at 5.
6. "Do you want dessert?" "No, I'm on a diet."
7. What time do you start working again?
8. He leaves home for work at 7.
9. Do you like to listen to the news?
10. What does Jim wear to work?

6.1.
1. c/2. b/3. b/4. b/5. a

6.2.
1. get/2. go/3. take/4. put/5. do/6. get/7. wear/8. cook/9. have/10. leave/11. takes/12. take/13. sit/14. turn/15. work/16. work/17. pack/18. working/19. flies/20. remember/21. stop/22. get/23. make/24. read/25. going

11.
1. What time do you usually get up?
2. I usually have breakfast at work.

Respostas 291

3. It takes me over an hour to get to work.
4. He gets to the office and sits down at his desk.
5. I need to work on a report tonight.
6. Do you usually pack a lunch to work?
7. I don't get very sleepy if I eat a lot during lunch.
8. What time do you usually get home?
9. How many e-mails are there in your inbox?
10. They need to stop by a supermarket and buy some food.

Unidade 02

5.1.
1. off/2. out/3. to/4. to/5. of/6. of/7. out/8. off/9. at/10. about

5.2.
1. wink/2. report/3. hand/4. set/5. dressed/6. take/7.straight/8. did/9. buy/10. nowhere

5.3.
1. Let's talk about other stuff now.
2. You need to throw out your old magazines.
3. I need to take a cab to go home/away.
4. Little did I know that she had already arrived.
5. I got dressed super fast this morning.
6. I need to hand in an English paper tomorrow morning.
7. I overslept this morning and to make matters worse, I missed the bus too.
8. I couldn't have breakfast and I went straight to the airport.
9. I realized that I had left the car keys at the restautant.
10. My mother told me off in front of my friends.

6.1.
1. c/2. a/3. b/4. b/5. a/6. c

6.2.
1.
A: So how *was* your weekend, Pete?
B: Well, I *wanted* to go to the movies with my girlfriend, but she *was* too tired to go out.
A: So what *did* you *do*?
B: We just *ordered* a pizza and *went* to bed early.
2.
A: I *had* a great weekend. You're not going to believe what happened.
B: Now I'm curious. Tell me about it!
A: I *met* a terrific girl at a party and I *asked* her out. We're going to the movies tonight.
B: I'm happy for you, man.
3.
A: What *did* you *do* last weekend?
B: I *spent* most of the time at home. I have a very difficult test tomorrow and I *had* to study a lot for it.
4.
A: So what *was* your weekend like?
B: Not so good. My mother-in-law *came* to visit. I *had* to spend all weekend driving her everywhere.

292 A Chave do Aprendizado da Língua Inglesa

A: What a bummer!

5.

A: *Did* you *have* a nice weekend?

B: It *was* OK.

A: So what *did* you *do*?

B: I *met* some friends on Saturday and we *stayed* home and *watched* a movie.

A: *Did* you *do* anything on Sunday?

B: No, I *was* too tired. I *slept* all afternoon.

6.

A: How *was* your weekend?

B: Terrible.

A: Oh, what *happened*?

B: I *went* to the beach, but it *was* cold and rainy all day.

11.

1. What did you do last night?
2. He looked awful because he had had an awful morning.
3. You have to run back home to get your report.
4. I set the alarm clock to go off at six-thirty, but it didn't go off.
5. His supervisor told him off in front of everybody.
6. He got dressed real quick and went straight to the train station.
7. He couldn't sleep a wink because he had to finish a report.
8. Little did he know there had been an accident.
9. He was in the middle of the bridge and there was nowhere to go.
10. There was too much traffic so I decided to take the train.

Unidade 03

5.1.

1. at/2. on/3. off/4. by/5. of/6. of/7. off/8. on/9. of/10. around

5.2.

1. about/2. broke/3. say/4. grab/5. way/6. climbing/7. take/8. catch/9. short/10. last

5.3.

1. I'm going to have two weeks off.
2. I think I'll fix some things at home.
3. He'll probably catch up on his reading.
4. What are you going to do on the weekend?
5. I'll definitely go to bed earlier today.
6. Did I tell you I'm going to travel next month?
7. By the way, do you have anything planned?
8. Do you want to grab a beer? It's on me!
9. I'm broke and I'm not going (to go) out.
10. What are you going to do now?

6.1.

1. c/2. b/3. c/4. b/5. b/6. c

6.2.

A: Hey, Sean! How *are* you *doing* ?

Respostas **293**

B: Mark, it's so great to *see* you! What's up?

A: Not much. Hey, I *heard* you're *going* to *be* on vacation soon. *Have* you *made* any plans?

B: Actually, I'm not *taking* a vacation. I'm *going* to *have* an internship with a big Law office.

A: Wow, that's awesome! How's that *going* to *work*?

B: Well, I *saw* this opportunity on the Internet and I *decided* to *apply* for it. Honestly, I never *thought* I *would get accepted* and I *was surprised* when they *called* me. It's a great opportunity and I'll be *working* with them for four weeks.

A: Fantastic! *Is* it a paid internship?

B: Not really, but they *pay* for food and transportation. I only *have* to work six hours a day, because law won't *allow* us more. I'm really happy because this *is going* to *give* me good experience *working* with experienced lawyers.

A: I'm really *happy* for you, man. You're *going* to *kill* it!

B: I surely *hope* so!

11.

1. I think the weather will be nice this afternoon.
2. Sam called? OK, I'll call him right back.
3. Mary's in the hospital. I'm going to visit her this afternoon.
4. Look at those black clouds. It's going to rain.
5. I feel terrible, I think I'm going to be sick.
6. He'll probably get here around 9 pm.
7. I don't think the exam will be very difficult, do you?
8. That tray's very hot. If you touch it, you'll burn yourself.
9. Jack and I have decided to have a party. We're going to invite lots of people.
10. Sam called me this morning. I'm going to call him back now.

Unidade 04

5.1.
1. meaning/2. had/3. eaten/4. traveling/
5. should/6. been/7. love/8. is/9. go/10. have

5.2.
1. Eu não o vejo há muito tempo. Você tem tido notícias dele ultimamente?

2. Não posso sair hoje à noite. Tenho estado muito ocupado com o trabalho e preciso entregar um relatório amanhã de manhã.

3. Você já experimentou comida mexicana? Dizem que é realmente apimentada.

4. Nunca experimentei comida mexicana antes, mas estou querendo experimentar comida tailandesa.

5. Eu já lavei a louça, então você só precisa passar pano no chão. Você já fez isso?

6. Você adora viajar, não é? Você já esteve na Nova Zelândia?

7. Você já fez sua tarefa? Você tem que entregar seu trabalho de Inglês amanhã!

8. Estou morrendo de fome! Não almocei ainda. Vamos àquele novo restaurante francês virando a esquina?

9. Ele está aqui desde às 8 horas da manhã. E você? Você está esperando há muito tempo?

10. Eu sempre quis ser professor de Inglês.

5.3.
1. "How long have you been married?" "We've been married for five years."

2. I've never been to Los Angeles. Have you ever been there?

294 A Chave do Aprendizado da Língua Inglesa

3. They have to do their homework. Have they done it yet?

4. They haven't done it yet, but I'm going to talk to them.

5. I like to swim, but I haven't swum in a long time.

6. Have you seen any good movies recently?

7. Yes, I saw "The Wedding Dancer". It's one of the best movies I've ever seen.

8. I've taught/been teaching English for three years. Before that I taught Spanish.

9. How long have you worked/been working here?

10. They have lived/have been living in Houston since 2012. Before that they lived in Dallas.

6.1.
1. b/2. a/3. b/4. a

6.2.
Mr. O'Donnel: Janet, this *was* a very busy month, wasn't it?

Janet: Yes, Mr. O'Donnel. It sure *was*.

Mr. O'Donnel: OK, let's *go* over the list of things that *had* to be *done* today. *Have* you *e-mailed* the cost spreadsheet to the accountancy department?

Janet: Yes, I *e-mailed* it this morning.

Mr. O'Donnel: Good. *Have* you *set* up a meeting with our legal team?

Janet: No, that *hasn't been done* yet because one the lawyers was *having* trouble with his phone and I couldn't *reach* him. I'*ve tried* calling him several times and all I *got* was his voice mail.

Mr. O'Donnel: Well, that's not our problem. *Make* sure he *knows* what time he's supposed to *show* up at the meeting. All right, *have* you *called* the caterer for next week's event? The governor *may* be here so everything has to be perfect.

Janet: Yes, Mr. O'Donnel. I'*ve called* the caterer and the DJ. Everything will be ready on time.

Mr. O'Donnel: One last thing, *has* everybody *gotten* their paychecks?

Janet: Yes, Mr. O'Donnel. Everybody *got* their paychecks early this morning.

Mr. O'Donnel: Well, I guess this is it, Janet. Thanks so much!

11.
1. I have been to Tokyo many times.

2. Have you ever tried Mexican food?

3. We've seen this movie three times.

4. I've just finished reading that book.

5. I'm sorry. I haven't introduced myself.

6. They've already studied for the test.

7. Have you written the reports yet?

8. I've always loved learning languages.

9. We've never been to France, but we want to go.

10. He's been interested in History all his life.

Unidade 05

5.1.
1. hadn't seen/2. hadn't cleaned/3. had already left/4. had already seen/5. had never been/6. had broken into/7. had never played/8. had already gone/9. had never had/10. had never read

5.2.
1. Achei que ele nunca tivesse viajado para os EUA.

2. Ele estava a caminho do trabalho quando percebeu que tinha esquecido sua maleta.

Respostas **295**

3. O professor foi para casa depois de ter corrigido as provas.
4. Ela não tinha fechado as janelas quando começou a chover.
5. Eles não tinham almoçado quando eu cheguei.
6. Eu não tinha lido o livro ainda. Mas ele me contou o final.
7. Você já tinha saído quando o telefone começou a tocar?
8. Ela tinha lido o livro antes de assistir ao filme?
9. O avião tinha decolado na hora que você chegou ao aeroporto?
10. Eles não tinham viajado para a Europa ainda?

5.3.
1. He had already decided not to go.
2. The thief had already escaped when the police arrived.
3. I had to return the book to the library, but I hadn't read it yet.
4. She wanted to know why I had done that.
5. Had the patient already died when the doctor arrived?
6. Had the meeting already finished when they arrived?
7. She had cried because her eyes were red.
8. I only understand later that he had explained the same thing to me twice.
9. Mary asked me if I had brought the books.
10. I only realized that my wallet had been robbed when I got home.

6.1.
1) a/2) c/3) a/4) c/5) a

6.2.
Sally: I have nothing to *wear* . Besides, I look *awful* this morning! I'm fat, I've gained.

Adam: . at *least* two pounds! Gosh, you really look horrible!

Sally: Stop *making* fun of me! I already *gained* two pounds last week.

Adam: Well, I think you look *great*! You're always obsessed *with* your weight. You're beautiful as you are. You don't want to be *too* skinny, do you?

Sally: That's sweet *of* you to say that. Well, I need your opinion. I just dug out this blouse I *bought* last year. Tell me what you think.

Adam: It looks good *on* you. The color matches your *eyes*, and it's very fancy. You should wear that with your blue *scarf*. You're going to look stunning as *always*.

Sally: You're *such* a darling. What about you? What are you going to wear *to* the party?

Adam: Well, I was *thinking* about those black pants, a red shirt and a black jacket. What do you think?

Sally: I *remember* that outfit. You wore that to Rick and Pam's *wedding*, didn't you?

Adam: Yeah, I did. Wow, you have a good memory.

Sally: I do indeed, honey.

Adam: Well, so that's what I'm *going* to wear.

Sally: You're going to look great.

Adam: Thanks, honey.

11.
1. Jason showed up one hour later because he had forgotten about our dinner date.
2. He said he had already been to that restaurant.
3. You're not going to believe this! I just passed my English test.
4. Had you already read that book I gave you for your birthday?
5. Knock it off! I'm trying to study here.

296 A Chave do Aprendizado da Língua Inglesa

6. Have you ever had that fantastic duck marinated in honey and ginger?

7. I'm more than ready to order! I'm so hungry I could eat a horse!

8. You're telling me he didn't show up? What happened?

9. On the other hand he gave me a beautiful gift.

10. You wore that dress to your brother's wedding, didn't you?

Unidade 06

5.1.
1. popular/2. about/3. size/4. better/5. blooded/6. compared/7. to/8. miss/9. much/10. further

5.2.
1. Eu tive que deixar meu trabalho porque eu estava ficando cada vez mais entediado.

2. Vamos de ônibus, pois é muito mais barato.

3. Preciso de algumas caixas. Quanto maiores, melhor.

4. Quanto menos caro o hotel, pior o serviço.

5. Desde que ele foi para a Inglaterra, seu Inglês tem ficado cada vez melhor.

6. Meu carro fica enguiçando. Preciso de um mais confiável.

7. Estas instruções são complicadas demais. Gostaria que elas fossem mais fáceis.

8. Está muito mais frio hoje do que estava ontem.

9. Seu discurso hoje foi mais interessante do que o do ano passado.

10. As lojas ficam geralmente mais lotadas antes do Natal.

5.3.
1. New York is much bigger/larger than Lisbon.

2. Today is hotter/warmer than yesterday.

3. This lesson is easier than the other one.

4. Traveling by ship is worse than traveling by place.

5. Learning English is more simple/simpler than learning German.

6. Some motorcycles are more expensive than some cars.

7. The baby is getting bigger and bigger.

8. Do you think Brazilians are friendlier than Americans?

9. Soccer is more popular than baseball in Brazil.

10. Your suitcase is heavier than mine.

6.1
1. a/2. b/3. b/4. a/5. b

6.2
Mark: Honey, I need to *talk* to you.
Rachel: Hey, what's up?
Mark: Remeber I told you Bob was on *vacation* and I had to cover for him?
Rachel: Yeah, what about it?
Mark: As it *turns* out he got fired after he came back to work and I have to do his job now.
Rachel: Are you *kidding* me? Bob starts working at 10 pm!
Mark: I know.
Rachel: Why did you *agree* to that?
Mark: I had no *choice*. Either I accepted that or I would be *fired*.
Rachel: We're not going to *spend* any more time together.

Respostas 297

Mark: Yes, we are. I'm not going to work on the *weekend* and when I get home at six-thirty I will wake you *up* with breakfast in bed.
Rachel: But we'll never be able to go out in the *evening* .
Mark: Rach, we never go out on *weeknights* . you know that.
Rachel: What about the kids? You won't be *able* to play with them, read *them* stories.
Mark: Yes, I will. When I leave *for* work, at around 9.30, they will *already* be in bed! And you know, I'm going to get a *raise*. We'll be able to save some *money* to travel and things like that.
Rachel: Well, at *least* some good news!

11.
1. I don't want to discuss the matter any further.
2. Sam looks older, but he's the same age as Peter.
3. I think you'll like my new bike. It's faster than the old one.
4. You should go out with Pam. She's much more interesting than Sara.
5. I feel much more relaxed now that exam week is over.
6. Learning German is far more difficult than learning Spanish.
7. I need a more reliable car. The one I have keeps breaking down.
8. Do you think Brazilians are more connected to their families than Americans are?
9. I refuse to believe that she quit her job and didn't tell me.
10. My bag is slightly heavier than yours.

Unidade 07

5.1.
1. get away/2. touch base/3. overnight/4. put off/5. cold turkey/6. hangover/7. mind/8. cut down on/9. forever/10. chimney

5.2.
1. Meu filho só tem cinco anos, mas pretende ser médico quando crescer.
2. Simplesmente não suporto esperar na fila por tanto tempo.
3. Meus pais estão pensando em vender sua casa velha e comprar uma nova.
4. Seth está planejando se mudar para São Francisco, encontrar um emprego e começar uma vida nova depois do que aconteceu em Nova Iorque.
5. Vamos adiar a ida para a Europa até que a situação política melhore.
6. Às vezes eu finjo entender quando as pessoas estão falando Inglês rapidamente.
7. Gostaria que o tempo melhorasse logo. Estou cansado/cheio de ficar dentro de casa o dia todo.
8. Estou muito nervoso para encontrar a família da minha namorada pela primeira vez hoje.
9. Fazer exercícios diariamente é muito importante em qualquer idade.
10. Andar sozinho depois das 11 horas da noite é muito perigoso.

5.3.
1. It was cloudy and rainy yesterday, so we put off/postponed going to the zoo.
2. Their house is too small. They are considering buying a bigger one.
3. When she finished cleaning the floor, she began/started to clean/cleaning the windows.
4. I'm thinking about taking a French course next year.
5. I stopped smoking when I was 25 (years old).
6. Keep talking. I'm listening.
7. "Would you mind closing the window?" "Not at all."

8. "Has it stopped/Did it stop raining yet?" "Yes, let's go (out) for a walk."

9. "I've been trying to solve this math problem for hours." "Don't give up. If, at first, you can't, keep trying."

10. I'm planning to travel to Thailand next year.

6.1.
1. b/2. c/3. b/4. b/5. b

6.2.
Shayna calls her friend Gabby because she needs some advice.

Shayna: Hi, Gabby. This is Shayna. How are things?

Gabby: I'm alright, but you don't sound so good. What's the matter?

Shayna: Well, I need a shoulder to cry on, actually.

Gabby: That's what friends are for! What's matter?

Shayna: So many things are wrong in my life. For starters , there are so many problems at work. My boss has been very strange lately, overly demanding, you know what I mean? He makes me so nervous that I'm beginning to make unnecessary mistakes.

Gabby: Have you tried talking to him?

Shayna: Yeah, and it didn't work. I think it's because he has problems at home. But who doesn't, right?

Gabby: Exactly. And I also think he should try to solve his personal problems at home, not at work.

Shayna: And the situation with my roommates is not any better. Those people I share the house with are so sloppy. They won't do anything to help so the house is always a mess. Last night I spent two hours cleaning the house while they were eating pizza and watching TV. They're so sloppy. I'm sick and tired of their behavior. And to top it all off, my boyfriend just refuses to talk to me. All of a sudden he needs his space and says he wants to break up. I just feel like giving everything up.

Gabby: Calm down, Shayna. So before we start considering the negative aspects of your life, let's go back and write down everything that's positive. That way you can start to be grateful for what you have and not focus so much on the things that are not going so well. Do you want to try that?

Shayna: Yeah, I think it's a very good idea, actually.

11.
1. I think you're capable of doing a better job.

2. She's always complaing about having to work on Saturdays.

3. I'm not used to wearing a suit and tie every day.

4. He went to bed instead of finishing his homework.

5. You can play the sound by pushing this button.

6. We can go out as soon as it stops raining.

7. Where are you considering going on your next vacation?

8. Why do you always put off doing your homework?

9. We had a lot of fun playing soccer on Saturday.

10. He sat at his desk writing his dissertation.

Respostas 299

Unidade 08

5.1.
1. it/2. to/3. with/
4. of/5. before/6. to/
7. at/8. on/9. of/
10. off

5.2.
1. "Perdi meu livro de francês em algum lugar. Você o encontrou?" "Não, mas se eu o encontrar, eu lhe direi."
2. O que você faria se encontrasse uma carteira na rua?
3. Eu ficaria muito aborrecido se você não fosse à minha festa.
4. Em quem você votaria se houvesse uma eleição amanhã?
5. Você se sentiria melhor se fizesse mais atividade física.
6. Eu não sei o que eu faria se fosse mordido por uma cobra.
7. Se eu tivesse sabido que ele estava no hospital, eu teria ido vê-lo.
8. Ele teria cumprimentado se tivesse lhe visto.
9. Se você tivesse ido à festa, você teria conhecido muitas pessoas.
10. Não se preocupe comigo. Se eu estivesse com fome, eu teria pegado algo para comer.

5.3.
1. If I finish my work in time, I will go to the soccer game.
2. If I see Henry, I will tell him what you told me.
3. If we don't hurry, we will miss the train.
4. If I were you, I wouldn't do that.
5. If today was a holiday I would (I'd) go to the beach.
6. If the weather weren't so cold, I would (I'd) go swimming.
7. If they worked here, they could go on vacation twice a year.
8. If I had gotten your message, I would have come immediately.
9. If he had studied harder, he would have gotten better grades.
10. If the weather had been good yesterday, I would have gone to the beach.

6.1.
1. c/2. a/3. c/4. b/5. b/6. a

6.2.
Susan: Why did you have to come this way? Look, it's not moving at all. you should've taken the other route.
David: Well, you could've told me! It's always my fault! I should've known there would be traffic jams everywhere.
Susan: If you had listened to the traffic report on the radio you would've known where not to go!
David: Yeah, honey, but if you had helped me pack everything I would've had time to listen to the radio. Also, if you had helped me check the routes on that app this would have never happened.
Susan: If you had asked me, I would've helped you! It's always the same thing. you never ask for help, but when things go wrong, I'm the one to blame.
David: All right, that's enough. Let's just look at that app and see where we can get off this road.
Susan: Damn, my phone's battery is dying. Let me use yours.

300 A Chave do Aprendizado da Língua Inglesa

David: Mine's dying too. Do you have the charger?

Susan: I think I left it at home.

David: You've got to be kidding me! Now we either have to go back or stop by a store and get new ones. This is just what I needed!

11.
1. If he wants to pass, he has to study harder.
2. If the weather were nice, we'd go to the beach.
3. If they had more time, they'd come visit more often.
4. If he had driven more carefully, he wouldn't have had that accident.
5. If she were angry, she wouldn't talk to you.
6. If it had been sunny yesterday, we would have gone to the beach.
7. If we invite Pam, I'm pretty sure she will go.
8. I would have done that if you hadn't warned me.
9. Won't you be happy if your dreams come true?
10. What would you have done if you had had the chance?

Unidade 09

5.1.
1. off/2. up/3. up/4. away/5. on/6. up/7. up/8. into/9. out/10. by

5.2.
1. Precisamos nos virar com o que ganhamos todos os meses.
2. Vamos começar a trabalhar! Estamos ficando sem tempo.
3. Os professores não deveriam estar investigando as causas de tantos alunos tirarem notas ruins?
4. Não o suporto mais. Ele é muito desagradável.
5. Eles construíram um relacionamento muito forte através dos anos.
6. Eles se davam muito bem com as outras crianças na escola.
7. Você tem roupas que não lhe cabem mais? Simplesmente doe-as.
8. Tenho que deixar este pacote no correio hoje à tarde.
9. Seus brinquedos estão (espalhados) por todo o chão. Recolha-os!
10. Eu me levantei muito tarde hoje de manhã.

5.3.
1. She would always get up at the same time every day.
2. Can you pick me up at work today?
3. I can drop you off at school if you want.
4. I'm going to give away some books that I don't use anymore.
5. They have always gotten along with their co-workers.
6. We have built a strong friendship during all these years.
7. I can't stand my English teacher. She is extremely obnoxious.
8. I'm not sure of/about this, but I can look into it for you.
9. I ran out of gas around the corner.
10. I only have money to get by until the end of the month.

Respostas 301

6.1.
1. c/2. b/3. a/4. c/5. b

6.2.

Mr. Jameson: Hey, Patrick, did you do well on your SAT?

Patrick: Well, you know, Mr. Bergman, not really. I'm a little depressed.

Mr. Jameson: Oh yeah? Why? You studied hard during the school year, didn't you? Your grades weren't the best, but they were pretty good.

Patrick: Yeah, but I don't know. I guess I just lost focus. I blanket out a few times and I couldn't remember very simple things. Also, I hadn't reviewed some subjects, so.

Mr. Jameson: I remember warning you and your friends over and over again to review all subjects.

Patrick: We know you did, but I thought I'd be able to pull it off. In my defence you know I had been very sick a few months ago.

Mr. Jameson: Yes, but that's no excuse!

Patrick: Yeah, I know. I just didn't have time to review everything. Unfortunately, there were questions about things I had never studied before.

Mr. Jameson: But you got a lot of answers right, didn't you?

Patrick: Yes, I did. But I don't think I did very well.

Mr. Jameson: Will your parents be disappointed if you don't make it?

Patrick: They surely will. But I know I have no chance.

Mr. Jameson: Well, what are you going to do now?

Patrick: I don't know. I haven't thought about it yet. I think I'll just try and get a job somewhere, make some money and start enjoying life. I've had enough of studying.

Mr. Jameson: Well, I wouldn't give up that easily and I think your parents aren't going to like to hear that.

Patrick: Yeah, let's see how it goes.

11.
1. I usually wake up at six, but I'm so lazy that I only get up at six-thirty.

2. I'm waiting for my ride to pick me up and drop me off at work.

3. You don't have a car? How do you usually get around town? Do you ever have to catch the bus?

4. They're giving away free cell phones at that store around the corner.

5. I get on really well with my whole family.

6. In life we need to build up good relationships if we want to be happy.

7. I can't put up with my boss anymore! He's one of the most obnoxious person I've ever met!

8. I was driving on the highway late at night when I ran out of gas.

9. We make just enough money to get by.

10. Did you do well on your SATs?

Unidade 10

5.1.
1. got/2. around/3. mixed/4. take/5. kicking/6. business/7. pain/8. hanging/9. back/10. hand

5.2.
1. b/2. a/3. c/4. a/5. c/6. a/7. c/8. c/9. a/10. b

5.3.
1. Poderia me dar uma mão com minha tarefa? Não consigo entender esse problema de matemática.

A Chave do Aprendizado da Língua Inglesa

2. Meu chefe está no meu pé ultimamente. Ele quer que eu assuma uma posição no exterior, mas estou confuso com isso.

3. Quer vir aqui e ficar de boa mais tarde? Tem cerveja na geladeira e podemos pensar na ideia de fazer mochilão pela Europa.

4. Mark é um pé no saco. Ele não para de falar sobre todos os lugares por onde já viajou.

5. .. então o chefe entrou na sala e disse: "Pessoal, vamos meter a mão na massa porque esses relatórios não vão se escrever sozinhos."

6. Estou pensando em começar a cozinhar no meu tempo livre. O que você acha?

7. Ele estava realmente estafado, então seu médico lhe aconselhou a começar a pintar ou a fazer alguma outra atividade relaxante.

8. Tenho estado confuso sobre começar a pintar. De um lado, acho que é muito relaxante. De outro lado, acho que é uma perda de tempo.

9. Ah, minha nossa! Sou muito ruim em matemática! Não consigo entender este problema e, para piorar as coisas, o professor está no meu pé.

10. Eu tinha concordado em fazer um discurso na conferência, mas no último minuto amarelei/desisti e disse que não poderia fazê-lo.

6.1.
1. c/2. a/3. a/4. c/5. a

6.2.
Leo: Hey, Rachel! Can you give me a hand with these bottles?
Rachel: Sure! Have you seen Fred? Do you know if he's arrived yet?
Leo: I don't think so. To tell you the truth, I don't think he's going to show up.
Rachel: Really? Why's that?
Leo: You know Fred. He's really shy and reserved, doesn't like crowds and stuff.
Rachel: But there are only eight of us!
Leo: I know, but remember that Ross is here. Fred's a little afraid of him. Don't forget that Ross is very talkative, controversial and is so nosy all the time.
Rachel: You're probably right. The only time I saw Fred being aggressive to someone was when Ross asked him a very indiscrete and ironic question. All of a sudden you could hear Fred yelling at Ross: "This is none of your damn business!" Everyone was really shocked because Fred is always very calm and poised. That was the first time I saw Ross literally speechless. He totally deserved it, though.
Leo: That explains a lot. Ross can be a real pain in the neck when he wants to. Next time let's remember not to invite both of them to the same party.
Rachel: We should probably do that. All right, let me get down to business and get the appetizers ready.

11.
1. I wish I could give you a hand with those boxes. I threw out my back yesterday and it's been hurting a lot.

2. Why are you on my back all the time? Just leave me alone!

3. Plans for the weekend? Well, I'm just going to hang around at home and do nothing.

4. That guy's such a pain in the neck. He's always complaining about something.

5. All right, everybody. Let's get down to business because there's a lot to be done.

6. I've been kicking around the idea of opening an Italian restaurant. What do you think?

7. I'm going to take up painting when I retire. It must be really relaxing.

Roteiro dos Exercícios de Listening **303**

8. She's been having mixed feelings about getting married. I wonder if she's getting cold feet or something.

9. I still can't get my head around the idea of my 18-year-old son backpacking through Europe.

10. Did you see what happened to Tom? He got cold feet on his wedding day and canceled the whole thing.

Roteiro dos Exercícios de Listening

Unidade 01

On a weekday, I usually get up at 6:30 a.m. I go the bathroom, take a shower and brush my teeth. I put on some make-up, do my hair and get dressed. I usually wear a skirt and a blouse to work.

Sometimes I cook and sometimes I have breakfast at a café around the corner. I like to have scrambled eggs, coffee and toasts.

I have to leave home for work really early because it takes over an hour to get there. I have to take the subway and a bus. But I'm not the only one. Lots of people have to do it every day.

I get to the office and sit down at my desk. I turn on my computer and check if there are any e-mails in my inbox. There are 30 of them! But first I need to work on a report that I have to finish. I work on the report all morning and before I know it, it's lunchtime.

I usually pack a lunch: a sandwich, some salad and some juice. I get very sleepy if I eat a lot during lunch. I have to start working again at 1 p.m. so I don't have a lot of time.

My afternoons are pretty busy and times flies by! I get off work at 5, but today I have to stay a little longer because my supervisor wants to talk to me. After our conversation I remember that I need to stop by a supermarket and buy some food. I need bread, ham, cheese, chicken and some lettuce.

I usually get home around 6.15p.m., but today I got home at 7p.m. I'm so tired. I make a sandwich with ham, cheese and tomato and I have a glass of milk. After that I go straight to my bedroom to relax and read for a while. I love reading! I usually go to bed at 10.30, but today I'm so tired. I think I'm going to bed a little earlier!

Unidade 02

1.
A: So how was your weekend, Pete?
B: Well, I wanted to go to the movies with my girlfriend, but she was too tired to go out.
A: So what did you do?
B: We just ordered a pizza and went to bed early.

2.
A: I had a great weekend. You're not going to believe what happened.
B: Now I'm curious. Tell me about it!
A: I met a terrific girl at a party and I asked her out. We're going to the movies tonight.
B: I'm happy for you, man.

3.
A: What did you do last weekend?
B: I spent most of the time at home. I have a very difficult test tomorrow and I had to study a lot for it.

304 A Chave do Aprendizado da Língua Inglesa

4.
A: So what was your weekend like?
B: Not so good. My mother-in-law came to visit. I had to spend all weekend driving her everywhere.
A: What a bummer!

5.
A: Did you have a nice weekend?
B: It was OK.
A: So what did you do?
B: I met some friends on Saturday and we stayed home and watched a movie.
A: Did you do anything on Sunday?
B: No, I was too tired. I slept all afternoon.

6.
A: How was your weekend?
B: Terrible.
A: Oh, what happened?
B: I went to the beach, but it was cold and rainy all day.

Unidade 03

Mark: Hey, Sean! How are you doing?
Sean: Mark, it's so great to see you! What's up?
Mark: Not much. Hey, I heard you're going to be on vacation soon. Have you made any plans?
Sean: Actually, I'm not taking a vacation. I'm going to have an internship with a big Law office.
Mark: Wow, that's awesome! How's that going to work?
Sean: Well, I saw this opportunity on the Internet and I decided to apply for it. Honestly, I never thought I would get accepted and I was surprised when they called me. It's a great opportunity and I'll be working with them for four weeks.
Mark: Fantastic! Is it a paid internship?
Sean: Not really, but they pay for food and transportation. I only have to work six hours a day, because the law won't allow us more. I'm really happy because this is going to give me good experience working with experienced lawyers.
Mark: I'm really happy for you, man. You're going to kill it!
Sean: I surely hope so!

Unidade 04

Mr. O'Donnel: Janet, this was a very busy month, wasn't it?
Janet: Yes, Mr. O'Donnel. It sure was.
Mr. O'Donnel: OK, let's go over the list of things that had to be done today. Have you e-mailed the cost spreadsheet to the accountancy department?
Janet: Yes, I emailed it this morning.
Mr. O'Donnel: Good. Have you set up a meeting with our legal team?
Janet: No, that hasn't been done yet because one the lawyers was having trouble with his phone and I couldn't reach him. I've tried calling him several times and all I got was his voice mail.

Roteiro dos Exercícios de Listening 305

Mr. O'Donnel: Well, that's not our problem. Make sure he knows what time he's supposed to show up at the meeting. All right, have you called the caterer for next week's event? The governor may be here so everything has to be perfect.

Janet: Yes, Mr. O'Donnel. I've called the caterer and the DJ. Everything will be ready on time.

Mr. O'Donnel: One last thing, has everybody gotten their paychecks?

Janet: Yes, Mr. O'Donnel. Everybody got their paychecks early this morning.

Mr. O'Donnel: Well, I guess this is it, Janet. Thanks so much!

Unidade 05

Sally: I have nothing to wear. Besides, I look awful this morning! I'm fat, I've gained at least two pounds! Man, you really look horrible.!

Sally: Stop making fun of me! I already gained two pounds last week.

Adam: Well, I think you look great! You're always obsessed about your weight. You're beautiful just the way you are. You don't want to be too skinny, do you?

Sally: That's sweet of you. Well, I need your opinion. I just dug out this blouse I bought last year. Tell me what you think.

Adam: It looks good on you. The color matches your eyes, and it's very fancy. You should wear that with your blue scarf. You're going to look stunning as always.

Sally: You're such a darling. What about you? What are you going to wear to the party?

Adam: Well, I was thinking about those black pants, a red shirt and a black jacket. What do you think?

Sally: I remember that outfit. You wore that to Rick and Pam's wedding, didn't you?

Adam: Yeah, I did. Wow, you have a good memory.

Sally: I do indeed, honey.

Adam: Well, so that's what I'm going to wear.

Sally: You're going to look great.

Adam: Thanks, honey.

Unidade 06

Mark: Honey, I need to talk to you.

Rachel: Hey, what's up?

Mark: Remeber I told you Bob was on vacation and I had to cover for him?

Rachel: Yeah, what about it?

Mark: As it turns out he got fired after he came back to work and I have to do his job now.

Rachel: Are you kidding me? Bob starts working at 10 pm!

Mark: I know.

Rachel: Why did you agree to that?

Mark: I had no choice. Either I accepted that or I would be fired.

Rachel: We're not going to spend any more time together.

Mark: Yes, we are. I'm not going to work on the weekends and when I get home at six-thirty I will wake you up with breakfast in bed.

Rachel: But we'll never be able to go out in the evening.

Mark: Rach, we never go out on weeknights, you know that.

Rachel: What about the kids? You won't be able to play with them, read them stories.

Mark: Yes, I will. When I leave for work, at around 9.30, they will already be in bed! And you know, I'm going to get a raise. We'll be able to save some money to travel and things like that.

Rachel: Well, at least some good news!

306 A Chave do Aprendizado da Língua Inglesa

Unidade 07

Shayna calls her friend Gabby because she needs some advice.

Shayna: Hi, Gabby. This is Shayna. How are things?

Gabby: I'm alright, but you don't sound so good. What's the matter?

Shayna: Well, I need a shoulder to cry on, actually.

Gabby: That's what friends are for! What's matter ?

Shayna: So many things are wrong in my life. For starters , there are so many problems at work. My boss has been very strange lately, overly demanding, you know what I mean? He makes me so nervous that I'm beginning to make unnecessary mistakes.

Gabby: Have you tried talking to him?

Shayna: Yeah, and it didn't work. I think it's because he has problems at home. But who doesn't, right?

Gabby: Exactly. And I also think he should try to solve his personal problems at home, not at work.

Shayna: And the situation with my roommates is not any better. Those people I share the house with are so sloppy. They won't do anything to help so the house is always a mess. Last night I spent two hours cleaning the house while they were eating pizza and watching TV. They're so sloppy. I'm sick and tired of their behavior. And to top it all off, my boyfriend just refuses to talk to me. All of a sudden he needs his space and says he wants to break up. I just feel like giving everything up.

Gabby: Calm down, Shayna. So before we start considering the negative aspects of your life, let's go back and write down everything that's positive. That way you can start to be grateful for what you have and not focus so much on the things that are not going so well. Do you want to try that?

Shayna: Yeah, I think it's a very good idea, actually.

Unidade 08

Susan: Why did you have to come this way? Look, it's not moving at all. you should've taken the other route.

David: Well, you could've told me! It's always my fault! I should've known there would be traffic jams everywhere.

Susan: If you had listened to the traffic report on the radio you would've known where not to go!

David: Yeah, honey, but if you had helped me pack everything I would've had time to listen to the radio. Also, if you had helped me check the routes on that app this would have never happened.

Susan: If you had asked me, I would've helped you! It's always the same thing. you never ask for help, but when things go wrong, I'm the one to blame.

David: All right, that's enough. Let's just look at that app and see where we can get off this road.

Susan: Damn, my phone's battery is dying. Let me use yours.

David: Mine's dying too. Do you have the charger?

Susan: I think I left it at home.

David: You've got to be kidding me! Now we either have to go back or stop by a store and get new ones. This is just what I needed!

Unidade 09

Mr. Jameson: Hey, Patrick, did you do well on your SAT?

Patrick: Well, you know, Mr. Jameson, not really. I'm a little depressed.

Roteiro dos Exercícios de Listening 307

Mr. Jameson: Oh yeah? Why? You studied hard during the school year, didn't you? Your grades weren't the best, but they were pretty good.

Patrick: Yeah, but I don't know. I guess I just lost focus. I blanket out a few times and I couldn't remember very simple things. Also, I hadn't reviewed some subjects, so.

Mr. Jameson: I remember warning you and your friends over and over again to review all subjects.

Patrick: We know you did, but I thought I'd be able to pull it off. In my defence you know I had been very sick a few months ago.

Mr. Jameson: Yes, but that's no excuse!

Patrick: Yeah, I know. I just didn't have time to review everything. Unfortunately, there were questions about things I had never studied before.

Mr. Jameson: But you got a lot of answers right, didn't you?

Patrick: Yes, I did. But I don't think I did very well.

Mr. Jameson: Will your parents be disappointed if you don't make it?

Patrick: Yeah, they will. But I know I have no chance.

Mr. Jameson: Well, what are you going to do now?

Patrick: I don't know. I haven't thought about it yet. I think I'll just try and get a job somewhere, make some money and start enjoying life. I've had enough of studying.

Mr. Jameson: Well, I wouldn't give up that easily and I think your parents aren't going to like to hear that.

Patrick: Yeah, let's see how it goes.

Unidade 10

Leo: Hey, Rachel! Can you give me a hand with these bottles?

Rachel: Sure! Have you seen Fred? Do you know if he's arrived yet?

Leo: I don't think so. To tell you the truth, I don't think he's going to show up.

Rachel: Really? Why's that?

Leo: You know Fred. He's really shy and reserved, doesn't like crowds and stuff.

Rachel: But there are only eight of us!

Leo: I know, but remember that Ross is here. Fred's a little afraid of him. Don't forget that Ross is very talkative, controversial and is so nosy all the time.

Rachel: You're probably right. The only time I saw Fred being aggressive to someone was when Ross asked him a very indiscrete and ironic question. All of a sudden you could hear Fred yelling at Ross: "This is none of your damn business!" Everyone was really shocked because Fred is always very calm and poised. That was the first time I saw Ross literally speechless. He totally deserved it, though.

Leo: That explains a lot. Ross can be a real pain in the neck when he wants to. Next time let's remember not to invite both of them to the same party.

Rachel: We should probably do that. All right, let me get down to business and get the appetizers ready.

Referências

DIXON, Robert et CLAREY, M. *Elizabeth. Pronunciation exercises in english*. 2 ed. Nova Iorque: Regents, 1963.

FUCHS, Marjorie et BONNER, Margaret. *Focus on grammar: a high-intermediate course for reference and practice*. 2 ed. White Plains: Longman, 2000.

IGREJA, José Roberto A. **Fale tudo em inglês**: um guia completo de conversação para você se comunicar no dia a dia, em viagens. Barueri: Disal Editora, 2007.

JONES, Leo et BAEYER, C. von. *Functions of american english: communication activities for the classroom*. 1 ed. Nova Iorque: Cambridge University Press, 1989.

LIMA, Denilso de. **Inglês na ponta da língua**: método inovador para melhorar seu vocabulário. 3. ed. Rio de Janeiro: Elsevier, 2004.

LIMA, Denilso de. **Por que assim e não assado**: o guia definitivo de collocations em inglês. Rio de Janeiro: Campus, 2008.

MARTINEZ, Ron. **Como dizer tudo em inglê**s: fale a coisa certa em qualquer situação. Rio de Janeiro: Campus, 2000.

MOJSIN, Lisa. **Mastering the American Accent**. Estados Unidos: Barron's, 2009.

MURPHY, Raymond. **English Grammar in use**: a self-study reference and practice book for intermediate students. 2. ed. Grã-Bretanha: Cambridge University Press, 1995.

OCKENDEN, Michael; JONES, Timothy. **Around town**: situational conversation practice. White Plains: Longman, 1982.

TORRES, Nelson. **Gramática prática da língua inglesa**: o inglês descomplicado. 2 ed. São Paulo, 1995.

ROTAPLAN
GRÁFICA E EDITORA LTDA
Rua Álvaro Seixas, 165
Engenho Novo - Rio de Janeiro
Tels.: (21) 2201-2089 / 8898
E-mail: rotaplanrio@gmail.com